Stephan Baur
Rudolf und Siegrun Weiss

Ötztal – Silvretta

Pitztal – Kaunertal – Oberinntal – Paznaun

52 Skitouren zwischen Innsbruck und Bielerhöhe

ROTHER
BERGVERLAG

ROTHER SKITOURENFÜHRER

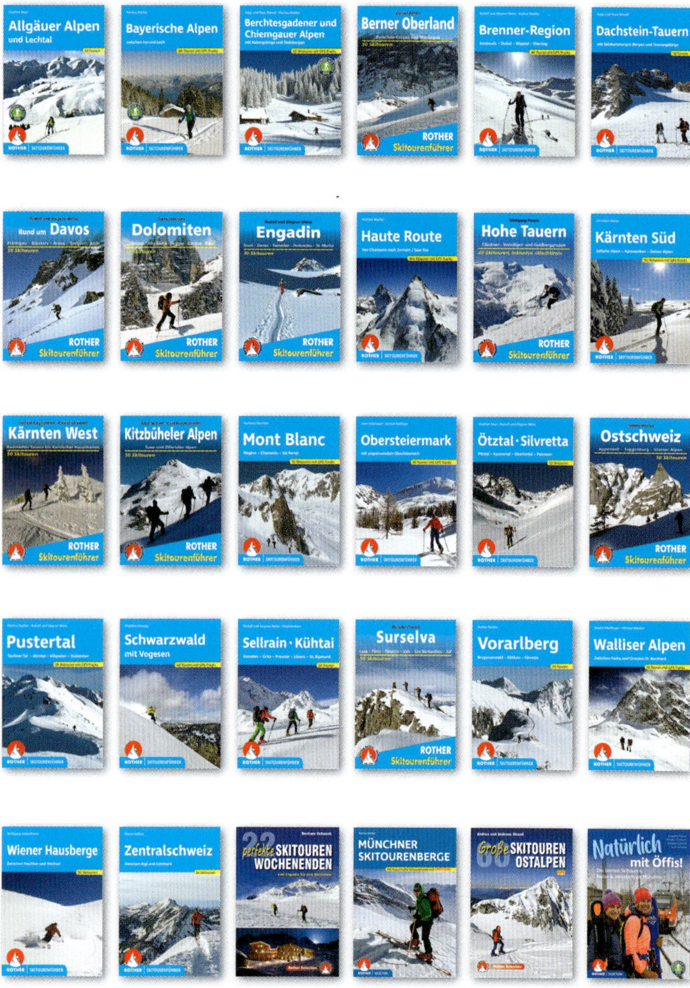

Vorwort

Das Gebiet dieses Skitourenführers umfasst im Wesentlichen das Tiroler Oberland, die westliche Hälfte dieses Bundeslands ab Innsbruck, die Bezirke Imst und Landeck, jedoch ohne Außerfern (Bezirk Reutte). Schwerpunkt sind Skitouren in den Ötztaler Alpen, vor allem im Ötztal, Pitztal und Kaunertal. Aus dem Ötztal erreicht man aber auch großartige Ziele in den Stubaier Alpen, z. B. im Sulztal (Amberger Hütte), im Horlachtal (Schweinfurter Hütte) und im Nedertal (Westrampe des Kühtaier Sattels).
Die Silvretta als gesamte Gebirgsgruppe zu beschreiben, ist im Rahmen eines Skitouren-Auswahlführers nicht sinnvoll, weil die Bielerhöhe als Übergang nach Vorarlberg von November bis Mai – und damit in der ganzen Skitourenzeit – geschlossen bleibt. Der Tiroler Teil der Silvretta mit Heidelberger Hütte und Jamtalhütte ist daher eine wichtige Ergänzung des beschriebenen Gebiets.
Zum Oberland gehören aber auch angrenzende Gebiete. Wir haben deshalb einige Gipfel in der Samnaun- und der Verwallgruppe im Bereich der Zentralalpen und in den Nordtiroler Kalkalpen aufgenommen.
Nicht weniger als etwa 30 der 50 Touren führen auf Dreitausender! Die Höhe der Gipfel, die mitunter ausgedehnten Gletscher und die Länge der Anstiege weisen darauf hin, dass es sich bei den meisten Vorschlägen in diesem Skitourenführer vielfach um Touren für erfahrene Skibergsteiger handelt und weniger für Tourengeher, die nur einige Male in der Saison zu den Fellen greifen. Dennoch kommen auch sie auf ihre Rechnung: Es gibt schließlich auch genügend sehr lohnende Touren mit gletscherfreien Anstiegen im Tiroler Oberland. Zudem sind Anstiege auf hohe Dreitausender nicht immer lang und anspruchsvoll, sondern mitunter verhältnismäßig leicht und z. B. durch Seilbahnunterstützung kurz.
Wir glauben daher, dass es sich für alle Skitourenfreunde lohnt, dieses herrliche Gebiet zu besuchen und wünschen Ihnen viele erlebnisreiche Tourentage.

Innsbruck, im Winter 2016/17 (Vorwort 3. Aufl.) Rudolf und Siegrun Weiss

Als Liebhaber des Ötztals und der Silvretta und Nachfolgeautor von Rudolf und Siegrun Weiss, die diesen Skitourenführer ursprünglich verfasst und viele Jahre betreut haben, wünsche ich Ihnen erlebnisreiche Skitouren, genussvolle Abfahrten und schöne Tage mit Freunden und Bekannten im Gebirge! Natürlich freue ich mich über jegliche Kritik, Rückmeldungen und Verbesserungsvorschläge.

Dietramszell, im Winter 2023/24 Stephan Baur

Inhaltsverzeichnis

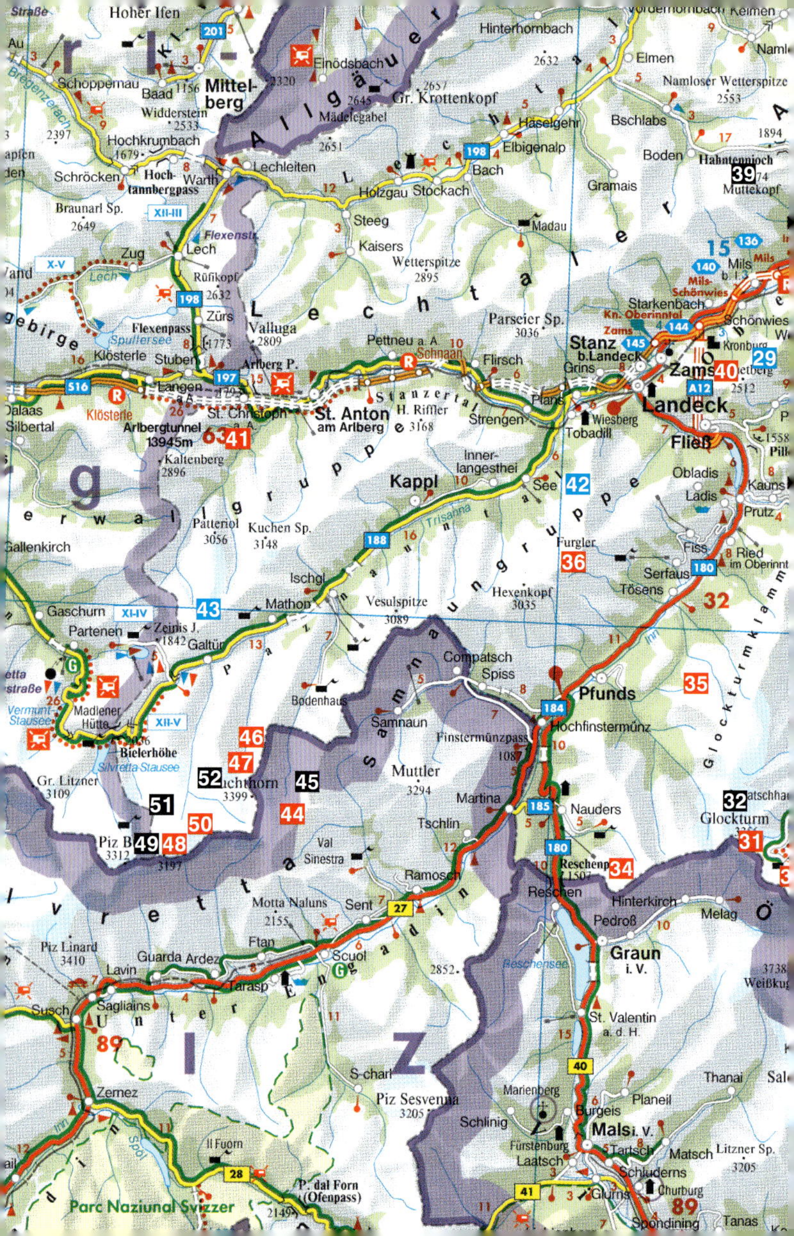

Hoher Ifen
Mittelberg
Allgäuer
Einödsbach
Hinterhornbach
Elmen
Namloser Wetterspitze
Schoppernau
Baad
Widderstein
Mädelegabel
Gr. Krottenkopf
Haselgehr
Bschlabs
Hochkrumbach
Elbigenalp
Boden
Hahntennjoch
Schröcken
Hochtannbergpass
Warth
Lechleiten
Holzgau
Stockach
Bach
Gramais
Muttekopf
Braunarl Sp.
Steeg
Madau
Flexenstr.
Lech
Kaisers
Wetterspitze
Zug
Rüfikopf
Mils
Mils-Schönwies
Lechtaler
Zürs
Starkenbach
Kn. Oberinntal
Flexenpass
Spullersee
Valluga
Parseier Sp.
Schönwies
Klösterle
Stuben
Arlberg P.
Pettneu a. A.
Schnaan
Flirsch
Stanz b.Landeck
Grins
Zams
Kronburg
Zams
Dalaas
Silbertal
Langen a. A.
St. Christoph a. A.
St. Anton am Arlberg
Stanzertal
H. Riffler
Strengen
Pians
Wiesberg
Tobadill
Landeck
Fließ
Arlbergtunnel 13945m
Kaltenberg
Verwallgruppe
Kappl
Innerlangesthei
See
Obladis
Ladis
Kauns
Prutz
Patteriol
Kuchen Sp.
Trisanna
Furgler
Fiss
Ried im Oberinntal
Gallenkirch
Paznauntal
Ischgl
Serfaus
Tösens
Samnaungruppe
Hexenkopf
Gaschurn
Mathon
Vesulspitze
Partenen
Zeinis J.
Galtür
Inn
Compatsch
Spiss
Pfunds
Vermunt-Stausee
Madlener Hütte
Bielerhöhe
Silvretta-Stausee
Bodenhaus
Samnaun
Hochfinstermünz
Finstermünzpass
Glockturmkamm
Gr. Litzner
Muttler
Martina
Nauders
Glockturm
Piz Buin
Tschlin
Val Sinestra
Reschenp.
Silvretta
Ramosch
Reschen
Hinterkirch
Melag
Motta Naluns
Sent
Pedroß
Piz Linard
Guarda
Ardez
Ftan
Scuol
Graun i. V.
Lavin
Tarasp
Reschensee
Engadin
Weißkugel
Susch
Sagliains
Unterengadin
St. Valentin a. d. H.
Zernez
S-charl
Thanai
Piz Sesvenna
Marienberg
Planeil
Schlinig
Burgeis
Mals i. V.
Tartsch
Matsch
Litzner Sp.
Il Fuorn
Fürstenburg
Laatsch
Schluderns
Churburg
P. dal Forn (Ofenpass)
Parc Naziunal Svizzer
Glurns
Spondinig
Tanas

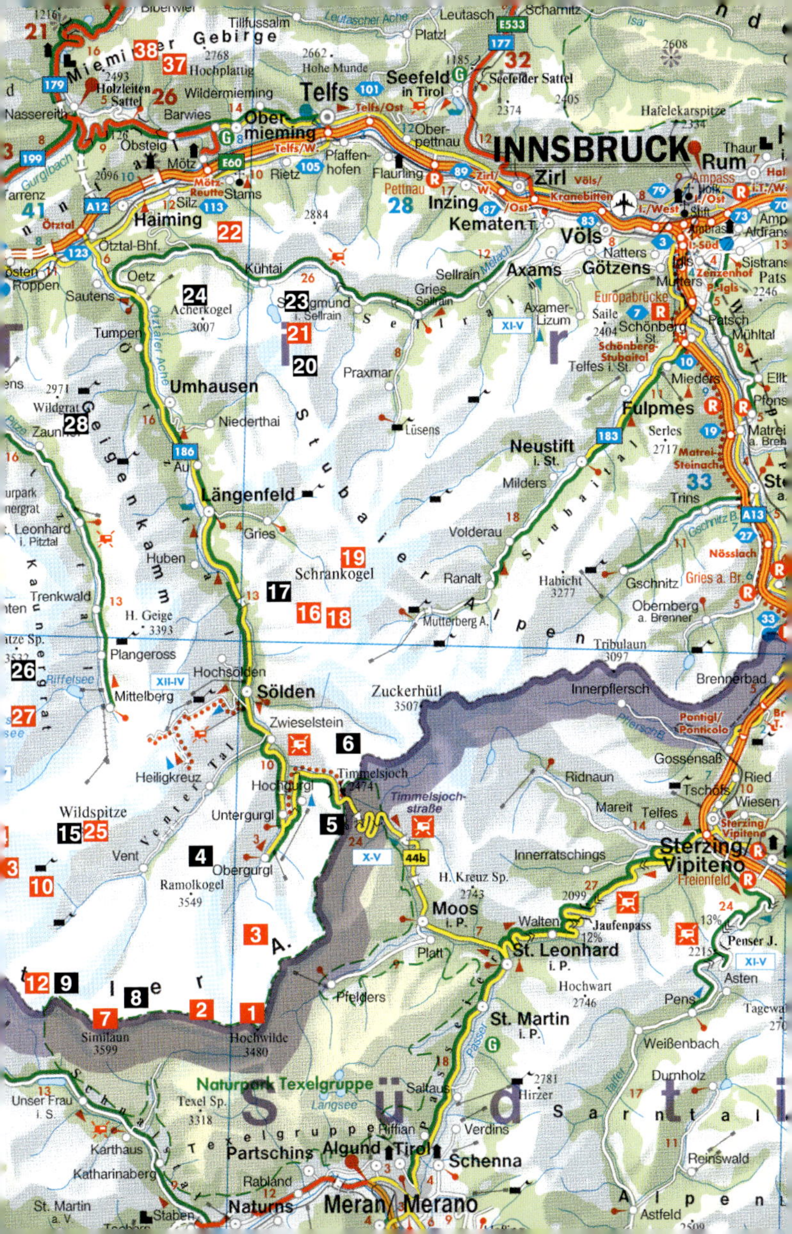

Mieminger Gebirge
Tillfussalm
Leutasch
Scharnitz
E533
177
32
Isar
Hochplattig
2768
Hohe Munde
2662
Seefeld in Tirol
Seefelder Sattel
2374
2405
Hafelekarspitze
2334
Holzleiten Sattel
Wildermieming
Telfs
Telfs/Ost
Nassereith
Barwies
Obermieming
Oberpettnau
INNSBRUCK
Rum
Thaur
Obsteig
Mötz
E60
Telfs/W.
Pfaffenhofen
Flaurling
Pettnau
Zirl
Zirl/W.
Zirl/Ost
Ampass
Hall
Gurglbach
Rietz
Stams
Silz
Mötz-Reutte
A12
Haiming
Ötztal
Ötztal-Bhf.
Inzing
Kematen
Völs
Kranebitten
I./West
I./Ost
Igls
Ambras
Aldrans
Amras
Sistrans
Patsch
Mühltal
Ellbögen
2884
Kühtai
Sellrain
Gries i. Sellrain
Sellrain
Axams
Götzens
Natters
Mutters
Zenzenhof
Europabrücke
Saile
2404
Schönberg i. St.
Schönberg-Stubaital
Axamer Lizum
XI-V
Oetz
Sautens
Roppen
Acherkogel
3007
St. Sigmund i. Sellrain
Tumpen
Ötztaler Ache
Praxmar
Telfes i. St.
Mieders
Fulpmes
Serles
2717
Matrei a. Brenner
Matrei-Steinach
Pfons
Umhausen
Niederthai
Lüsens
Wildgrat
2971
Zaunhof
Geigenkamm
Stubaier Alpen
Neustift i. St.
Milders
Stubaital
186
Au
Längenfeld
Gries
Huben
Volderau
Trins
Gschnitz
Gschnitzbach
Nösslach
A13
St. Leonhard i. Pitztal
Kaunergrat
Trenkwald
Schrankogel
Ranalt
Habicht
3277
Gries a. Br.
Obernberg a. Brenner
H. Geige
3393
Mutterberg A.
Tribulaun
3097
Plangeross
Riffelsee
Mittelberg
XII-IV
Hochsölden
Sölden
Zuckerhütl
3507
Innerpflersch
Brennerbad
Pflerschbach
Pontigl/ Ponticolo
Zwieselstein
Heiligkreuz
Venter Tal
Timmelsjoch
2474
Hochgurgl
Untergurgl
Timmelsjochstraße
Ridnaun
Gossensaß
Tschöfs
Ried
Mareit
Telfes
Wiesen
Sterzing/ Vipiteno
Wildspitze
Vent
Obergurgl
Ramolkogel
3549
X-V
44b
H. Kreuz Sp.
2743
Innerratschings
Freienfeld
Moos i. P.
Walten
Jaufenpass
2099
Penser J.
2215
Platt
St. Leonhard i. P.
Hochwart
2746
Asten
Pens
Tagewaldhorn
Pfelders
St. Martin i. P.
Passer
Similaun
3599
Hochwilde
3480
Weißenbach
Durnholz
Naturpark Texelgruppe
Saltaus
Hirzer
2781
Unser Frau i. S.
Texel Sp.
3318
Langsee
Sarntaler Alpen
Süd
Schnalstal
Texelgruppe
Riffian
Verdins
Karthaus
Partschins
Algund
Tirol
Schenna
Reinswald
Katharinaberg
Rabland
St. Martin a. V.
Staben
Naturns
Meran/ Merano
Astfeld

Zum Gebrauch des Skitourenführers

Aufbau des Skitourenführers

Das Inhaltsverzeichnis auf den Seiten 4/5 gibt einen Überblick über die Tourenvorschläge. Den einzelnen Tourenbeschreibungen sind wichtige Informationen in der Kopfzeile und in einem Infoteil steckbriefartig vorangestellt. Die Kopfzeile informiert über Höhenunterschied und Anstiegszeit und eine kleine Grafik (siehe links) gibt Auskunft über die Exposition der Tour. Der weiße Pfeil gibt die Haupthangrichtung an. Das hellblaue Kreissegment deckt die wesentlichen Expositionsbereiche ab, was die Einschätzung der Lawinengefahr und Schneequalität erleichtert. Führt die Tour über einen spaltigen Gletscher, wird dies ebenfalls in dieser Grafik zusätzlich mit einem gezackten weißen Hintergrund angezeigt. Dem Infoteil mit allen wesentlichen Informationen z. B. zum Ausgangspunkt oder zu den Anforderungen folgt die Beschreibung des Wegverlaufes in Textform. In einem Kartenausschnitt ist die Route eingezeichnet. Fotos ergänzen die Beschreibungen. Im Stichwortverzeichnis auf den Seiten 146–150 sind alle Ziele, Talorte, Ausgangspunkte und Stützpunkte angeführt. Übersichtskarten auf der Rückseite des Umschlags und auf den Seiten 6/7 informieren über die geografische Lage der einzelnen Touren.

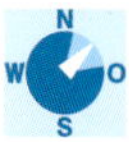

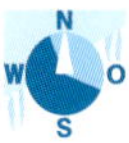

Skitechnische Anforderungen

Die skitechnischen Anforderungen sind durch drei verschiedene Farben gekennzeichnet. Ihre Bedeutung:

Leicht Anstiege, die 25° nicht (oder nur kurzzeitig) überschreiten.

Mittel Anstiege, die 35° Steilheit nicht (oder nur kurzzeitig) überschreiten.

Schwierig Anstiege, die 40° Steilheit erreichen oder sogar überschreiten.

Diese Einteilung ist ohne nähere Beschreibung wenig hilfreich. Die Schwierigkeiten einer Skitour hängen in hohem Maße von den Schneeverhältnissen ab. Unabhängig davon sind lediglich zwei Faktoren: die Steilheit des Geländes und der Spielraum, der für die Schwünge zur Verfügung steht. Die Schwierigkeitsangaben in diesem Buch beruhen auf diesen beiden Faktoren. Die Schneeverhältnisse muss jeder für sich selbst einbeziehen und entscheiden, ob die Schwierigkeiten dadurch niedriger (z. B. hervorragender Firn in einer Steilflanke) oder höher (z. B. Bruchharsch in einer engen Rinne) einzuschätzen sind.
Schränken Engstellen den Spielraum für die Schwünge ein, wird u. U. um eine Stufe »aufgewertet«. Solche Engstellen können z. B. durch ein Bachbett, einen Hohlweg oder eine enge Rinne entstehen.

Klettertechnische Anforderungen

Auf klettertechnische Schwierigkeiten wird stets in der Tourenbeschreibung extra hingewiesen. Sie liegen in keinem Fall weit über dem II. Schwierigkeitsgrad. Im Unterschied zum Sommer ist zu beachten: Klettertechnische Schwierigkeiten hängen auf Skitouren in hohem Maße von den Verhältnissen ab. Was bei trockenen bzw. aperen Felsen als »leichte Kletterei« gilt, kann bei ungünstigen Verhältnissen (Schneelage, Vereisung) schwierig und gefährlich sein.

Gletscher

Viele Anstiege bzw. Abfahrten in diesem Skitourenführer verlaufen über Gletscher. Ihre Begehung bzw. Befahrung setzt wegen der Spaltengefahr Wissen, Erfahrung, entsprechende Ausrüstung und Übung (Abfahren am Seil, Techniken der Spaltenbergung) voraus. Ob auf das Anseilen verzichtet werden kann, muss in jedem Falle selbstverantwortlich entschieden werden. Auf Skitouren wird relativ selten angeseilt, obwohl das Seil zumindest im Aufstieg kaum behindert. Andererseits kommt es immer wieder zu schweren Unfällen. Zu beachten ist auch, dass sich die Spaltensysteme durch das Abschmelzen der Gletscher vielfach schneller und stärker verändern als in früheren Jahren. Bezüglich der aktuell günstigen Route sollte daher gegebenenfalls vor Ort der Rat einheimischer Fachleute (Bergführer, Hüttenwirte) eingeholt werden.
Ob man bei den einzelnen Touren einen Gletscher begehen bzw. befahren muss, wird durch das entsprechende Symbol im Tourenkopf gekennzeichnet.

Hangrichtung

In Verbindung mit dem Lawinenlagebericht (siehe auch »Sicher unterwegs«), der sich auf Hangrichtungen und Höhenlagen bezieht, erleichtert die Angabe der Hangrichtung bei jeder Tour durch das entsprechende Symbol im Tourenkopf die Einschätzung der Lawinengefahr. Sie dient aber auch dem Abfahrtsgenuss, weil man daraus – in Verbindung mit Wetterbericht, Höhenlage und Temperaturen – auf günstige oder ungünstige Schneeverhältnisse schließen kann.

Lawinengefahr

Einen stets lawinensicheren Anstieg gibt es ebenso wenig wie einen, der immer lawinengefährdet ist. Eine Aussage über die Lawinengefährdung einer Tour kann nur als Angabe über die Wahrscheinlichkeit von Lawinenabgängen innerhalb einer Tourensaison erfolgen. Wir verwenden folgende drei Stufen:
»Kaum lawinengefährdet«: Dieser Anstieg kann das ganze Tourenjahr hindurch begangen werden, wenn die Spur vernünftig angelegt wird. Gefahr droht nur bei extremen Witterungsverhältnissen.

»Mitunter lawinengefährdet«: Lawinengefahr droht z. B. nach Schneefällen mit Windverfrachtung oder nach einem Warmwettereinbruch. Eine Ersatztour sollte bei der Planung überlegt werden.
»Häufig lawinengefährdet«: Anstiege, die wegen ihrer Steilheit oder besonderen Lage (z. B. Bedrohung von den Flanken her) besonders günstige Bedingungen erfordern. Eine Ersatztour sollte unbedingt eingeplant werden.

Gehzeit

Die Gehzeit wird von vielen Faktoren beeinflusst, z. B. vom Trainingszustand, von den Schneeverhältnissen, von der Witterung (Wärme, Kälte, Wind) und von der Gruppengröße. Die im Buch angegebenen Zeiten gelten für günstige Verhältnisse. Ungünstige Bedingungen können die Gehzeiten stark erhöhen.
Gehzeiten sind eine sehr individuelle Größe und deshalb stellen die angegebenen Zeiten nur grobe Richtwerte dar.
Zeitangaben für die Abfahrt halten wir für sinnlos. Schneeverhältnisse, unterschiedliches Abfahrtskönnen, Gruppengröße usw. bewirken eine große Streuung. Nach unseren Erfahrungen können die Abfahrtszeiten nach einem dreistündigen Anstieg zwischen einer Viertelstunde und zwei Stunden schwanken.

Orientierung

Auf einer Skitour findet man keine markierten Wege vor. Im Tourensteckbrief wird deshalb angegeben, wie schwierig es ist, den richtigen Aufstieg zu finden. Die meisten Touren wird man mehr oder weniger stark verspurt vorfinden, doch gibt es in diesem Führer auch wenig begangene Touren. Frühaufsteher werden nach einem nächtlichen Schneefall mitunter spuren müssen.
Der Umgang mit der Karte, aber auch mit dem Kompass und dem gerade auf Skitouren wichtigen Höhenmesser sollte erlernt und immer wieder geübt werden. Bei einsetzendem Schneefall, ganz besonders unter Windeinfluss, können Anstiegs- oder Abfahrtsspuren oberhalb der Waldgrenze rasch (innerhalb von Minuten!) unsichtbar werden. Rechtzeitige Umkehr ist in diesem Fall empfehlenswert, d. h. Abbruch der Skitour, solange man noch weiß, wo man sich befindet.
GPS-Geräte sind mittlerweile weit verbreitet. Sie sind wertvolle Orientierungshilfen und ungleich bequemer als die Orientierung mit Kompass und Höhenmesser. Dennoch sollte man diese Techniken auch heute noch erlernen und schon gar nicht auf das Mitführen einer guten Landkarte verzichten.

Landkarten

Für viel begangene Skitouren genügen bei guter Sicht an und für sich die Kartenausschnitte in diesem Buch mit der eingezeichneten Route. Für die Bestimmung entfernterer Gipfel braucht man jedoch auch in diesem günstigen Fall Landkarten. Wanderkarten reichen für diesen Zweck aus, z. B.:

- Freytag & Berndt, WK 251 Ötztal – Pitztal – Kaunertal – Wildspitze (1:50.000)
- Freytag & Berndt, WK 254 Landeck – Reschenpass – Samnaungruppe – Paznaun (1:50.000)
- Freytag & Berndt, WK 5504 Arlberg – Lech – St. Anton am Arlberg – Verwallgruppe (1:35.000)

Bei höheren Ansprüchen an die Genauigkeit kommen vor allem folgende AV-Karten mit einem Maßstab 1:25.000 in Betracht:

- Nr. 26 Silvrettagruppe (Skirouten)
- Nr. 30/1 Ötztaler Alpen – Gurgl (Skirouten),
- Nr. 30/2 Ötztaler Alpen – Weißkugel (Skirouten)
- Nr. 30/3 Ötztaler Alpen – Kaunergrat
- Nr. 30/4 Ötztaler Alpen – Nauderer Berge (Skirouten)
- Nr. 30/5 Ötztaler Alpen – Geigenkamm
- Nr. 30/6 Ötztaler Alpen – Wildspitze (Skirouten)
- Nr. 31/1 Stubaier Alpen – Hochstubai (Skirouten)
- Nr. 31/2 Stubaier Alpen – Sellrain (Skirouten)

Günstige Zeit

Bei den angegebenen Monaten handelt es sich natürlich nicht um verbindliche Angaben. In einem schneereichen Winter kann man u. U. schon einen Monat früher erfolgreich sein. Fast immer ist es möglich, einen Monat später aufzusteigen. Das bringt zumeist größere Sicherheit, die mitunter mit einem Zustieg in aperem Gelände mit Ski am Rucksack erkauft werden muss.

Sicher unterwegs

Zur größeren Sicherheit auf Skitouren tragen viele Faktoren bei, vor allem eine zweckmäßige Ausrüstung und eine solide Ausbildung. Sie stehen in einem engen Zusammenhang, denn was hilft z. B. das beste VS-Gerät, wenn man die Suche mit diesem Gerät nicht ausreichend erlernt und am Beginn einer Tourensaison neuerlich geübt hat?

Bezüglich der Ausrüstung lässt man sich am besten in der Bergsportabteilung eines guten Sportgeschäfts beraten. Auch Fachzeitschriften (z. B. »Der Bergsteiger«, »Alpin«, »Land der Berge«) und Zeitschriften alpiner Vereine liefern Informationen und Testberichte. Ausbildungen im Bereich Skitourengehen werden von zahlreichen Bergschulen angeboten. Die Bergführer dieser Schulen sind fachlich und pädagogisch zumeist hoch qualifiziert. Sektionen der Alpenvereine bieten geführte Skitouren, oft auch Ausbildungen für ihre Mitglieder an. Auch Fachzeitschriften und Fachbücher können natürlich hilfreich sein. Beispiele für Lehrbücher:

- Markus Stadler: Skitouren. Ausrüstung, Technik, Sicherheit. Rother Bergverlag, 4. Aufl. 2021.

- Eike Roth: Lawinen. Verstehen, Vermeiden, Praxistipps. Rother Bergverlag, 1. Aufl. 2013.
- Peter Geyer, Chris Semmel und Jan Mersch: Alpin-Lehrplan 4, Skibergsteigen – Freeriding. Rother Bergverlag, 6. Aufl. 2021.

Von besonderer Bedeutung für den Tourengeher sind die Lageberichte der Lawinenwarndienste. Grundlage der Gefahrenskala ist die Stabilität der Schneedecke. Von ihr ausgehend wird die Wahrscheinlichkeit eines Abgangs von Lawinen formuliert. Dabei wird zwischen einer spontanen Auslösung (Selbstauslösung) und einer Auslösung durch Skitourengeher unterschieden. In Form der »Europäischen Lawinengefahrskala« (siehe Kasten) wird die Einschätzung der Lawinengefahr seit 1993 in Europa einheitlich formuliert. Die Bewertungsskala besteht aus fünf Stufen mit klar definierten und vereinheitlichten Begriffen in mehreren Sprachen.

Das lawinengefährdete Gelände wird im Lawinenlagebericht zumeist näher beschrieben, z. B. bezüglich der Höhenlage, der Exposition (Hangrichtung) und der Geländeform. Möglichkeiten, über die Informationen über die Lawinensituation eingeholt werden können, finden sich im Kapitel »Nützliche Telefonnummern und Adressen«.

Europäische Lawinengefahrenskala

Stufe 1, gering

Eine Lawinenauslösung ist nur bei großer Zusatzbelastung an wenigen, extremen Steilhängen möglich. Allgemein sichere Tourenverhältnisse.

Stufe 2, mäßig

Eine Lawinenauslösung ist insbesondere bei großer Zusatzbelastung vor allem an Steilhängen der angegebenen Exposition und Höhenlage möglich. Große spontane Lawinen sind nicht zu erwarten. Unter Berücksichtigung lokaler Gefahrenstellen günstige Tourenverhältnisse.

Stufe 3, erheblich

Eine Lawinenauslösung ist bereits bei geringer Zusatzbelastung vor allem an Steilhängen der angegebenen Exposition und Höhenlage möglich. Fallweise sind spontan einige mittlere, vereinzelt aber auch große Lawinen möglich. Skitouren erfordern lawinenkundliches Beurteilungsvermögen. Die Tourenmöglichkeiten sind eingeschränkt.

Stufe 4, groß

Eine Lawinenauslösung ist bereits bei geringer Zusatzbelastung an zahlreichen Steilhängen wahrscheinlich. Fallweise sind spontan viele mittlere, mehrfach auch große Lawinen zu erwarten. Skitouren erfordern großes lawinenkundliches Beurteilungsvermögen. Die Tourenmöglichkeiten sind stark eingeschränkt.

Stufe 5, sehr groß

Zahlreiche große spontane Lawinen, auch in mäßig steilem Gelände, sind zu erwarten. Skitouren sind allgemein nicht mehr möglich.

Umweltfreundlich unterwegs

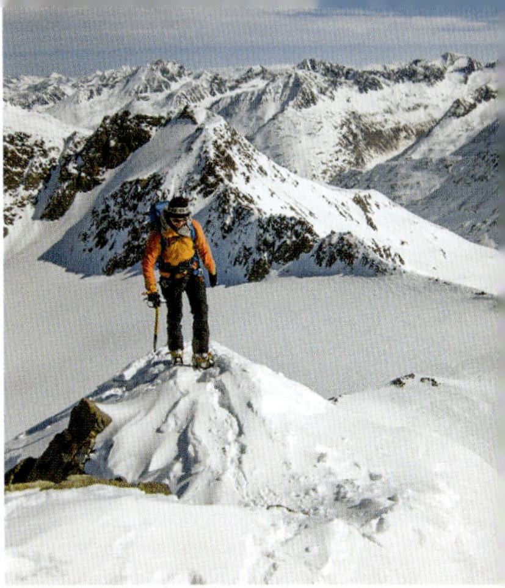

Nordostgrat an der Fineilspitze (Tour 9).

Allenfalls mit Ausnahme der Liftgebiete handelt es sich bei den hier ausgewählten Tourengebieten um schützenswerte Kultur- und Naturlandschaft. Wir müssen uns bemühen, schonend mit ihnen umzugehen. Dafür haben wir gute Voraussetzungen, denn Skitouren sind »Sanften Tourismus«. Der nächste Schneefall löscht unsere Spuren. Sich in der Natur zu bewegen, ohne sie zu beeinflussen, ist jedoch ein Idealfall. Umweltfreundlich sind Skitouren nur dann, wenn wir uns rücksichtsvoll und möglichst nachhaltig verhalten.
Tipps und Hinweise für naturverträgliche Skitouren:

- Fahrten mit dem PKW nach Möglichkeit einschränken, z. B. durch Fahrgemeinschaften oder Übernachtung im Tourengebiet am Wochenende (zwei Tourentage für eine Anreise) oder zusammenlegen von freien Tagen auf eine Tourenwoche.
- Rücksichtsvolles Parken am Ausgangspunkt der Tour auf den ausgewiesenen Parkplätzen.
- Nutzung von öffentlichen Verkehrsmittel, falls möglich.
- Aufforstung und Jungwald meiden und konsequent umfahren.
- Dichten Wald meiden, der für das Wild wichtige Ruhezonen darstellt und ohnehin wenig Skigenuss bietet.
- Ausgewiesene Schutzgebiete und Schongebiete für Pflanzen und Tiere respektieren und konsequent meiden.
- Markierungen, Hinweise und Empfehlungen beachten.
- Gipfel, Rücken und Grate im Hochwinter am frühen Morgen und späten Nachmittag meiden.
- Lärm vermeiden.
- In Waldgebieten und an der Waldgrenze auf den üblichen Skirouten, Forst und Wanderwegen bleiben (häufig wird im Text in der Waldzone auf eine Forststraße verwiesen, die dann auch benützt werden sollte).
- Möglichst nicht parallel zur Waldgrenze gehen und Abstand von Baumgruppen und Strauchgruppen halten.
- Hunde anleinen.

In diesen Skitourenführer wurden keine Routen aufgenommen, die gegen Naturschutzbestimmungen oder Betretungsverbote verstoßen.

Tourengebiet Ötztal – Silvretta

Charakteristik

Schwerpunkt dieses Skitourenführers sind Touren in den Ötztaler Alpen und in der Silvretta. Diese beiden Gebirgsgruppen sind stark vergletschert. Die Begehung der Gletscher erfordert eine entsprechende Erfahrung und Ausrüstung. Bergstraßen führen weit in die langen Täler. Wegen der Länge der Anstiege sind Schutzhütten als Stützpunkte dennoch von großer Bedeutung. Die wichtigsten Hütten (mit jeweils einem Gipfelbeispiel) sind im Ötztal Langtalereck-Hütte (Hochwilde), Martin-Busch-Hütte (Similaun), Hochjochhospiz (Weißkugel), Vernagthütte (Fluchtkogel) und Amberger Hütte (Schrankogel) und im Paznauntal Heidelberger Hütte (Piz Tasna) und Jamtalhütte (Augstenberg). Aus dem Ötztal erreicht man aber auch empfehlenswerte Ziele in den Stubaier Alpen, z. B. im Sulztal (Amberger Hütte), im Horlachtal (Schweinfurter Hütte) und im Nedertal (Westrampe des Kühtaier Sattels). Mehrere angrenzende Gebiete runden den Bereich dieses Skitourenführers ab. In der Samnaungruppe ist auf den Furgler und die Gamsbergspitze zu verweisen, im Verwall auf die Hohen Köpfe und die »St. Christopher Speisekarte«, drei Gipfel genau gegenüber den wirbeligen Pisten der

Sonnige und aussichtsreiche Pause am Hinteren Brochkogel (Tour 15).

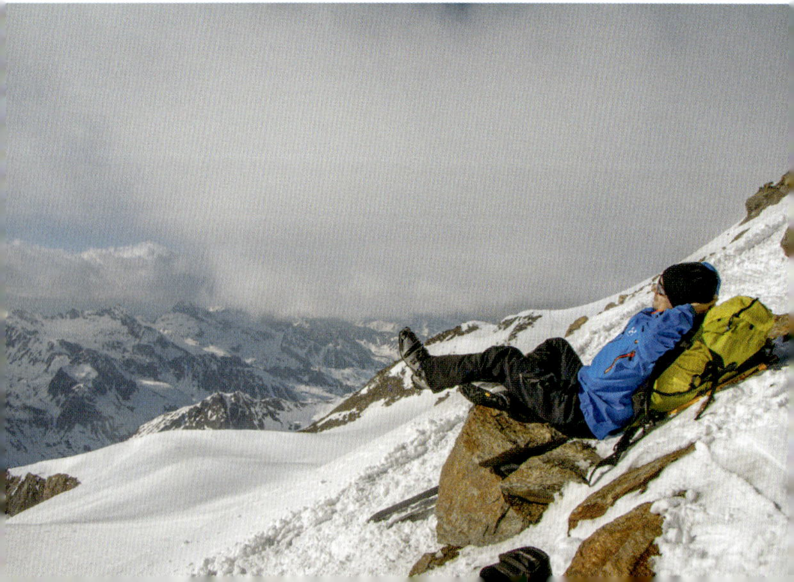

Die Top-Touren im Gebiet

Eiskögele, 3228 m

Empfehlenswert als Rundtour mit großartiger Abfahrt ins Rotmoostal (Tour 3, 2.30 Std. von der Langtalereck-Hütte).

Schwenzerspitze, 2993 m

Skigenuss im Juni – die Timmelsjoch-Hochalpenstraße macht es möglich (Tour 5, 3 Std.).

Fluchtkogel, 3497 m

Hoher Dreitausender ohne besondere Schwierigkeiten oder Gefahren (Tour 13, 2.30 Std. von der Vernagthütte).

Großes Windegg, 2644 m

Traumabfahrt für gute Skifahrer (Tour 24, 3 Std.).

Wildspitze, 3770 m

Ohne große Anstrengung auf den höchsten Gipfel Nordtirols (Tour 25, 2.30 Std.).

Glockturm, 3353 m

Frühlings-Skitour für Frühaufsteher (Tour 32, 3.00 Std.).

Aifner Spitze, 2558 m

Schöner Skigipfel am Eingang des Kaunertals (Tour 33, 3.15 Std.).

Lahnkopf, 2471 m

Wenig bekannt und bei einheimischen Tourengehern sehr beliebt (Tour 35, 2.45 Std.).

Lareinferner Spitze, 3009 m

Großartiger Gletscherhang über dem Lareintal (Tour 47, 2.30 Std. von der Heidelberger Hütte).

Augstenberg, 3228 m und 3225 m

Berühmter Skigipfel mit zwei Spitzen in der Silvretta (Tour 50, 3.45 Std. von der Jamtalhütte).

Valluga. Schließlich erreichen wir aus dem Inntal auch drei schöne Skigipfel in den Nordtiroler Kalkalpen, von denen der Muttekopf der höchste und anspruchsvollste ist.

Anreise

In das Tourengebiet kommen Skitourenfreunde mit dem Pkw zumeist über die Inntal-Autobahn, aber auch mit der Bahn und bis Innsbruck auch mit dem Flugzeug. In die großen Täler führen gut ausgebaute Bundesstraßen. Alle Talorte sind mit öffentlichen Verkehrsmitteln erreichbar (Bahn und/oder Bus). In vielen Fällen gilt das auch für die Ausgangspunkte der einzelnen Skitouren. Um die Bestellung einer Unterkunft zu erleichtern, wurden Angaben zu den jeweiligen Tourismusbüros zusammengestellt (siehe »Talorte und Tourismusbüros«).

Nützliche Telefonnummern und Adressen

Landesvorwahl Österreich 0043 bzw. +43. Bei der Einwahl aus dem Ausland entfällt die 0 bei der innerösterreichischen Vorwahl.

Notruf

- Europäischer Notruf: 112
- Bergrettung Österreich: 140 (Notruf aus dem österreichischen Netz)

Lawinenlagebericht

- lawinen.report

Alpine Auskunft

- Österreichischer Alpenverein: Tel. +43 512 595 470, alpenverein.at

Wetterbericht

- alpenverein.de (DAV Wetterbericht, Link Bergwetter, Ötztaler Alpen Nord)
- zamg.ac.at (GeoSphere Austria – Bundesanstalt für Geologie, Geophysik, Klimatologie und Meteorologie)
- wetter.com
- bergfex.com (zahlreiche Webcams)

Auskünfte über öffentliche Verkehrsmittel

- Österreichische Bundesbahn (ÖBB): Tel. +43 5 1717, oebb.at
- ÖBB-Postbus: Tel. +43 5 1717, postbus.at

Nach der Abfahrt vom Hölltörl heißt es nochmals Auffellen für die Grünsteinscharte in der Bildmitte (Tour 37).

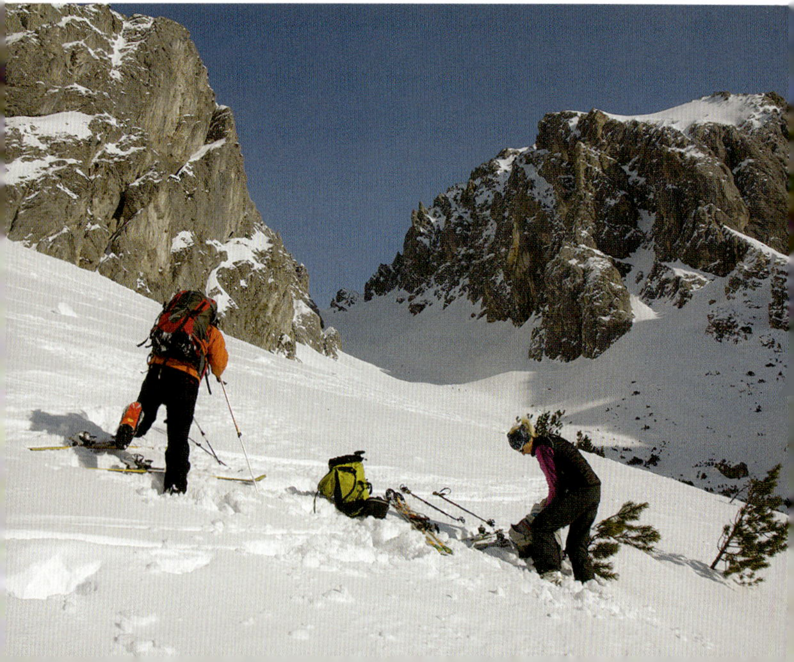

Talorte und Tourismusbüros

Obergurgl, 1910 m: Das höchste Pfarrdorf Österreichs ist Teil der Gemeinde Sölden und zusammen mit dem Hoteldorf Hochgurgl ein bedeutender Wintersportort mit zahlreichen Aufstiegshilfen, der mit seiner Schneesicherheit punktet. Die Universität Innsbruck hat hier ein Forschungsinstitut eingerichtet, das sich mit Hochgebirgs- und Klimaforschung befasst. Ein wichtiger Stützpunkt für hochalpine Skitouren, aber auch für Sommerbergsteiger ist die Langtalereckhütte des DAV. Spät im Jahr, nach einem schneereichen Winter noch im Juni, sind lohnende »Abschlusstouren« von der Timmelsjochstraße aus möglich (Touren 1–6).
Ötztal Tourismus Information: Obergurgl-Hochgurgl, A-6456 Obergurgl, Tel. +43 57 200 100, gurgl.com
Vent, 1896 m: Wie Obergurgl ein Ortsteil der Gemeinde Sölden. An die enge Verbindung mit dem Vinschgau, von dem aus auch Vent besiedelt wurde, erinnert der große »Zug der Schafe« aus dem Schnalstal über das Niederjoch (über 3000 m) ins Ötztal und nach der Sommerweide wieder zurück. Mit kräftiger Unterstützung durch den »Gletscherpfarrer« Fanz Senn, einen der Begründer des Alpenvereins, wurde das arme Bauerndorf touristisch erschlossen und steht bei Bergsteigern hoch im Kurs. Im Gegensatz zu Obergurgl hält sich die Erschließung durch Liftanlagen in Grenzen. In Vent gibt es drei bedeutende Schutzhütten (alle DAV) für Skibergsteiger: Martin-Busch-Hütte, Hochjochhospiz und Vernagthütte. Für Sommerbergsteiger steht zudem die Breslauer Hütte des DAV zur Verfügung (Touren 7–14).
Ötztal Tourismus Information: Vent, A-6458 Vent, Tel. +43 57 200 220, vent.at
Gries im Ötztal, 1569 m: Ein typisches Tiroler Bergdorf, das im Sulztal oberhalb von Längenfeld liegt. Der bedeutendste und häufig überfüllte Stützpunkt für Skibergsteiger in diesem Tal ist die Amberger Hütte des DAV. Der »Schwefelsee« neben dieser Hütte wurde vom »Mist-Pfarrer« Adolf Trientl entdeckt, der sich (wie Pfarrer Senn in Vent) nicht nur um das Seelenheil der Grieser kümmerte (Touren 15–17).
Ötztal Tourismus Information: Längenfeld, A-6444 Gries, Tel. +43 5253 2013 030, oetztal.at
Niederthai, 1538 m: Das kleine Dorf im Horlachtal wird über eine Bergstraße vom Umhausen erreicht. Etwas unterhalb der Stuibenfall (Stuiben von »stäuben«), Tirols höchster Wasserfall. Der Horlachbach stürzt in drei Kaskaden 100 m in die Tiefe – ein großartiges Naturschauspiel! Ein eher ruhiger Stützpunkt mit prachtvollem Tourengebiet ist die Schweinfurter Hütte des DAV (Touren 18–19).
Ötztal Tourismus Information: Umhausen, A-6441 Niederthai, Tel. +43 57 200 400, umhausen.com

Ötz, 812 m: Hauptort des unteren Ötztals auf der ersten Talstufe. Eindrucksvoll die Pfarrkirche auf einer felsigen Kuppe oberhalb des Dorfs. Viele alte Häuser, z. B. das Gasthaus Stern aus dem 16. Jh. mit besonders schöner Fassadenmalerei. Liftgebiet. Für Skitouren wichtig ist die Auffahrt von Ötz zum Kühtaier Sattel durchs Nedertal. Herrliche Skitourenziele, die für eine Woche und länger ausreichen (vgl. auch Rother Skitourenführer »Sellrain – Kühtai«; Touren 20–23).
Ötztal Tourismus Information: Ötz, A-6433 Ötz, Tel. +43 57 200 500, oetz.com
St. Leonhard im Pitztal, 1366 m: Hauptort im inneren Pitztal, große Gemeinde mit vielen Ortsteilen. Durch den Bau der Gletscherbahn kam es im Pitztal zu einem bedeutenden touristischen und damit wirtschaftlichen Aufschwung. Die Wildspitze ist mit Bahnbenutzung als »Halbtagstour« sehr beliebt, ebenso die Abfahrt über den Taschachferner. Die hohe Anzahl an Tourengeher darf jedoch nicht zur Unterschätzung der Gefahren führen. Immer wieder kommt es zu gefährlichen und z. T. tödlichen Spaltenstürzen. Ruhiger geht es auf den allerdings gleichfalls hochalpinen und anspruchsvollen Touren zu, die von der Riffelseebahn oder der Riffelseehütte (DAV) aus unternommen werden (Touren 24–28).
Tourismusverband Pitztal, A-6481 St. Leonhard, Tel. +43 5414 869 99, pitztal.com
Feichten, 1273 m: Hauptort im Kaunertal. Mautstelle der Kaunertaler Gletscherstraße, die in Zusammenhang mit einem Kraftwerksbau errichtet wurde. Sommerskigebiet mit langer und mühsamer Zufahrt. Das Gletscherskigebiet wurde 1980 nach intensiven Auseinandersetzungen eröffnet. Für den Ausbau des Skigebiets ist eine zwei Kilometer lange Seilbahn auf das Weißseeköpfl, 3450 m, geplant (Touren 29–32).
Tourismusverband Tiroler Oberland Erlebnisraum Kaunertal, A-6524 Feichten, Tel. +43 50 225 200, kaunertal.com
Nauders, 1394 m: Wichtiger Tourismusort nahe dem Reschenpass. In früheren Zeiten war Schloss Naudersberg als Gerichtsort jahrhundertelang von großer Bedeutung. Ansehnliches Skigebiet. Vor der Lifterschließung beliebtes Tourengebiet (Tour 33).
Tourismusverband Tiroler Oberland Erlebnisraum Nauders, A-6543 Nauders, Tel. +43 50 225 400, nauders.com
Pfunds, 970 m: Reizvolles Dorf ohne eigenes Skigebiet. Wegen der kurzen Anreise nach Nauders und Serfaus auch im Winter beliebter Tourismusort. Die Skitouren rund um Nauders sind meist nur Einheimischen bekannt (Tour 34).
Tourismusverband Tiroler Oberland Infobüro Pfunds, A-6542 Pfunds, Tel. +43 50 225 300, tiroler-oberland.com
Serfaus, 1429 m: Serfaus bildet zusammen mit Fiss und Ladis ein bedeutendes Skigebiet. Die Erschließungen sind umfangreich, und die Skitouren werden dadurch »entwertet«. Die früher sehr beliebte Skitour auf den Furgler ist aber immer noch empfehlenswert und wegen der hohen Liftpreise deutlich einsamer als vor einigen Jahrzehnten (Tour 35).

Tourismusverband Serfaus-Fiss-Ladis, A-6534 Serfaus, Tel. +43 5476 6239, serfaus-fiss-ladis.at

Obsteig, 991 m: Sonniges Dorf, von der Ausfahrt Mötz der Inntal-Autobahn in kurzer Zeit erreichbar. Wenige, aber reizvolle Skitouren, die bei Einheimischen sehr beliebt sind (Touren 36/37).

Tourismus Information Mieming, A-6416 Obsteig, Tel. +43 512 53566414, innsbruck.info

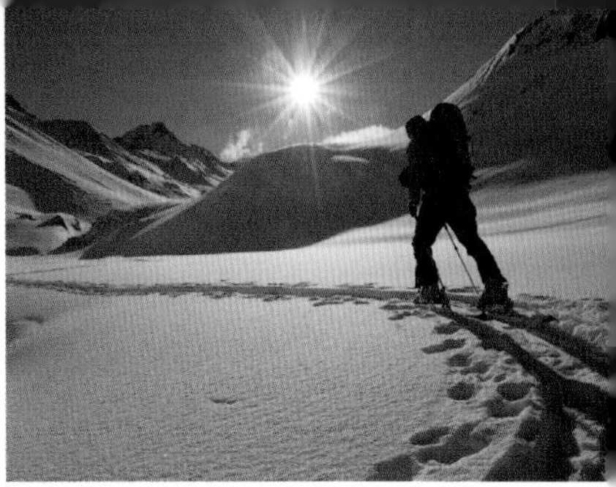

Morgensonne im Futschölbachtal bei der Jamtalhütte (Tour 50).

Imst, 827 m: Bezirkshauptstadt. Bescheidenes Liftgebiet. Es dient als Ausgangspunkt für die großartige und anspruchsvolle Skitour auf den Muttekopf (Tour 38).

Imst Tourismus, A-6460 Imst, Tel. +43 5412 6910, imst.at

Zams, 775 m: Liegt am Fuß des Venetbergs. Bescheidenes Liftgebiet Krahberg. Von hier eine Skitour nach dem Motto »viel Abfahrtsgenuss für wenig Anstiegsmühe« (Tour 39).

Tourismusverband TirolWest in Landeck, A-6511 Zams, Tel. +43 5442 65600, tirolwest.at

St. Anton am Arlberg, 1284 m: Eine der bekanntesten Skistationen weltweit. Skitouren dadurch eingeschränkt, doch gegenüber der berühmten Valluga möglich. Die Paradetour des Arlbergs, der Kaltenberg, wird von Vorarlberger Seite aus (Stuben) angegangen (Tour 40).

Tourismusverband St. Anton am Arlberg, A-6580 St. Anton am Arlberg, Tel. +43 5446 226 90, stantonamarlberg.com

See, 1056 m: Kleines, aber feines Skigebiet am Beginn des Paznauntals, wegen der günstigeren Preise (im Vergleich zu Serfaus oder Ischgl) bei Einheimischen beliebt. Verkürzte Anstiege führen auf eine Reihe schöner Skitourengipfel (Tour 41).

Tourismusverband Paznaun-Ischgl, A-6553 See, Tel. +43 50 990 400, see.at

Ischgl, 1350 m: Großes Liftgebiet, das zudem mit Samnaun zusammengeschlossen ist. Für Skitourengeher wegen der Heidelberger Hütte (DAV) interessant. Großes und vielfältiges Tourengebiet (Touren 43–46).

Tourismusverband Paznaun-Ischgl, A-6561 Ischgl, Tel. +43 50 990 100, ischgl.com

Galtür, 1584 m: Das Dorf ist ungleich gemütlicher als Ischgl, sozusagen »Natur statt Events«. Talort und Ausgangspunkt für die Jamtalhütte (DAV), dem wichtigsten Stützpunkt in der Silvretta (Touren 42, 47–50).

Tourismusverband Paznaun-Ischgl, A-6563 Galtür, Tel. +43 50 990 200, galtuer.com

1 Hohe Wilde, 3458 m

N W O S

1600 Hm
6.15 Std.

Beliebter Gipfel im Tourenbereich der Langtalereckhütte

Häufig ist der höchste Gipfel im Tourengebiet einer Hütte auch das beliebteste Tourenziel – in unserem Fall der Schalfkogel. Dennoch ist der Doppelgipfel der Hohen Wilde bekannter und sowohl im Sommer als auch im Winter ein äußerst begehrtes und somit auch das Haupttourenziel in dieser Ecke. Die Route über den Langtalferner ist kürzer und angenehmer (kein Gegenanstieg) als die längere und an ihrem Beginn (Bachschlucht) anspruchsvollere Route über den Gurgler Ferner. Nach der eher gemütlichen und einfachen Gletscherwanderung erfolgt eine würzige Klettereinlage am Gipfelaufbau.

Talort/Ausgangspunkt: Obergurgl, 1910 m. Bushaltestelle. Parkverbot im Dorf, Parken am Ortseingang links (Festkogelbahn) auf Parkplätzen und in Tiefgaragen im Dorf (gebührenpflichtig).
Aufstiegszeiten: Obergurgl – Langtalereckhütte 2.30 Std., Langtalereckhütte – Langtaler Ferner 1 Std., Langtaler Ferner – Gletscherbruch 1 Std., Gletscherbruch – Sattel 1 Std., Sattel – Nordgipfel 45 Min.
Anforderungen: Großteils sanft geneigter Gletscher, aber Steilstufe entlang der Gletscherbrüche zum Sattel. Vom Skidepot Kletterei (Versicherungen, bis max. II) bis zum Gipfel. Spaltengefahr!
Hangrichtung: Vorwiegend Nord und Nordost.
Lawinengefährdung: Bei vernünftig gelegter Aufstiegs-/Abfahrtsspur gering.
Orientierung: Bei guter Sicht für erfahrene Skibergsteiger problemlos.
Günstige Zeit: März bis Mai.
Stützpunkte: Langtalereckhütte (Karlsruher Hütte), 2430 m (DAV, bew. von Mitte Febr. bis Mitte Mai, 65 Schlafplätze, Tel. +43 664 5268655, alpenverein-karlsruhe.de); Hochwildehaus, 2866 m (aufgrund irreparabler Schäden seit 2016 bis auf Weiteres geschlossen, wenige Meter daneben bietet der Winterraum der Fidelitashütte Platz für 12 Personen für Notfälle, Tel. +43 664 4245824).

Von **Obergurgl** auf breitem Weg über Pisten fast bis zur Schönwieshütte. Weiter ohne Orientierungsschwierigkeiten (vom Hüttenwirt gespurter und markierter Weg), aber mit einigen unangenehmen Höhenverlusten zur **Langtalereckhütte** (hierher auch mit der Gaisberg- und der Steinmannbahn, dann kurze Abfahrt zur Brücke über den Rotmoosbach; verkürzt den Hüttenanstieg um gut 1 Std.).
Von der Langtalereckhütte Richtung Süden kurz in den Talboden, dann ohne Orientierungsschwierigkeiten mit geringem Höhengewinn durch das Langtal zum gleichnamigen Gletscher. Auch über den Gletscher geht es zunächst sehr gemütlich bis zu einer stark zerklüfteten Steilstufe. Hier hält man sich rechts, oberhalb der Brüche wieder links und erreicht so am Ende etwas steiler einen **Sattel**, etwa 3299 m, zwischen Annakogel und dem Nordgipfel der Hohen Wilde. Am Sattel links über einen Rücken Richtung Südosten zu den Gipfelfelsen. Bei den Felsen wird das Skidepot eingerichtet. Von hier

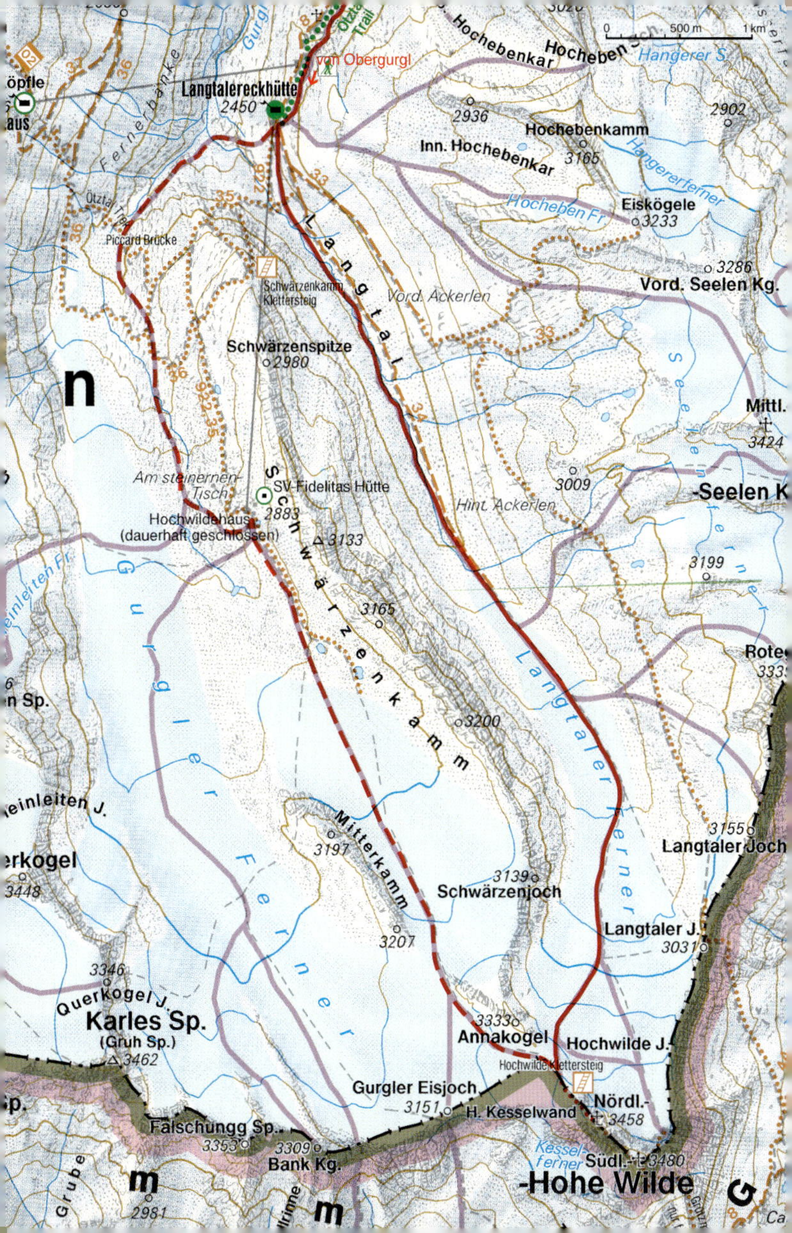

0 500 m 1 km
Hochebenkar
Hangerer S.
von Obergurgl
Langtalereckhütte
2450
Ötztal Trail
2936
2902
Hochebenkamm
Inn. Hochebenkar
3165
Hangererferner
Hocheben Fr.
Eiskögele
3233
Fernerbänke
Ötztal Trail
Piccard Brücke
Schwärzenkamm Klettersteig
Vord. Ackerlen
3286
Vord. Seelen Kg.
Langtal
Schwärzenspitze
2980
Mittl.
3424
Am steinernen Tisch
SV-Fidelitas Hütte
2883
Hochwildehaus
(dauerhaft geschlossen)
3133
Hint. Ackerlen
3009
Seelen K
Seelenferner
3199
Gurgler Ferner
Schwärzenkamm
3165
Langtaler Ferner
Rote
3200
Mitterkamm
3197
3155
Langtaler Joch
3139
Schwärzenjoch
Langtaler J.
3031
3207
3346
Querkogel J.
Karles Sp.
(Gruh Sp.)
3462
3448
3333
Annakogel
Hochwilde J.
Hochwilde Klettersteig
Gurgler Eisjoch
3151
H. Kesselwand
Nördl.-
3458
Falschungg Sp.
3353
3309
Bank Kg.
Kesselferner
Südl.-
3480
Hohe Wilde
2981

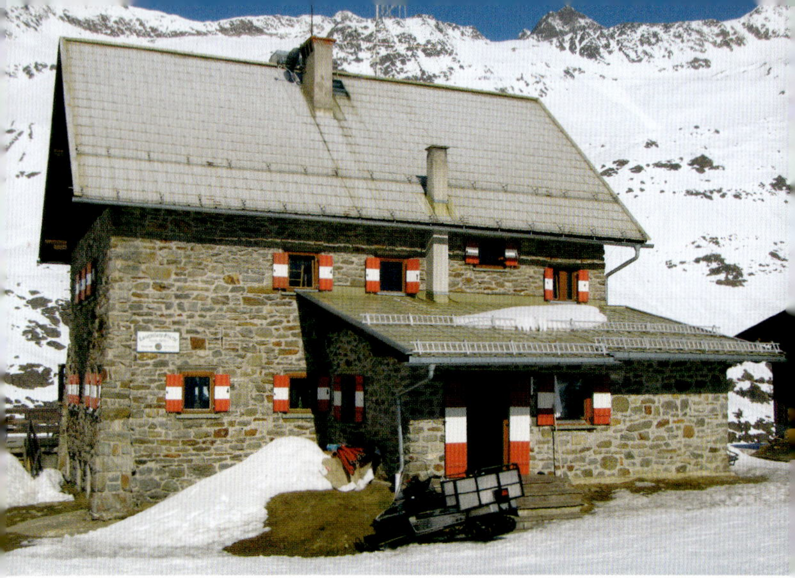

Oben: Die Langtalereckhütte, ein tourenreicher Stützpunkt für erfahrene Skibergsteiger.
Rechts: Aufstieg zur Hohen Wilde (Bildmitte) im späten Frühjahr.

geht es weiter zu Fuß (eventuell Steigeisen und Pickel) durch eine von zwei Rinnen empor (abhängig von den Bedingungen). Im Anschluss auf bzw. etwas neben des Grates in Kletterei zum Gipfel der **Hohen Wilde**. Nach der Rinne dienen Drahtseile des Sommerweges zum Absichern und für eine einfache Orientierung. Bei ungünstigen Verhältnissen sind die Stahlseile zum Teil eingeschneit.
Der Übergang zum etwas höheren Südgipfel, 3480 m, ist nicht extrem schwierig, aber ausgesetzt und bei Vereisung oder ungünstiger Schneelage gefährlich und auf keinen Fall zu unterschätzen.
Die Abfahrt folgt dem Anstiegsweg.

Variante über den Gurgler Ferner:
Zunächst von der Langtalereckhütte zur Vereinigung der Gletscherbäche von Gurgler und Langtaler Ferner abfahren. Der Aufstieg durch die Bachschlucht und weiter zum Gurgler Ferner – kurzzeitig steil, eventuell Ski tragen – ist mitunter etwas unangenehm. Weiter gemütlicher über den Gletscher, unterhalb des Schwärzenkamms und des Hochwildehauses zu einer flachen Einsattelung zwischen Mitterkamm und Annakogel und zum oben erwähnten Sattel, etwa 3299 m.

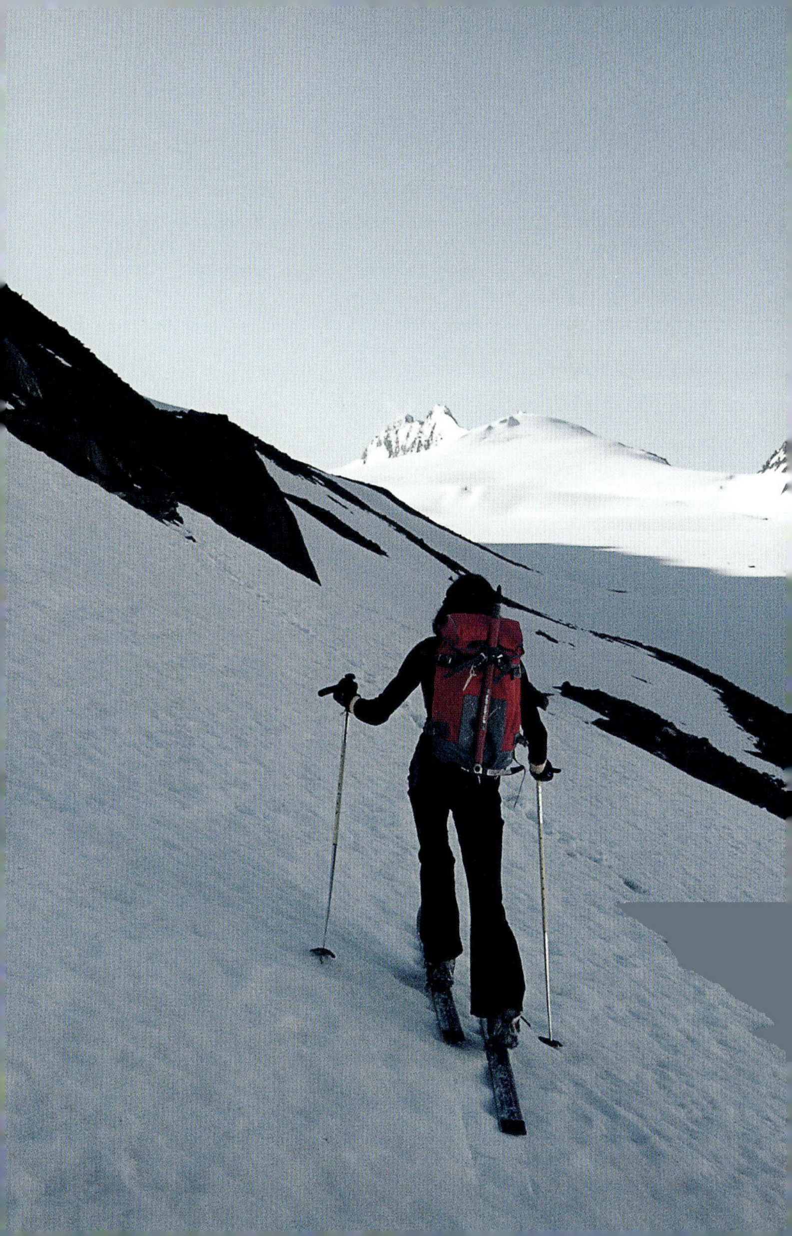

2 Karlesspitze, 3462 m

1200 Hm
4.15 Std.

Bedeutender Gipfel oder »nur« genussvolle Skiabfahrt?

Die Karlesspitze am obersten westlichen Ende des Gurgler Ferners ist mit ihrer mächtigen, eindrucksvoll gegen das Pfossental abbrechenden Felsmauer ein bedeutender Gipfel. Früher konnte man den Gipfel durch eine Scharte und dann von Westen her erreichen. Wegen des signifikanten Gletscherrückgangs ist dies nicht mehr möglich und so klettert man anspruchsvoll (etwa bis II) über den Südostgrat zum Gipfel. Wer allerdings eine genussreiche Gletscherskiabfahrt vorzieht, ist mit Falschunggspitze und Bankkogel als Varianten besser bedient. Ausdauernde Skibergsteiger schaffen alle drei Gipfel an einem Tag – der hohe Ausgangspunkt und die eng zusammenliegenden Gipfel machen es möglich.

Talort: Obergurgl, 1910 m. Bushaltestelle. Parkverbot im Dorf, Parken am Ortseingang links (Festkogelbahn) auf Parkplätzen und in Tiefgaragen im Dorf (gebührenpflichtig).
Ausgangspunkt: Langtalereckhütte, 2430 m.
Aufstiegszeiten: Langtalereckhütte – Hochwildehaus 2.30 Std., Hochwildehaus – Ansatz Südost-Grat 1.30 Std., Ansatz Südost-Grat – Karlesspitze 30 Min.
Anforderungen: Steil zum Gurgler Ferner, bei Hartschnee am Morgen oft unangenehm. Auf dem Gletscher Spaltengefahr. Ab Skidepot leichte Blockkletterei bis II.
Hangrichtung: Vorwiegend Nordost, Nord.
Orientierung: Bei guter Sicht einfach. Mit Spuren kann nicht gerechnet werden.
Lawinengefährdung: Auch im Frühjahr mitunter lawinengefährdet.
Günstige Zeit: März bis Juli.
Stützpunkte: Langtalereckhütte (Karlsruher Hütte), 2430 m (DAV, bew. von Mitte Febr. bis Mitte Mai, 65 Schlafplätze, Tel. +43 664 5268655, alpenverein-karlsruhe.de); Hochwildehaus, 2866 m (aufgrund irreparabler Schäden seit 2016 bis auf Weiteres geschlossen, wenige Meter daneben bietet der Winterraum der Fidelitashütte in Notfällen Platz für 12 Personen, Tel. +43 664 4245824).
Varianten: Falschunggspitze, 3353 m, und Bankkogel, 3309 m: Bei normalen Bedingungen können beide Gipfel direkt mit den Ski erreicht werden. Je gut 1.30 Std. vom Hochwildehaus.

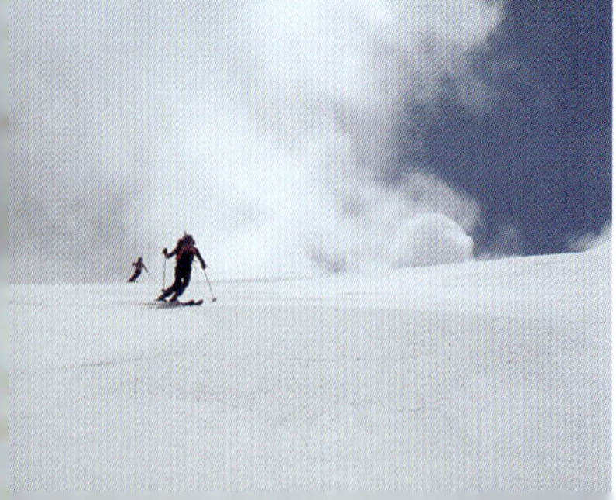

Zunächst fährt man von der **Langtalereckhütte** etwa 200 Hm zur Vereinigung der Gletscherbäche von Gurgler und Langtaler Ferner ab.
Der Aufstieg durch die Bachschlucht und weiter zum Gurgler Ferner ist mitunter etwas unangenehm. In der kurzen Steilstufe ist es

»Butterfirn« bei der Abfahrt vom Bankkogel.

speziell bei wenig Schnee oft günstig, die Ski kurzzeitig zu tragen und zu Fuss zu gehen. Bei sehr guter und ausreichender Scheelage kann man mit Ski durch die ganze Schlucht hindurch gehen. Der Hüttenwirt informiert in der Regel gerne über die Verhältnisse in der Schlucht. Am Ende der Schlucht hält man sich leicht links und steigt am Rand des Gurgler Ferners weiter bergauf.

Auf einer Höhe von etwa 2600 m hält man sich leicht links und könnte so auch den Gletscher verlassen, um in der Westflanke des Schwärzenkamms zum **Hochwildehaus** aufzusteigen. Da jedoch das Hochwildehaus bis auf Weiteres geschlossen ist, geht man nicht bis zur Hütte, sondern bleibt auf dem Gletscher.

Die Karlesspitze hat man nun bereits vor sich, und man steigt über den westlichen Teil des flachen Gletscher empor. Dabei muss man ab ca. 3000 m die Spur unter Beachtung der Spalten geschickt anlegen. Zwischen den Spalten geht es hinauf bis auf ca. 3200 m, dann hält man sich rechts und erreicht nach einer kurzen Steilstufe eine Einsattelung, ca. 3270 m, bei den Felsen direkt am Beginn des **Südostgrats** (Wechtengefahr beachten!). Hier wird das Skidepot eingerichtet. Über den Grat bzw. etwas rechts des Grates in der Flanke erreicht man in anspruchsvoller Blockkletterei (bis II) den Gipfel der **Karlesspitze**.

Die Abfahrt erfolgt auf dem Anstiegsweg.

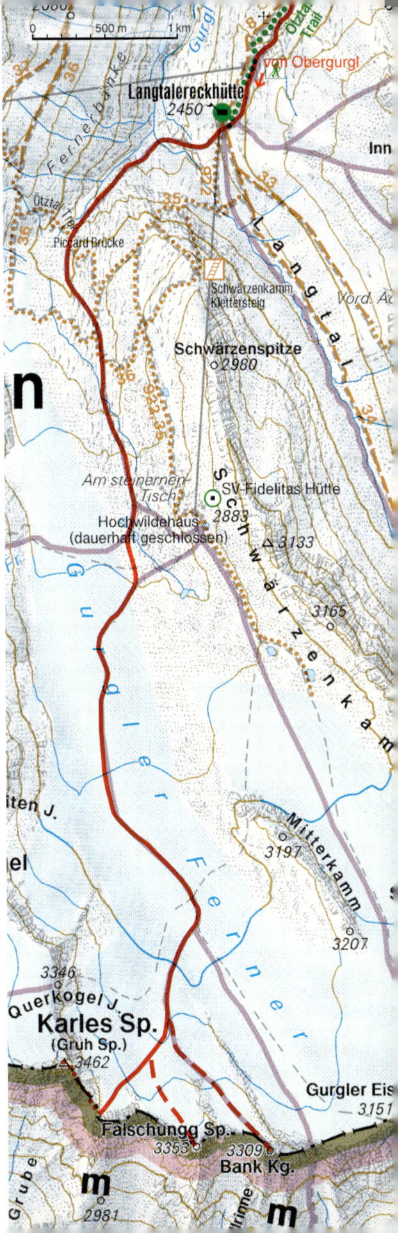

TOP 3

Eiskögele, 3233 m

N W O S

800 Hm

2.30 Std.

Unbedeutender Gipfel – großartiges Skitourenziel!

Das Eiskögele ist eine unbedeutende Erhebung zwischen Hochebenkamm und Vorderem Seelenkogel. Als Skigipfel hat es jedoch einen großen Vorteil: Schnurgerade geht es von der Langtalereckütte durch prachtvolles Skigelände zum Gipfel. Anspruchsvoller ist dagegen die steile Flanke über den Hangererferner zur Schönwieshütte. Sie ist aber viel schöner als die flache Abfahrt auf dem Hüttenanstieg, die zusätzlich durch Gegenanstiege nervt. Natürlich kann man auf dieser Abfahrtsroute auch aufsteigen. Und somit bietet sich das Eiskögele sehr gut als Tour für den An- bzw. Abreisetag an.

Talort: Obergurgl, 1910 m. Bushaltestelle. Parkverbot im Dorf, Parken am Ortseingang links (Festkogelbahn) auf Parkplätzen und in Tiefgaragen im Dorf (gebührenpflichtig).

Ausgangspunkt: Langtalereckhütte, 2430 m.

Aufstiegszeiten: Langtalereckhütte – Hochebenferner 1.30 Std., Hochebenferner – Scharte 45 Min., Scharte – Eiskögele 15 Min.

Anforderungen: Steile Stufen, aber keine besonderen skitechnischen Schwierigkeiten. Der Hochebenferner ist kaum spaltengefährdet. Unschwierig vom Skidepot zum Gipfel.

Hangrichtung: Vorwiegend Nordwest.

Orientierung: Bei guter Sicht problemlos.

Lawinengefährdung: Kaum lawinengefährdet.

Günstige Zeit: März bis Mai.

Stützpunkte: Langtalereckhütte (Karlsruher Hütte), 2430 m (DAV, bew. von Mitte Febr. bis Mitte Mai, 65 Schlafplätze, Tel. +43 664 526 86 55, alpenverein-karlsruhe.de).

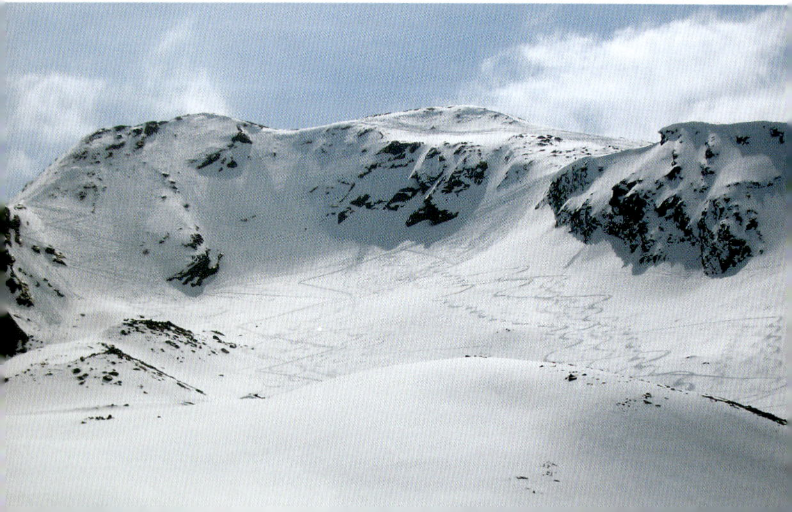

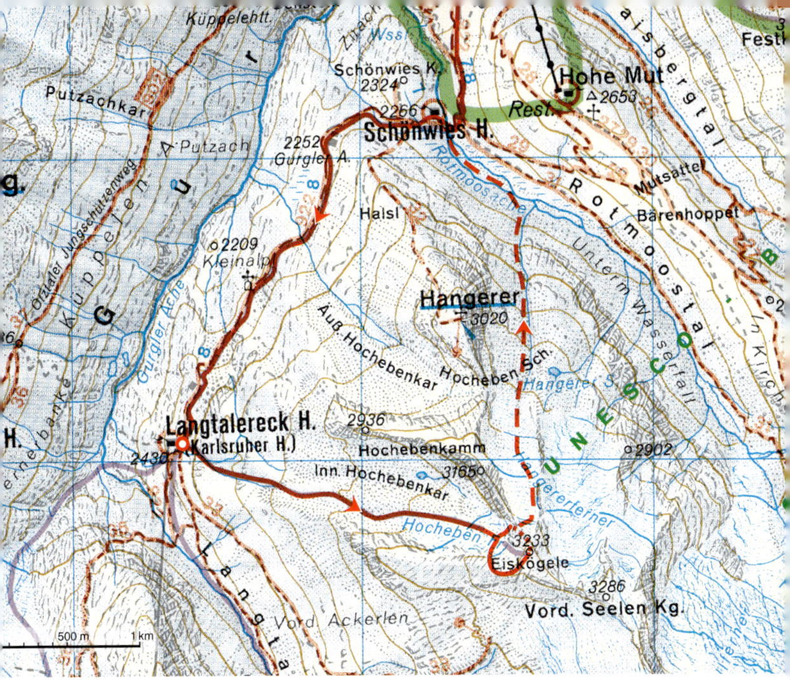

Von der **Langtalereckhütte** verhältnismäßig steil über den ersten Hang, dann deutlich gemütlicher weiter in Richtung Osten ins Innere Hochebenkar. Links und rechts wird das Kar von markanten, felsigen Rippen begrenzt. Weiter geht es durch das Kar, stets mit Blick auf das Gipfelziel. Man geht rechts an einem in der Mitte des Kars befindlichen Rückens vorbei. Auf einer Höhe von etwa 3100 m hält man sich links und steigt steil in eine **Scharte**, 3133 m auf. Hier wird das Skidepot eingerichtet. Zu Fuß steigt man schließlich die letzten knapp 100 Hm unschwierig von der Scharte über den Grat empor zum Gipfel des **Eiskögele**. Alternativ kann man auch nicht links zur Scharte aufsteigend, sondern nach rechts queren und zu einer Kuppe im Gratrücken südwestlich des Gipfels aufsteigen. Von hier geht es schließlich über den Rücken ebenfalls zum Gipfel.

Die Abfahrt folgt dem Anstiegsweg. Oder von der Scharte Richtung Norden über den Hangerer Ferner (wenig Spalten), dann sehr steil (eventuell Lawinengefahr!) ins Rotmoostal, zur Schönwieshütte und nach Obergurgl.

Links: Gipfelaufbau des Eiskögele mit beiden Anstiegen: steil über die Scharte und den kurzen Grat (von links) oder bequem im weiten Bogen über den Rücken (von rechts).

4 Manigenbachkogel, 3314 m

1400 Hm
5.00 Std.

Schwierig im unteren Teil des Anstiegs

Obergurgl ist eine bedeutende Skiregion. Das weitläufige Skigebiet befindet sich aber ausschließlich am rechten Ufer der Gurgler Ache. Das hat einen guten Grund: die gewaltige steile Südostflanke am anderen Ufer! Diese Flanke erfordert nicht nur eine gute Abfahrtstechnik, sondern auch sichere Schneeverhältnisse, wie sie sich in der Regel erst im Frühjahr einstellen. Dann wird allerdings der Schnee im unteren Teil häufig knapp und es kostet einige Mühe, immer wieder einen Durchschlupf zu finden. Oberhalb dieser Steilflanke wird das Gelände sanfter, allerdings sind kürzere Steilstufen zu überwinden.

Talort: Obergurgl, 1910 m. Bushaltestelle. Parkverbot im Dorf, Parken am Ortseingang links (Festkogelbahn) auf Parkplätzen und in Tiefgaragen im Dorf (gebührenpflichtig).

Ausgangspunkt: Talstation der Steinmannbahn, 1940 m. Durch den Ort und zum etwas höher gelegenen Bundessportheim. Hier zweigt ein Fahrsträßchen rechts ab (Fahrverbot) und führt zu einer Brücke über den Gaisbergbach und zur Talstation der Steinmannbahn; etwa 30 Min. vom Ort.

Aufstiegszeiten: Obergurgl – Beilstein 1.30 Std., Beilstein – Manigenbachferner 2.30 Std., Manigenbachferner – Manigenbachkogel 1 Std.

Anforderungen: Schwierige Skitour, sehr steile Südost-Flanke am Beginn des Anstiegs. Kleiner Gletscher bei vernünftiger Spurwahl kaum spaltengefährdet.

Hangrichtung: Vorwiegend Ost.

Orientierung: Auch bei guter Sicht nicht ganz einfach, bei schlechter Sicht dringend abzuraten!

Lawinengefährdung: Häufig lawinengefährdet! Frühjahrstour, empfehlenswert nach kalter Nacht und mit rechtzeitiger Abfahrt.

Günstige Zeit: März bis Anfang Mai.

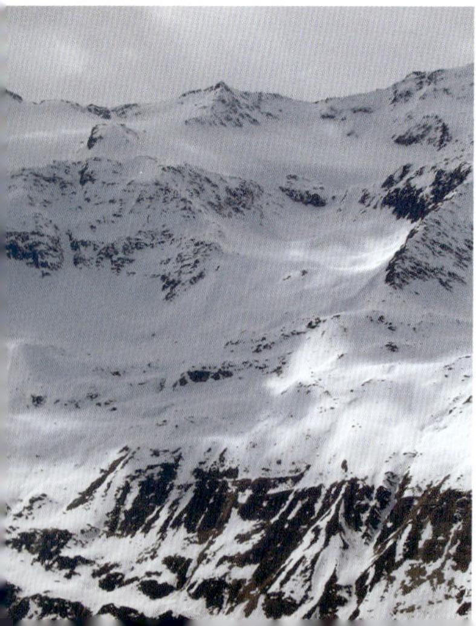

Der Aufstieg bringt zunächst kaum einen Höhengewinn: Von **Obergurgl** zur **Talstation der Steinmannbahn** (siehe Beschreibung Ausgangspunkt) und von dort auf dem Sommerweg talein, oberhalb der Bachschlucht um einen Rücken (markante Bachwindung) herum, dann mit etwas Höhenverlust zur

Der unscheinbar wirkende Manigenbachkogel (kleines Bergdreieck in der Bildmitte) mit prachtvoller Steilabfahrt.

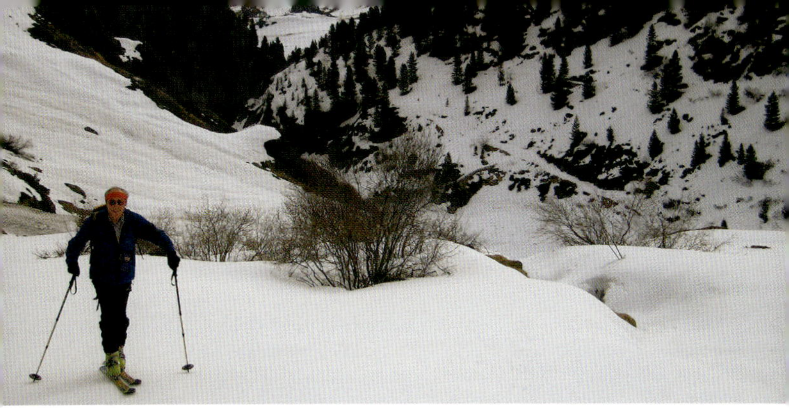

Im Aufstieg zum Manigenbachkogel, im Talboden Obergurgl.

Gurgler Ache hinunter. Dann bei einer Brücke über die Ache. Weiter in sanftem Anstieg parallel zum Manigenbach zu den Resten einer Hütte (Informationstafel **»Am Beilstein«**, bedeutende prähistorische Fundstätte, 2123 m). Unmittelbar davor nach rechts (Norden) und über die steile Flanke aufsteigen. Je später im Jahr, desto mehr muss man hier immer wieder nach einem Durchschlupf durch die felsdurchsetzte Flanke suchen. Man hält auf die Lehnerkarschneide zu und steigt links (südlich) von ihr in der Mulde zum **Manigenbachferner** auf, den man schließlich rechtshaltend im Kar auf einer Höhe von etwa 3100 m erreicht. Dann hält man sich leicht links (Süden), überquert mit nur wenig Höhengewinn den Ostrücken des Manigenbachkogels und erreicht so ein Becken unterhalb des Gipfels. Nach dem Rücken hält man sich rechts und steigt in Richtung Gipfel empor. Der Anstieg wird nach oben hin immer steiler und häufig wird ein Skidepot eingerichtet. Meist geht es dann zu Fuß die letzten Meter zum Gipfel des **Manigenbachkogels**. Die Abfahrt folgt dem Anstiegsweg.

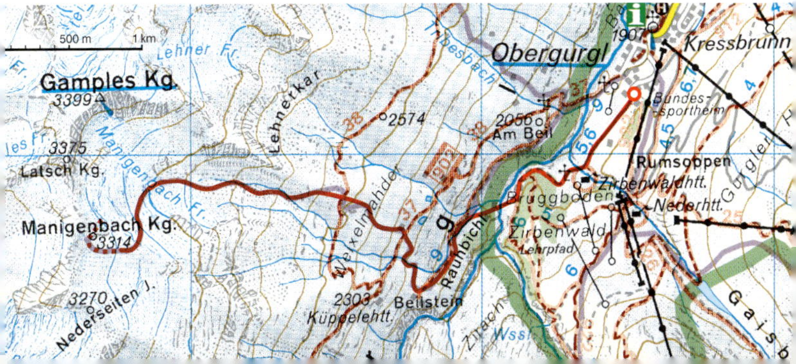

TOP 5 Schwenzerspitze, 2993 m, und Bankerjoch, 2828 m

N W O S

900 Hm

3.00 Std.

Spät, später – Schwenzerspitze!

Schwenzerspitzen gibt es an der Grenze zwischen Nord- und Südtirol nicht weniger als drei: eine Hintere, eine Mittlere und dieses Ziel, die Äußere Schwenzerspitze. Sie ist am weitesten gegen das Timmelsjoch vorgeschoben und eignet sich wegen der Höhe des Ausgangspunkts als Abschluss einer Tourensaison. Nach einem schneereichen Winter kann man oft noch im Juli bis zur Timmelsjoch-Hochalpenstraße abfahren. Die Tour ist kurz, das Bankerjoch lässt sich daher leicht zusätzlich »mitnehmen«.

Talort: Obergurgl, 1910 m. Bushaltestelle. Parkverbot im Dorf, Parken am Ortseingang links (Festkogelbahn) auf Parkplätzen und in Tiefgaragen im Dorf (gebührenpflichtig).
Ausgangspunkt: Dritte Kehre vor dem Timmelsjoch, 2397 m. In Untergurgl nach links abzweigen und auf der Timmelsjoch-Hochalpenstraße (erst ab etwa Ende Mai geöffnet, aktuelle Infos unter timmelsjoch.com) zur erwähnten Kehre.
Aufstiegszeiten: Kehre unter dem Timmelsjoch – Bankerferner 1 Std., Bankerferner – Schwenzerspitze 1 Std., zusätzlicher Aufstieg zum Bankerjoch 1 Std.
Anforderungen: Schwierige Skitour mit sehr steilen Hängen. Bei günstigen Bedingungen mit Ski zum Gipfel. Der Bankerferner ist ein harmloser Gletscherrest, kaum spaltengefährdet.
Hangrichtung: Vorwiegend Nord, Nordost, Nordwest.
Orientierung: Bei guter Sicht für geübte Kartenleser problemlos.
Lawinengefährdung: Im Winter häufig gefährdet; ratsam erst im späten Frühjahr oder Frühsommer nach kalter Nacht und mit rechtzeitiger Abfahrt.
Günstige Zeit: Mai bis Juli.
Anmerkung: Ist die Mautstraße zum Timmelsjoch noch nicht geöffnet, erreicht man den Ausgangspunkt von der Mautstelle in ca. 2 Std.

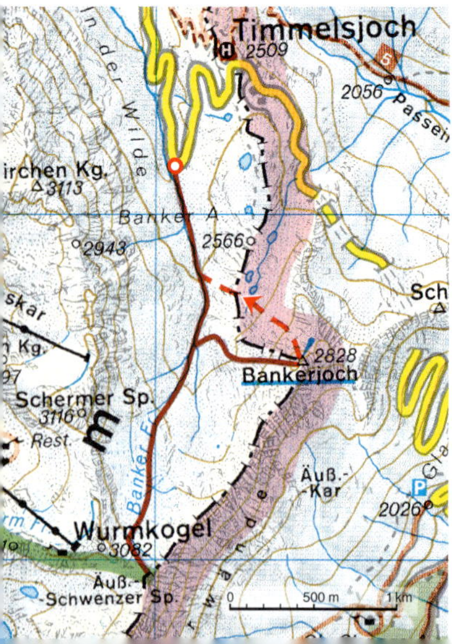

Von der **Kehre** wandert man gemütlich durch das Tälchen zum Talschluss, ca. 2600 m, dann kurz und steil zum **Bankerferner** hinauf, einem harmlosen Gletscherrest. Ziemlich steil weiter und schließlich nach rechts ausholend zum Rücken, der den Wurmkogel mit unserem Gipfel verbindet. Bei günstigen Verhältnissen erreicht man die **Schwenzerspitze** mit Ski.

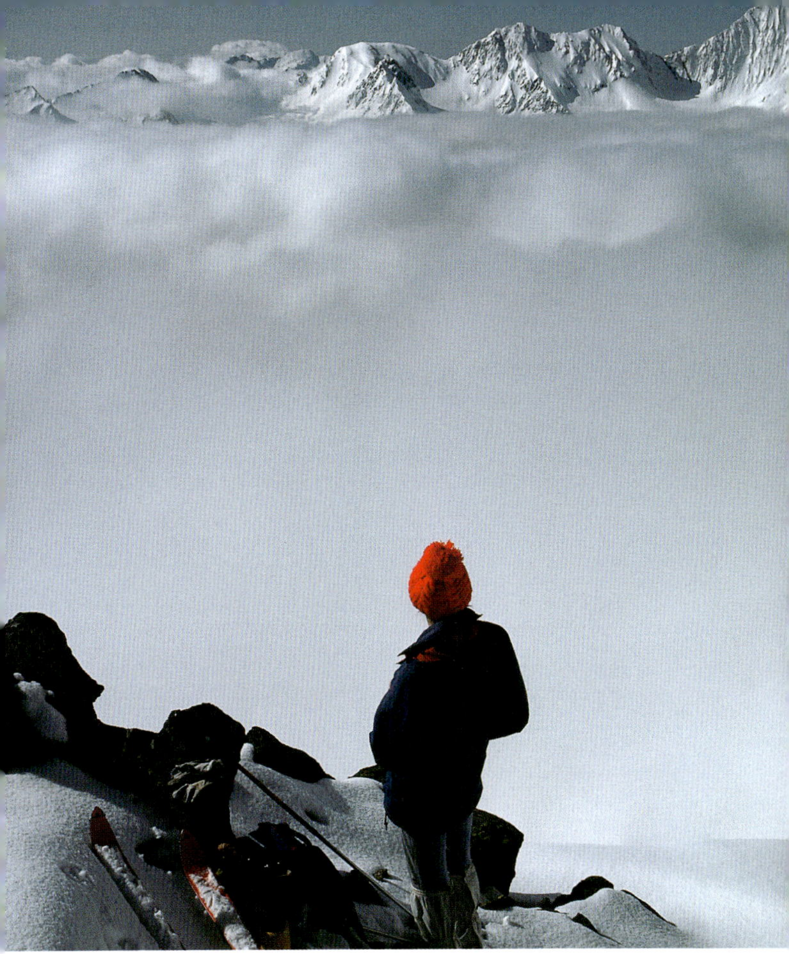

Auf der Schwenzerspitze – dichter Nebel im Tal, strahlende Sonne in der Höhe.

Von der Schwenzerspitze über die steile Flanke zur Aufstiegsspur und zum Talschluss hinunter, ca. 2600 m. Anfellen. Nach rechts von der Aufstiegsspur abzweigen und steil, aber ohne besondere Schwierigkeiten zum **Bankerjoch**. Bei sicheren Verhältnissen fährt man unmittelbar vom Gipfel steil in den Talboden zur Aufstiegsspur und weiter zum Ausgangspunkt.

6 Jochköpfl, 3143 m

950 Hm
3.00 Std.

Bis in den Frühsommer noch möglich

Das Jochköpfl ist ein großartiges Ziel für fanatische Skitourengeher, die einfach nicht aufhören können, und für ausgezeichnete Skifahrer unter den Skitourengehern. Der Anstieg ist im Juni und oft noch Anfang Juli möglich. Die steilen Hänge sind im Winter häufig lawinengefährdet. Richtig bequem und unter gewissen Voraussetzungen ziemlich sicher wird die Tour nach der Öffnung der Mautstraße (Informationen beim Verkehrsverein oder der Hochalpenstraße). Gipfelsammler können mit geringem Zeitaufwand einen weiteren Dreitausender, den Schraakogel, »mitnehmen«.

Talort: Obergurgl, 1910 m.
Ausgangspunkt: Brücke über den Wietenbach, ca. 2180 m. Bereits in Untergurgl links abzweigen und auf der Timmelsjoch-Hochalpenstraße zur Brücke. Ist die Hochalpenstraße noch gesperrt, zu Fuß von der Mautstelle ca. 1.15 Std.
Aufstiegszeiten: Brücke über den Wietenbach – Rötenkar 1.15 Std., Rötenkar – Rötenkarferner 1 Std., Rötenkarferner – Jochköpfl 45 Min.
Anforderungen: Schwierige Skitour, ausgezeichnete Skitechnik erforderlich. Besonders steil kurz vor der Einsattelung. Der Rötenkarferner ist ein Gletscherrest, kaum spaltengefährdet.
Hangrichtung: Vorwiegend Südwest.
Orientierung: Für erfahrene Skibergsteiger bei guter Sicht verhältnismäßig einfach.
Lawinengefährdung: Im Winter häufig lawinengefährdet. Empfehlenswert spät im Jahr nach einer kalten Nacht und mit rechtzeitiger Abfahrt.
Günstige Zeit: Mai bis Anfang Juli.
Variante: Schraakogel, 3135 m: aus der Scharte über Blockwerk zum Gipfel; 15 Min.

Von der **Brücke** über den Wietenbach im Anstiegssinn links vom Bach über die steile Südwestflanke. Erst ab 2600 m gelangt man in sanftes Gelände und steigt gemütlich durch das **Rötenkarle** auf. Zwischen Felswänden hindurch zu einer weiteren Steilstufe, dann liegt der kleine Rötenkarferner vor uns. Über diesen Gletscherfleck, zuletzt besonders steil (zu Fuß mit Ski am Rucksack), in eine **Einsattelung**, 3068 m, und über den breiten Nordwestrücken – bei ausreichender Schneelage mit Ski – zum Gipfel des **Jochköpfls**. Die Abfahrt folgt dem Anstiegsweg.

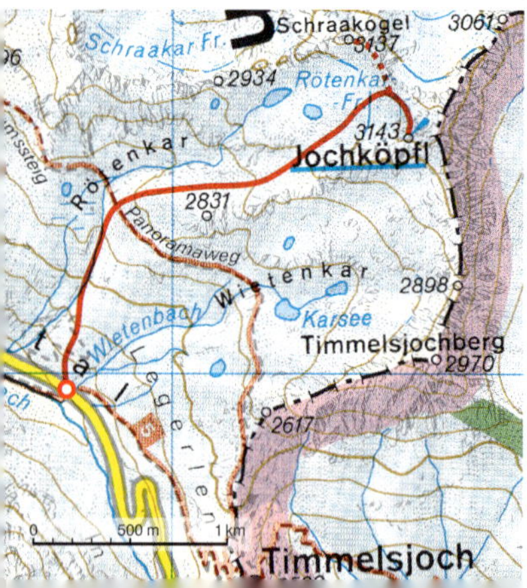

Auf dem Weg zum Jochköpfl, im Tal die Timmelsjoch-Hochalpenstraße.

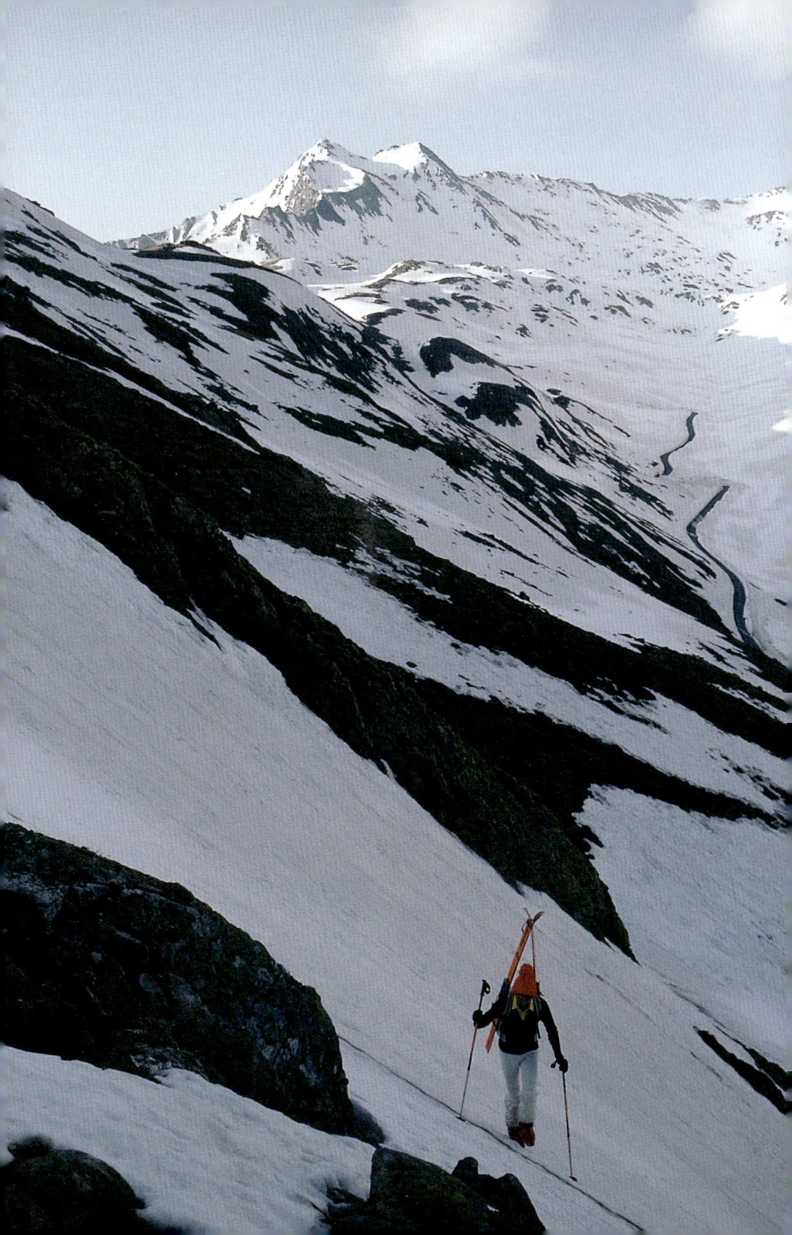

7 Similaun, 3606 m

N W O S

1750 Hm
6.45 Std.

»Leichter« Dreitausender über 3500 m?

Wegen seiner idealen Skihänge und der verhältnismäßig spaltenarmen Gletscherbereiche gilt der Similaun als eher einfacher hoher Skitouren-Dreitausender. Und bei günstigen Verhältnissen ist er trotz seiner beeindruckenden Höhe von über 3600 m tatsächlich ein Genussziel. Sind die Verhältnisse nicht optimal, dann ist jedoch ein Berg dieser Größenordnung keineswegs ungefährlich und z. B. Blankeis am Gipfelgrat verschärft die Situation erheblich. Auch die Spaltengefahr darf vor allem bei der steileren Abfahrt über den östlichen Lappen des Niederjochferners nicht völlig unterschätzt werden. Praktisch ist natürlich auch, dass der Similaun während der Skitourensaison mit der Martin-Busch-Hütte und Similaunhütte sehr gut erschlossen ist. Etwas unangenehm ist der lange und eher flache Anstieg vom Tal durch das Niedertal zur Martin-Busch-Hütte. Naheliegend ist aus diesem Grund ein mehrtägiger Aufenthalt in einer der beiden Hütten.

Talort/Ausgangspunkt: Vent, 1896 m. Von der Ausfahrt »Ötztal« der Inntal-Autobahn über Sölden und Zwieselstein nach Vent. Bushaltestelle. Start am Parkplatz am Ortseingang oder an der Talstation des Lifts im Ort (gebührenpflichtig).
Aufstiegszeiten: Vent – Martin-Busch-Hütte 3 Std., Martin-Busch-Hütte – Similaunhütte 1.45 Std., Similaunhütte – Similaun 2 Std.

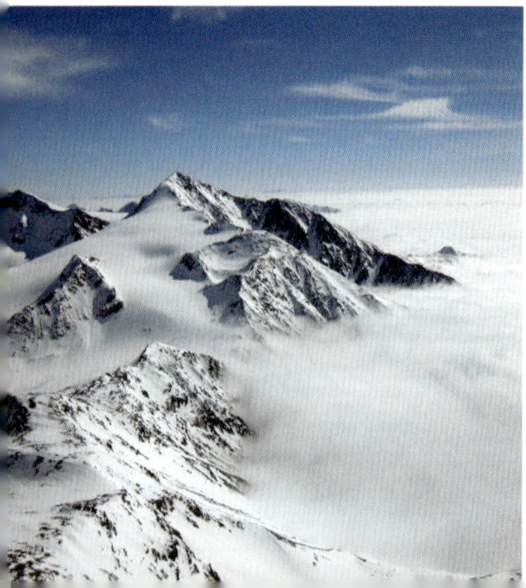

Anforderungen: Skitechnisch problemlos, meist sanfte Hänge, lediglich unter dem Skidepot steiler. Ab Skidepot ausgesetzter Firngrat (Steigeisen, Pickel). Bei vernünftiger Spurwahl geringe Spaltengefahr.
Hangrichtung: Gipfelanstieg vorwiegend Nordwest, Nord.
Orientierung: Bei guter Sicht einfach, meist viele Spuren.
Lawinengefährdung: Lawinengefahr vor allem auf dem Anstieg bis zur Martin-Busch-Hütte, auch noch im späten Frühjahr (Nassschneelawinen aus der Flanke, speziell am Nachmittag).
Günstige Zeit: März bis Juni.
Stützpunkt: Martin-Busch-Hütte, 2501 m (DAV, bew. Anfang März bis Mitte Mai, um Pfingsten, etwa 110 Schlafplätze, Tel. +43 5254 8130 oder +43 664 3043151, dav-berlin.de); Similaunhütte, 3019 m (privat, bew. Mitte März bis Ende April, etwa 100 Schlafplätze, Tel. +39 0473 669711, similaunhuette.com).

Blick von der Fineilspitze zum Gipfel des Similaun mit dem Niederjochferner.

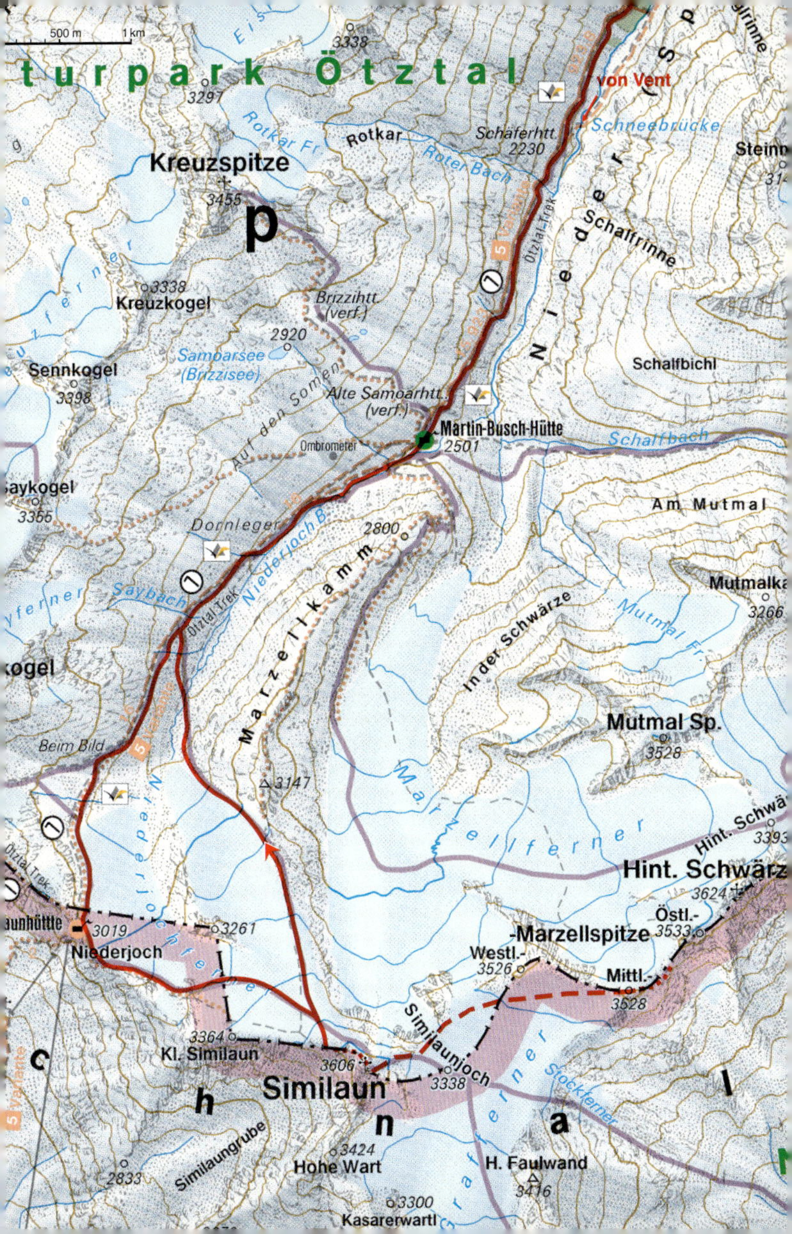
500 m
1 km
turpark Ötztal
von Vent
Schneebrücke
Schäferhtt.
2230
Rotkar
Roter Bach
Kreuzspitze
3455
Kreuzkogel
3338
Brizzihtt.
(verf.)
2920
Samoarsee
(Brizzisee)
Sennkogel
3398
Alte Samoarhtt.
(verf.)
Martin-Busch-Hütte
2501
Schalfbach
Schalfrinne
Schalfbichl
Nieder
Ötztal-Trek
Ombrometer
Saykogel
3355
Am Mutmal
Dornleger
Niederjoch B.
2800
Marzellkamm
Saybach
Mutmalkamm
3266
Mutmal Fr.
In der Schwärze
Beim Bild
Mutmal Sp.
3528
3147
Marzellferner
Niederjochferner
Hint. Schwärze
3624
Östl.-
3533
Marzellspitze
Westl.-
3526
Mittl.-
3528
3019
Niederjoch
3261
3364
Kl. Similaun
3606
Similaun
Similaunjoch
3338
Similaungrube
2833
3424
Hohe Wart
H. Faulwand
3416
3300
Kasarerwartl
Stockferner

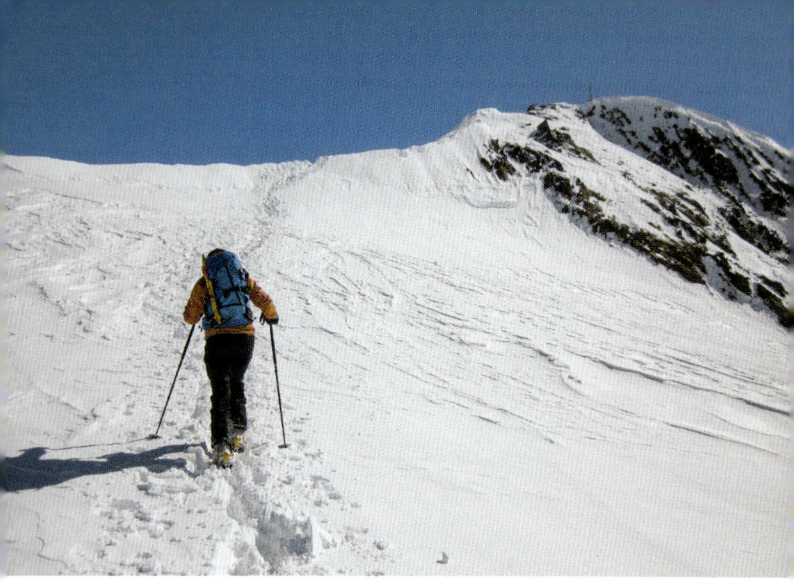

Die Anforderungen vom Skidepot zum Gipfel hängen stark von den Verhältnissen ab.

In **Vent** zunächst mithilfe der Brücke und über die Venter Ache. Dann links (südöstlich) vom Bach durch den Ort, vorbei an den südlichsten Häusern und nach den Häusern über die Spiegelache und nach links zu einem kleinen Schlepplift. Hier über die Piste kurz empor und dann auf einem Querweg nach links hinein ins Niedertal. Der gute Weg zieht relativ flach hinein ins Tal. Man wandert immer rechts oberhalb des Bachlaufs Richtung Südwesten und gelangt so schließlich zur **Martin-Busch-Hütte**. Der Hüttenanstieg quert die Ostflanke und kann bei Weichschnee lawinen- und bei Hartschnee absturzgefährdet sein.

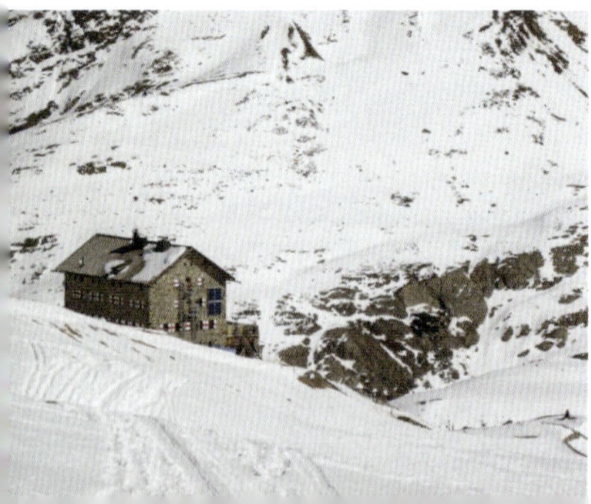

Von der Hütte Richtung Südwesten in den Talboden und auf der im Anstiegssinn rechten Seite des Niederjochbachs anfangs mit geringem, dann mit gutem Höhengewinn talein. Über den nahezu spaltenlosen Niederjochferner erreicht man die **Similaunhütte** im Niederjoch, die von Südtirol aus bewirtschaftet wird.

Martin-Busch-Hütte.

Von der Hütte steigt man in Richtung Osten rechts von einem Gletscherbruch auf und hält sich dann im oberen Bereich rechts zum Gipfelaufbau. Ein kurzer, aber steiler Hang (oft Harscheisen sinnvoll) führt direkt empor zum Nordwestgrat. In der Regel wird in diesem Bereich das Skidepot eingerichtet. Über den Grat geht es unschwierig, aber ziemlich ausgesetzt, zum Gipfel des **Similaun**.

Die Abfahrt folgt dem Anstiegsweg. Es gibt aber eine anspruchsvollere und bei guten Verhältnissen lohnendere Abfahrtsvariante. Man fährt dazu im oberen Bereich (bei etwa 3250 m) nicht nach links zurück zur Similaunhütte, sondern leicht nach rechts und gelangt so über den östlichen Lappen des Niederjochferners (Vorsicht, Spalten!) direkt hinab ins Tal zur Aufstiegsspur.

Blick von Westen auf den Similaun (rechts von der Bildmitte). Der Aufstieg erfolgt rechts vom Felsriegel im Ferner, Abfahrtsvariante links davon. Hinten links die Hintere Schwärze.

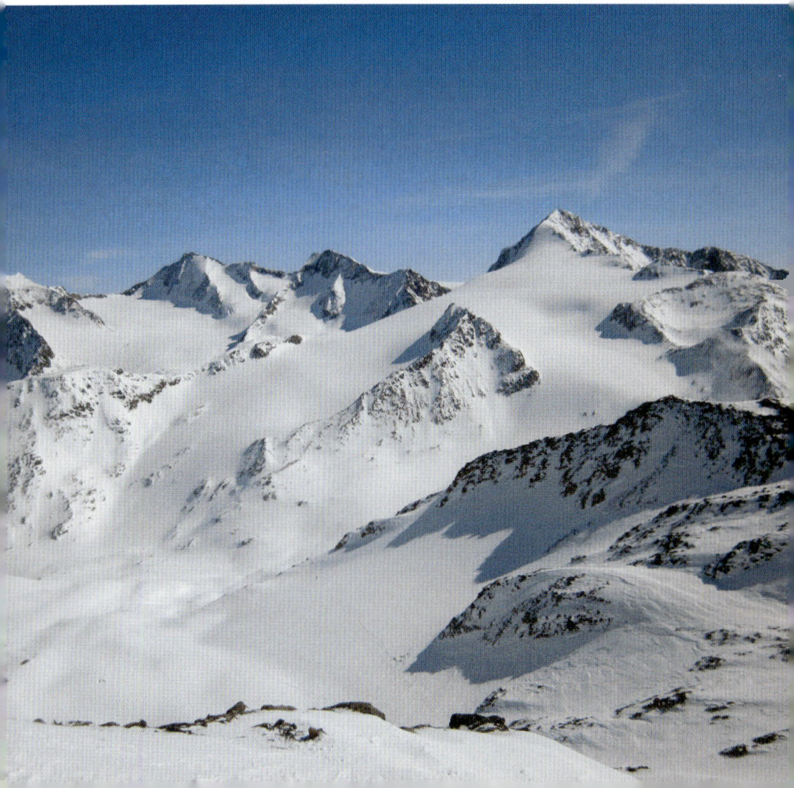

8 Hintere Schwärze, 3624 m

N W O S

1150 Hm
5.00 Std.

Anspruchsvolles Tourenziel im Bereich der Martin-Busch-Hütte

Die Hintere Schwärze ist einer der höchsten Gipfel der Ötztaler Alpen. Sie wird deshalb regelmäßig bestiegen, erfordert aber ungleich mehr alpine Erfahrung als der Similaun. Insbesondere darf die Spaltengefahr auf dem Marzellferner nicht unterschätzt werden. Die Hintere Schwärze ist vermutlich die spaltenreichste Tour im Bereich der Martin-Busch-Hütte. Die Blockkletterei vom Skidepot zum Gipfel ist ausgesetzt – weniger Geübte müssen sich anseilen! Zudem führt der Anstieg im Bereich kurz nach der Martin-Busch-Hütte unterhalb einer Bergsturzzone vorbei. Deshalb ist es wichtig sich beim Hüttenwirt die Informationen zur aktuellen Situation einzuholen.

Talort: Vent, 1896 m. Von der Ausfahrt »Ötztal« der Inntal-Autobahn über Sölden und Zwieselstein nach Vent. Bushaltestelle. Start am Parkplatz am Ortseingang oder an der Talstation des Lifts im Ort (gebührenpflichtig).
Ausgangspunkt: Martin-Busch-Hütte, 2501 m.
Aufstiegszeiten: Martin-Busch-Hütte – Marzellferner 1 Std., Marzellferner – Oberer Fernerboden 2 Std., Oberer Fernerboden – Skidepot 1.30 Std., Skidepot – Hintere Schwärze 30 Min.
Anforderungen: Zum Skidepot sehr steil. Erhebliche Spaltengefahr auf dem Marzellferner, Aufstieg und Abfahrt eventuell am Seil! Vom Skidepot zum Gipfel ausgesetzte Blockkletterei (meist I).
Hangrichtung: Vorwiegend West, Nord.
Orientierung: Bei guter Sicht verhältnismäßig einfach, zumeist gespurt.
Lawinengefährdung: Bei vernünftiger Wahl der Aufstiegs- und Abfahrtsspur kaum lawinengefährdet.
Günstige Zeit: März bis Juni.
Stützpunkt: Martin-Busch-Hütte, 2501 m (DAV, bew. Anfang März bis Mitte Mai, um Pfingsten, etwa 110 Schlafplätze, Tel. +43 5254 8130 oder +43 664 3043151, dav-berlin.de).

Die Hintere Schwärze (links von der Bildmitte) mit ihrer mächtigen Nordwand. Der obere Teil des Aufstiegs ist gut zu erkennen.

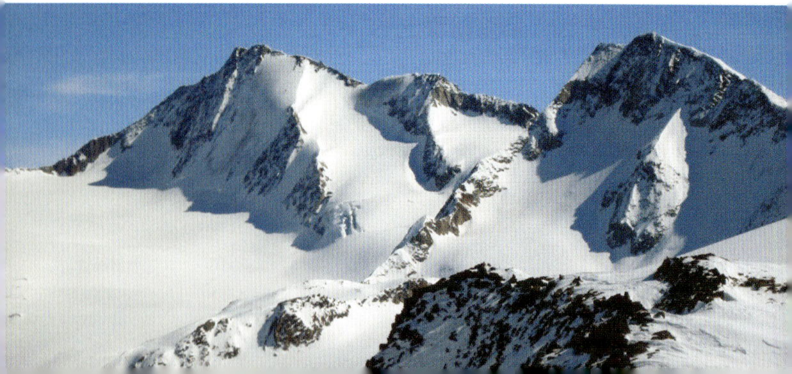

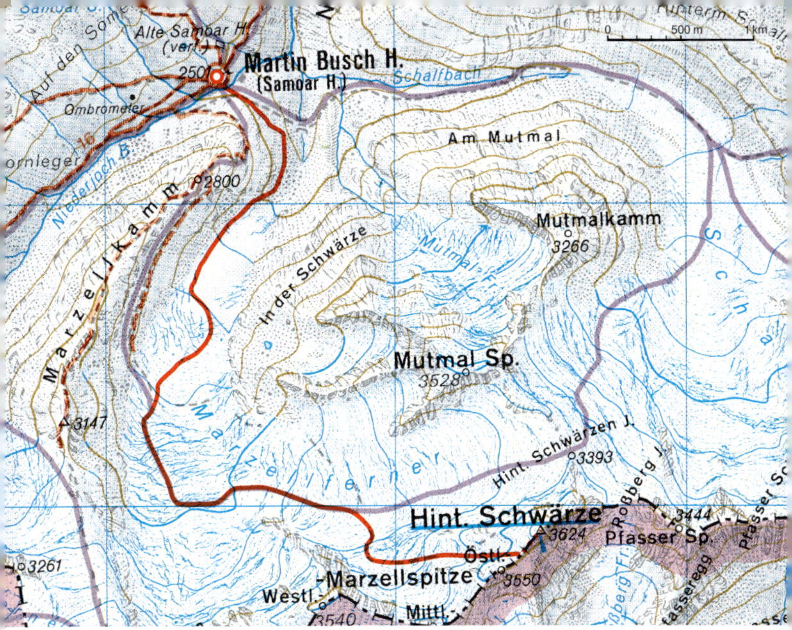

Von der **Martin-Busch-Hütte** fährt man kurz Richtung Südwesten hinab zum **Niederjochbach** und quert dann auf der anderen Bachseite ohne viel Höhenverlust nach Osten. Dann fährt man über die Gletschermoräne ab in das Tal unterhalb des Marzellferners. Von hier steigt man über mehrere Stufen hinauf zur Gletscherzunge. Der nächste Abschnitt stellt den steinschlaggefährdeten Bereich dar und sollte deshalb zügig bewältigt werden. Am Ferner steigt man zunächst im linken Bereich auf. Bei etwa 2750 m erreicht man nach einer steileren Passage ein Flachstück und quert auf diesem hinüber zur rechten Seite des Ferners. Den markanten Gletscherbruch umgeht man hier rechts und hält sich oberhalb des Bruchs nach links. Die Nordflanke des Similaun steht nun eindrucksvoll nahe vor uns. Schließlich erreicht man den großen und flachen **Oberen Fernerboden**, etwa 3150 m, zwischen Marzellspitze und Mutmalspitze. Hier hält man sich rechts und steigt Richtung Süden über einen kurzen steilen Hang zu einem flachen Becken auf, direkt am Fuße der markanten Rampe, die von hier Richtung Osten empor zum Gipfel zieht. Auf dieser Rampe steigt man in allmählich zunehmender Steilheit empor und quert dann hinüber zum Gipfelgrat. Hier wird in der Regel das Skidepot eingerichtet. Ausgesetzt und bei Vereisung heikel geht es über den Grat in leichter Kletterei (I) zum Gipfel der **Hinteren Schwärze**.
Die Abfahrt folgt dem Anstiegsweg.

9 Fineilspitze, 3514 m, von Martin-Busch-Hütte

N W O S

1150 Hm

4.00 Std.

Vorbei an der Ötzi-Fundstelle auf einen luftigen und aussichtsreichen Gipfel

Neben dem Similaun gehört die Fineilspitze sicher zu den Skitourenhighlights im Bereich der Martin-Busch-Hütte. Der Anstieg hinauf zum Hauslabjoch mit der Fundstelle des Manns aus dem Eis (»Ötzi«) ist unproblematisch. Der Gipfelanstieg über den ausgesetzten Nordostgrat erfordert jedoch leichte Kletterei und sollte auf keinen Fall unterschätzt werden.

Talort: Vent, 1896 m. Von der Ausfahrt »Ötztal« der Inntal-Autobahn über Sölden und Zwieselstein nach Vent. Bushaltestelle. Start am Parkplatz am Ortseingang oder an der Talstation des Lifts im Ort (gebührenpflichtig).

Ausgangspunkt: Martin-Busch-Hütte, 2501 m.

Aufstiegszeiten: Martin-Busch-Hütte – Hauslabjoch 3 Std., Hauslabjoch – Fineilspitze 1 Std.

Anforderungen: Skitechnisch eher einfach. Vom Skidepot in der Nähe des Hauslabjochs über den Nordostgrat leichte, aber ausgesetzte Kletterei (meist I). Bei Schnee oder Vereisung heikel. Weniger Geübte sichern.

Hangrichtung: Vorwiegend Nordost und Ost.

Orientierung: Bei guter Sicht verhältnismäßig einfach, zumeist gespurt.

Lawinengefährdung: Bei vernünftiger Wahl der Aufstiegs- und Abfahrtsspur wenig lawinengefährdet.

Günstige Zeit: März bis Juni.

Stützpunkt: Martin-Busch-Hütte, 2501 m (DAV, bew. Anfang März bis Mitte Mai, um Pfingsten, etwa 110 Schlafplätze, Tel. +43 5254 8130 oder +43 664 3043151, dav-berlin.de).

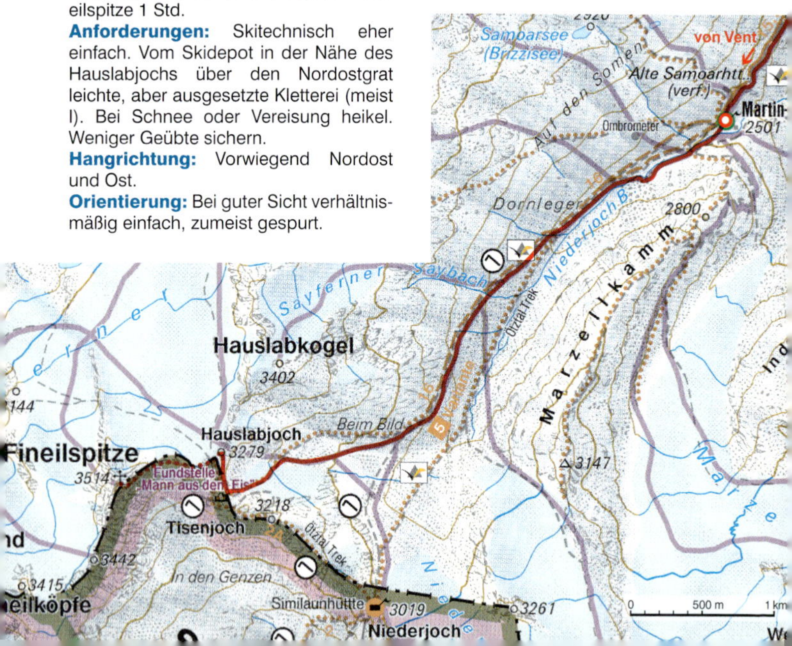

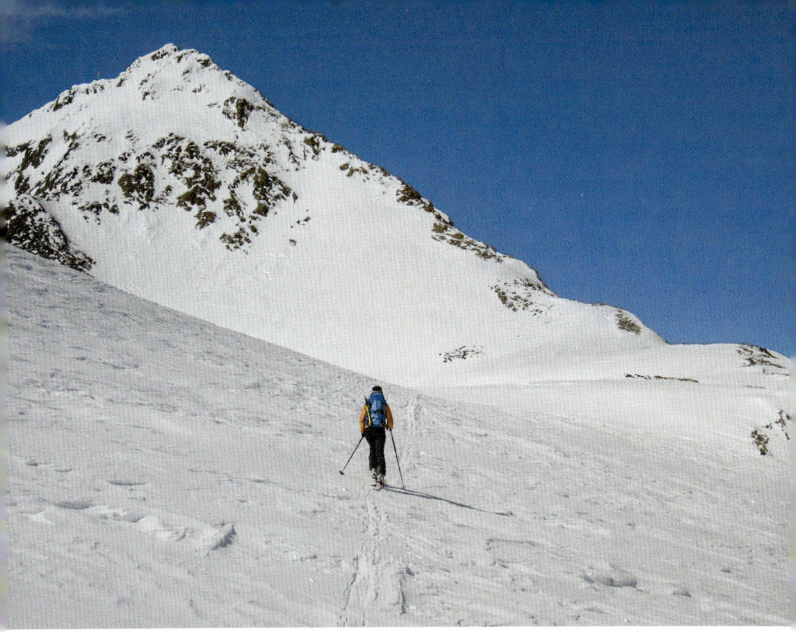

Fineilspitze mit dem markanten Nordostgrat (rechts).

Von der **Martin-Busch-Hütte** Richtung Südwesten immer im Talgrund des Niederjochbaches entlang bis auf eine Höhe von etwa 2800 m. Von hier nach rechts in ein breites Kar und am linken Rand aufwärts bis zur **Ötzi-Fundstelle**, 3210 m. Vom Steinobelisk kurz Richtung Norden in das **Hauslabjoch**, 3279 m, hinauf und an die ersten Felsen des Gipfelgrates. Hier wird das Skidepot eingerichtet. Zu Fuß in leichter, aber ausgesetzter Kletterei (meist Blockgelände) über den Nordostgrat zum Gipfel der **Fineilspitze**.

Die Abfahrt folgt dem Anstiegsweg.

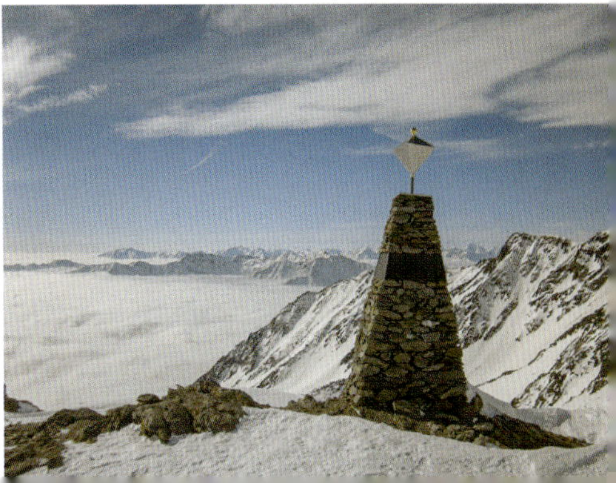

Steinobelisk bei der Ötzi-Fundstelle mit Blick Richtung Süden.

10 Mittlere Guslarspitze, 3128 m

1250 Hm

4.45 Std.

Kürzeste Skitour im Tourenbereich Hochjochhospiz

Das Hochjochhospiz ist ein wichtiger Stützpunkt in den Ötztaler Alpen. Die Hütte wird seit 2004 auch in der Skitourensaison voll bewirtschaftet. Von ihr führt nicht nur der einzige Aufstieg auf Nordtiroler Seite zur mächtigen Weißkugel, dem formschönen zweithöchsten Gipfel der Ötztaler Alpen, die Hütte ist auch Stützpunkt für viele kürzere Touren wie Langtauferer Spitze, Fluchtkogel, Sennkogel, Saykogel, Fineilspitze und Guslarspitzen. Alle Touren sind mehr oder minder anspruchsvoll und führen zum Teil über spaltenreiche Gletscher. Die Gipfelanstiege erfordern in vielen Fällen auch ein wenig Klettererfahrung unter erschwerten Bedingungen, denn Schneelage und Vereisung sind bei der bedeutenden Höhe der Gipfel der Normalfall. Die Guslarspitzen bilden das kürzeste Ziel und das einzige, bei dem kein Gletscher berührt wird. Der Gipfel ist wegen der herrlichen Nordabfahrt über den östlichen Lappen des Guslarferners auch für den Abschluss einer Tourenwoche geeignet.

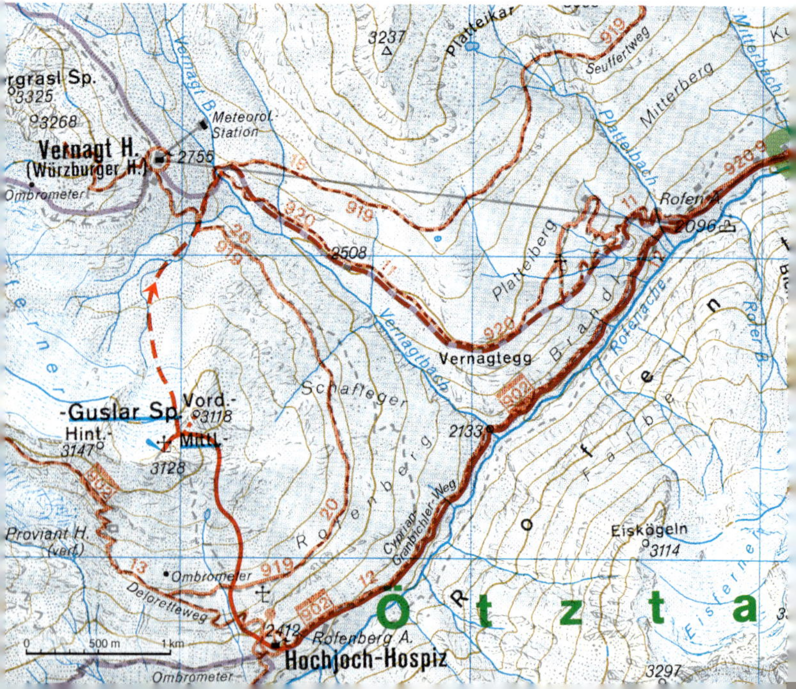

Ausgangspunkt: Vent, 1896 m. Von der Ausfahrt »Ötztal« der Inntal-Autobahn über Sölden und Zwieselstein nach Vent. Bushaltestelle. Start am Parkplatz am Ortseingang oder an der Talstation des Lifts im Ort (gebührenpflichtig).

Aufstiegszeiten: Vent – Rofenhöfe 45 Min., Rofenhöfe – Hochjochhospiz 1.45 Std., Hochjochhospiz – Guslar 1.15 Std., Guslar – Sattel 30 Min., Sattel – Mittlere Guslarspitze 30 Min.

Anforderungen: Die Steilstufe zwischen Hütte und Guslar fordert eine gute Skitechnik. Vom Sattel zum Gipfel unschwierig, bei günstigen Verhältnissen mit Ski. Unvergletscherter Südanstieg.

Hangrichtung: Vorwiegend Süd, Südost.

Orientierung: Bei guter Sicht für erfahrene Tourengeher einfach.

Lawinengefährdung: Hüttenanstieg häufig lawinengefährdet, erst im Frühjahr ratsam. Gipfelanstieg mitunter lawinenbedroht.

Günstige Zeit: März bis Juni.

Stützpunkt: Hochjochhospiz, 2412 m (DAV, bew. Anfang März bis Anfang Mai, 70 Schlafplätze, Tel. +43 676 6305998, hochjoch.at).

Vom Parkplatz in **Vent** auf einem mit Fahrverbot belegten Sträßchen zu den **Rofenhöfen**. Neben den alten Höfen steht ein neuer Gasthof mit großem Parkplatz, 2011 m, der aber nur Hausgästen zur Verfügung steht.
Durchs Rofental steigt man zunächst wie zur Vernagthütte auf (meist gut ausgetretene Spur). Dann aber nicht nach rechts abzweigen, sondern weiter durchs nun schluchtartig eingeschnittene Tal. Nach dieser mitunter heiklen (lawinengefährdeten) Stelle zunächst mit mäßigem, dann gutem Höhengewinn die Flanke querend zum **Hochjochhospiz**.

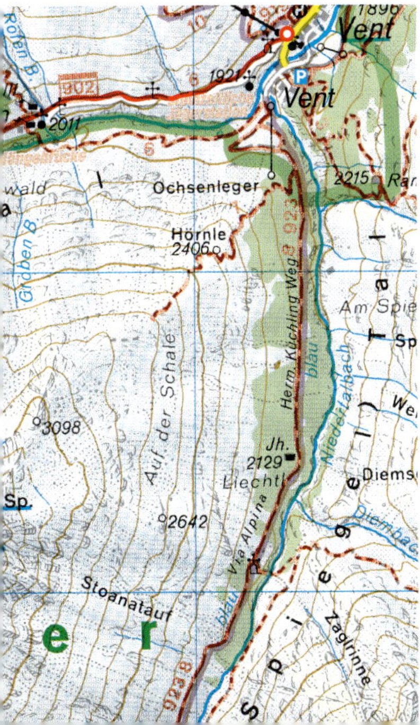

Rückblick auf den Guslarferner.

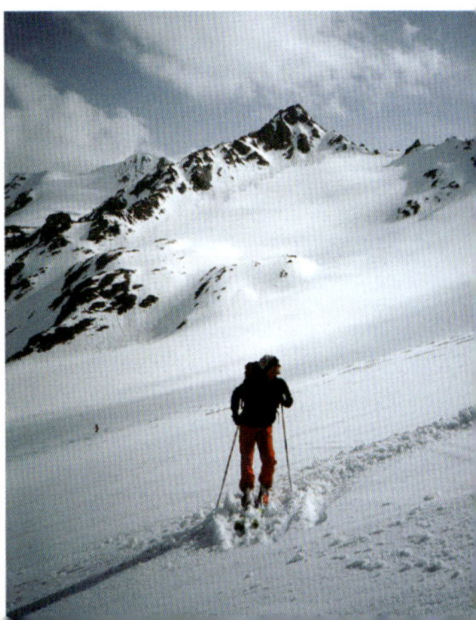

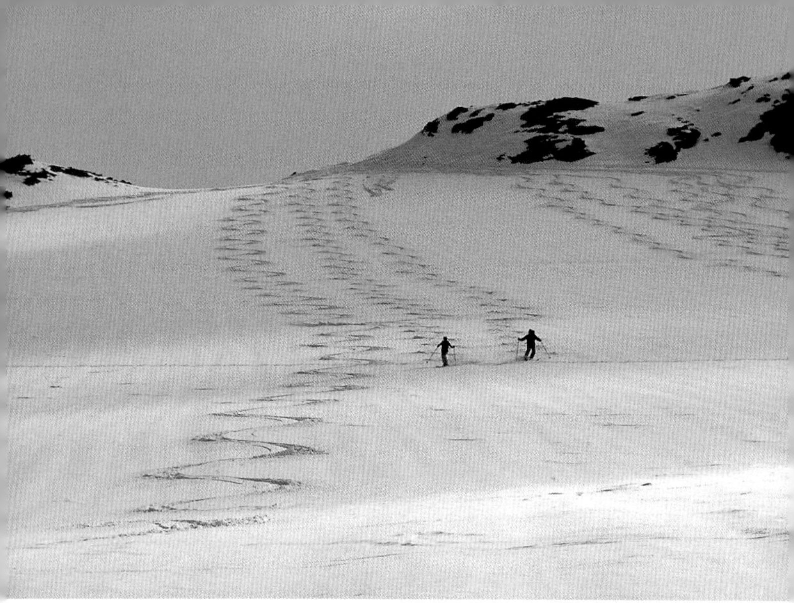

Herrliche Abfahrt über den Guslargletscher.

Von der Hütte hält man sich zunächst Richtung Nordwest, um Felsabbrüche zu umgehen, steigt dann aber Richtung Nord sehr steil in ein flaches Becken (»Guslar«) auf. Aus diesem weiter in der Grundrichtung Nord, zuletzt etwas links haltend in eine Einsattelung, 3078 m, zwischen Vorderer (rechts, 3118 m) und **Mittlerer Guslarspitze** (links). Über den Nordostrücken oder etwas rechts davon in der Flanke zum Gipfel, bei günstigen Verhältnissen mit Ski. Auch die beiden anderen Guslarspitzen lassen sich verhältnismäßig einfach besteigen, die Vordere über den kurzen Südwestrücken aus dem Sattel, die Hintere besser von der Nordseite aus der Einsattelung zwischen Hinterer und Mittlerer Guslarspitze.

Die Abfahrt folgt dem Anstiegsweg. Alternativ kann man auch über den harmlosen östlichen Lappen des Guslarferners nach Norden abfahren. Dabei hält man auf die Vernagthütte zu. Am Hangfuß unterhalb des Hauses trifft man auf den Hüttenweg und überquert dort den Vernagtbach. Am linken Talhang quert man zum Geländeeck »Plattei« und weiter durch die Hänge des Rofentals. Bei der Talstation der Materialseilbahn der Vernagthütte trifft man wieder auf den Anstiegsweg.

Auf der Hinteren Guslarspitze, im Hintergrund beherrschend die Fineilspitze.

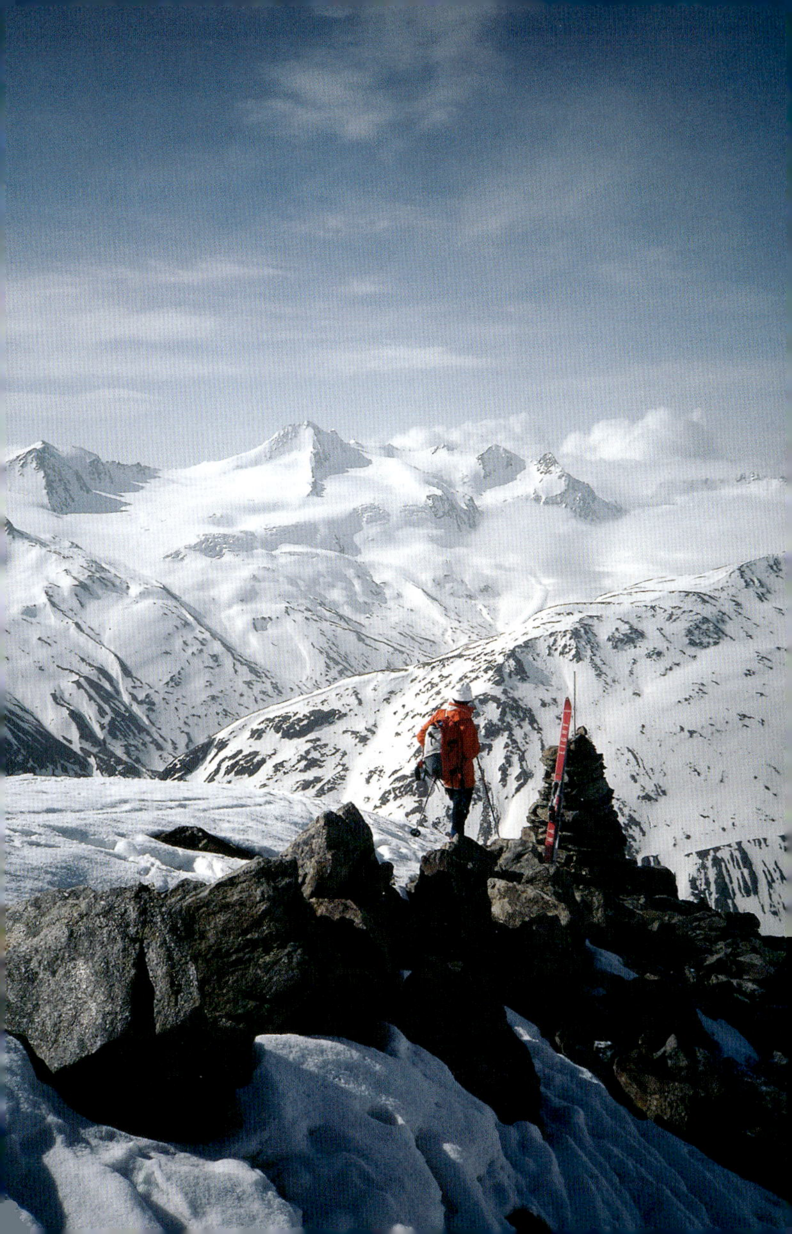

11 Weißkugel, 3738 m

1350 Hm
4.30 Std.

Zweithöchster Gipfel der Ötztaler Alpen

Die Weißkugel ist ein Ziel für ausdauernde und geübte Skibergsteiger mit entsprechender Ausrüstung und Erfahrung. Wegen der Länge der Tour und Orientierungsschwierigkeiten auf dem Hintereisferner muss man auf stabiles Wetter achten und frühzeitig aufbrechen.

Talort: Vent, 1896 m. Von der Ausfahrt »Ötztal« der Inntal-Autobahn über Sölden und Zwieselstein nach Vent. Bushaltestelle. Start am Parkplatz am Ortseingang oder an der Talstation des Lifts im Ort (gebührenpflichtig).
Ausgangspunkt: Hochjochhospiz, 2412 m.
Aufstiegszeiten: Hochjochhospiz – Hintereisferner 1 Std., Hintereisferner – Hintereisjoch 2.30 Std., Hintereisjoch – Skidepot 30 Min., Skidepot – Weißkugel 30 Min.
Anforderungen: Gletscherwanderung mit geringer Steigung, zwei Steilstufen vor und nach dem Hintereisjoch. Erhebliche Spaltengefahr! Ab dem Skidepot ausgesetzte Kletterei.
Hangrichtung: Vorwiegend Südost, Nordost.
Orientierung: Bei guter Sicht nicht besonders schwierig, bei schlechter Sicht ist die Orientierung auf dem Gletscher problematisch.
Lawinengefährdung: Mitunter lawinengefährdet (Steilstufen).
Günstige Zeit: März bis Mai.
Stützpunkt: Hochjochhospiz, 2412 m (DAV, bew. Anfang März bis Anfang Mai, 70 Schlafplätze, Tel. +43 676 6305998, hochjoch.at).

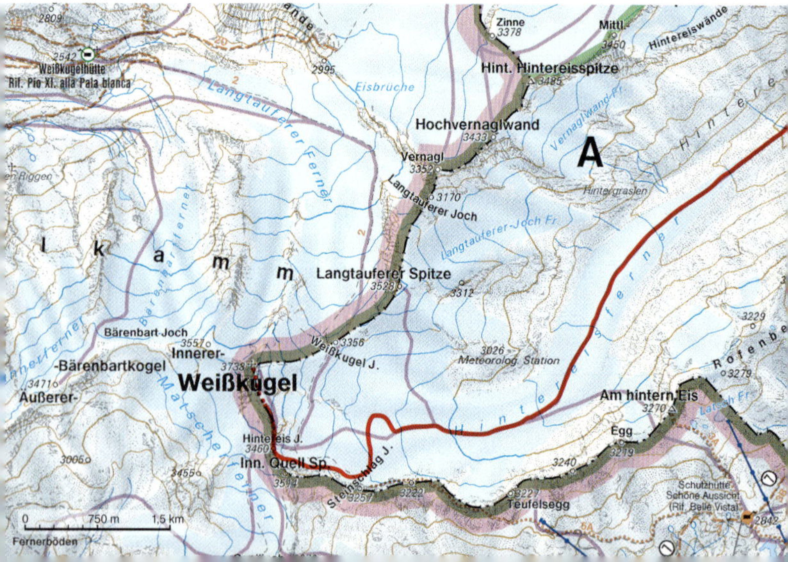

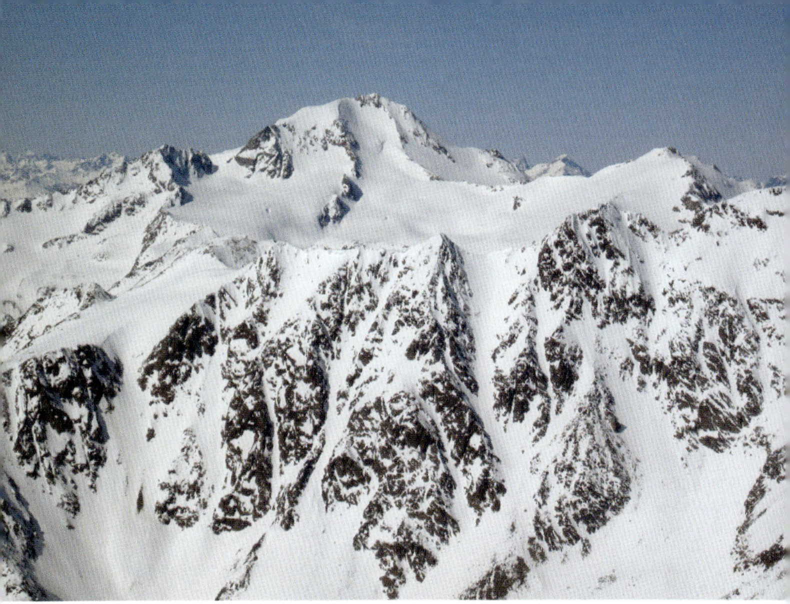

Weißkugel (Bildmitte) und links am Ende der Südflanke das Hintereisjoch.

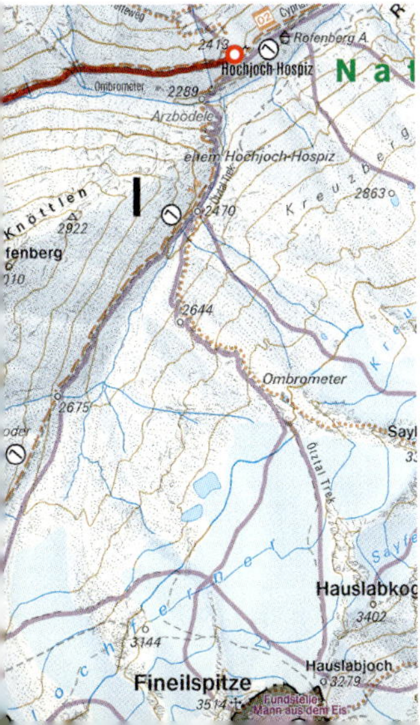

Vom **Hochjochhospiz** mit geringem Höhengewinn im Hang Richtung Südwesten zum Hintereisferner queren und über den flachen Gletscher aufsteigen. Man hält sich bis ca. 3000 m ziemlich in der Mitte, umgeht dann nach rechts ausholend eine Spaltenzone und steigt am Rand des Gletschers auf. Kurz und steil erreicht man das **Hintereisjoch**. Über die zunehmend steile Südflanke gelangt man zum Gratrücken und zu einer Kuppe (»Wintergipfel«). Hier wird das Skidepot eingerichtet.

Zum Hauptgipfel der **Weißkugel** nach etwas Höhenverlust in leichter Kletterei (gefährlich bei Schnee, Eis oder Wechten!).

Die Abfahrt erfolgt auf dem Anstiegsweg.

12 Fineilspitze, 3514 m, vom Hochjochhospiz

1250 Hm

4.30 Std.

»Ötzi« lässt grüßen

Die Fineilspitze gehört zu den beliebtesten hohen Gipfeln in den Ötztaler Alpen. Insbesondere im Sommer hat sie zusätzlich an Attraktivität gewonnen, da ganz in der Nähe, 500 m östlich des Gipfels, der Mann aus dem Eis (»Ötzi«) 5000 Jahre nach seinem Tod gefunden wurde.

Talort: Vent, 1896 m. Von der Ausfahrt »Ötztal« der Inntal-Autobahn über Sölden und Zwieselstein nach Vent. Bushaltestelle. Start am Parkplatz am Ortseingang oder an der Talstation des Lifts im Ort (gebührenpflichtig).
Ausgangspunkt: Hochjochhospiz, 2412 m.
Aufstiegszeiten: Hochjochhospiz – Hochjochferner 1.30 Std., Ferner – Skidepot 2.30 Std., Depot – Fineilspitze 30 Min.
Anforderungen: Skitechnisch weitgehend leicht, doch Steilstufen in den Spaltenzonen im oberen Gletscherteil. Erhebliche Spaltengefahr! Vom Skidepot über den Südgrat leichte, aber ausgesetzte Kletterei, bei Schnee oder Vereisung heikel. Weniger Geübte unbedingt sichern!
Hangrichtung: Vorwiegend Nord, Nordwest.
Günstige Zeit: März bis Juni.
Orientierung: Bei guter Sicht verhältnismäßig einfach, bei schlechter Sicht schwierig.
Lawinengefährdung: Nur bei extremen Wetterverhältnissen an einigen Stellen lawinengefährdet.
Stützpunkt: Hochjochhospiz, 2412 m (DAV, bew. Anfang März bis Anfang Mai, 70 Schlafplätze, Tel. +43 676 6305998, hochjoch.at).

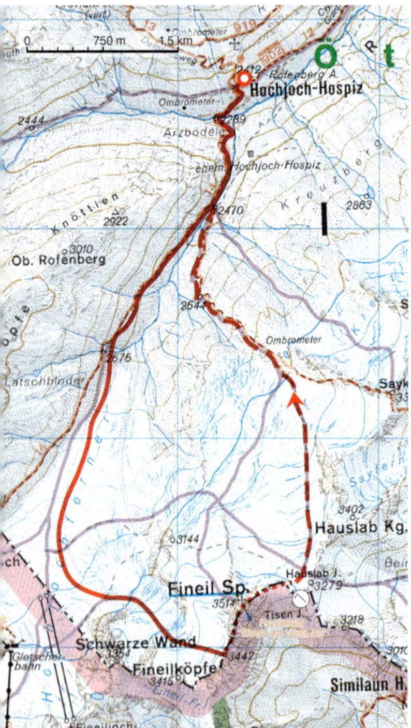

Vom **Hochjochhospiz** fährt man über einen am frühen Morgen oft unangenehm verharschten Südosthang zur **Rofenache** ab und überquert diese (Brücke). Über einen schönen Hang steigt man auf, quert oberhalb einer Bachschlucht und erreicht den Talboden. Mit geringem Höhengewinn weiter zum Beginn des **Hochjochferners** und über den flachen Gletscher bergan. Unterhalb der Pisten des Schnalstaler Gletscherskigebiets erreicht man

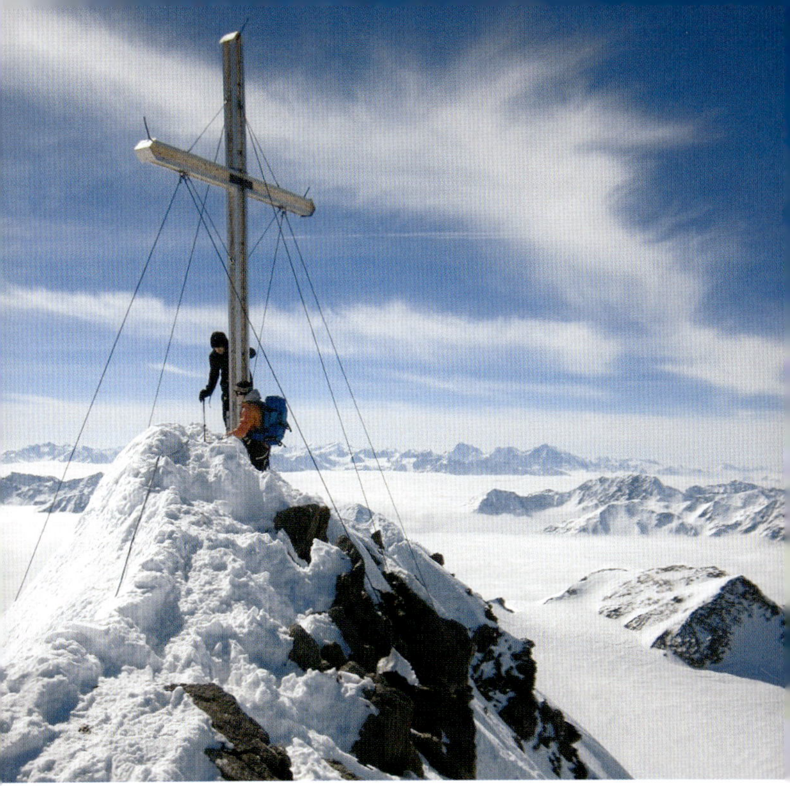

Luftiger Rundumblick auf dem Gipfel der Fineilspitze.

den Anstieg, der vom Südtiroler Schutzhaus Schöne Aussicht zur Fineilspitze führt. Nach links abbiegen und durch eindrucksvolle Gletscherbrüche zum obersten Gletscherboden. Man steuert eine Einsattelung im Südgrat der Fineilspitze an, die man über einen kurzen Steilhang erreicht. In der Einsattelung wird in der Regel das Skidepot eingerichtet. Nun über den Südgrat in leichter, aber ausgesetzter Kletterei zum Gipfel der **Fineilspitze**.
Die Abfahrt folgt dem Anstiegsweg. Gute Skibergsteiger können den Gipfel überschreiten und über den Nordostgrat abklettern. Nach den Felsen über einen steilen Buckel Richtung Hauslabjoch. Bereits vor dem Joch nach links abbiegen und über den auch hier flachen Gletscher, dann aber über schönes Skigelände zurück zur Aufstiegsroute, auf die man im Talboden bei 2470 m trifft.

TOP 13

Fluchtkogel, 3497 m

1650 Hm
6.00 Std.

Mit Ski zum weitläufigen Gipfelplateau

Im Gegensatz zu vielen anderen hohen Gipfeln in den Ötztaler Alpen gibt es beim Fluchtkogel kein Skidepot, von dem aus man über einen bei Schnee oder Vereisung mehr oder weniger gefährlichen Grat zum höchsten Punkt klettern muss. Den Gipfel erreicht man direkt mit Ski, und die skitechnischen Anforderungen sind nicht einmal besonders hoch. Vorteile sind auch die geringe Lawinen- und die ebenso geringe Spaltengefahr auf dem Guslarferner. Der Fluchtkogel ist vermutlich das beliebteste Gipfelziel im ungewöhnlich großen und vielfältigen Tourengebiet der Vernagthütte. Neben dem Fluchtkogel gibt es weitere Genuss-Dreitausender ohne besondere Schwierigkeiten und Gefahren, etwa die Hochvernagtspitze, wenn man sich mit dem »Wintergipfel« begnügt. Eine andere Empfehlung wären die Guslarspitzen – mit einer besonders schönen Abfahrt über den östlichen Lappen des Guslarferners. Anspruchsvoll ist dagegen der Hintere Brochkogel, sowohl im Aufstieg als auch bei der eventuellen direkten Abfahrt über die extrem steile Südflanke. Über das Brochkogeljoch erreicht man die berühmte Wildspitze, den höchsten Gipfel in den Ötztaler Alpen und in Nordtirol. Durch die bedeutende Höhe der Vernagthütte sind die Anstiege verhältnismäßig kurz. Viele Vorteile sprechen also für eine Tourenwoche in der Vernagthütte.

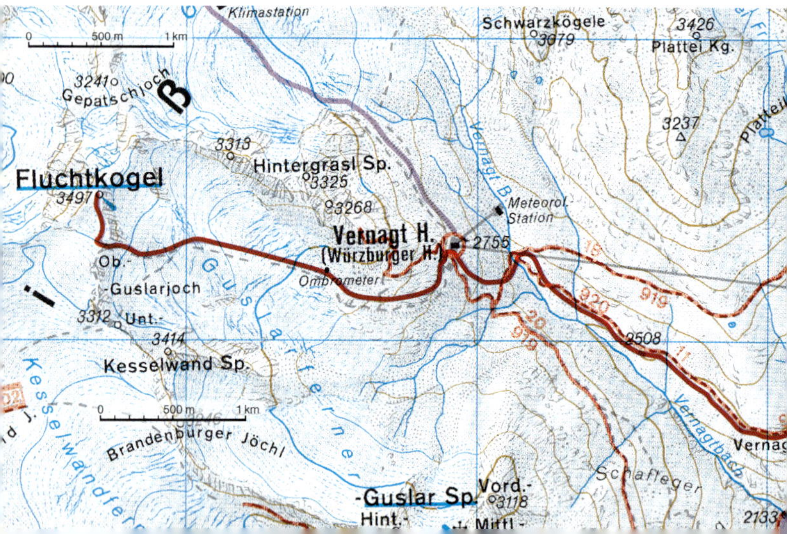

Talort/Ausgangspunkt: Vent, 1896 m. Bushaltestelle. Start am Parkplatz am Ortseingang oder an der Talstation des Lifts im Ort (gebührenpflichtig).
Aufstiegszeiten: Vent – Rofenhöfe 45 Min., Rofenhöfe – Vernagthütte 2.45 Std., Vernagthütte – Winterjöchl 2 Std., Winterjöchl – Fluchtkogel 30 Min.
Anforderungen: Wenige steilere Stellen, Gipfel mit Ski erreichbar. Geringe Spaltengefahr auf dem Guslarferner.
Hangrichtung: Vorwiegend Süd und Südost.
Orientierung: Bei guter Sicht für erfahrene Tourengeher einfach. Viel begangene Skitour.
Lawinengefährdung: Hüttenanstieg mitunter lawinengefährdet, eventuell beim Hüttenwirt nachfragen. Lawinengefahr beim Gipfelanstieg nur bei extremen Wetterverhältnissen.
Günstige Zeit: März bis Mai.
Stützpunkt: Vernagthütte, 2755 m (DAV, bew. von Anfang März bis Mitte Mai und um Pfingsten, etwa 120 Schlafplätze, Tel. +43 664 7980757 oder +43 720 920315, vernagthuette.de).

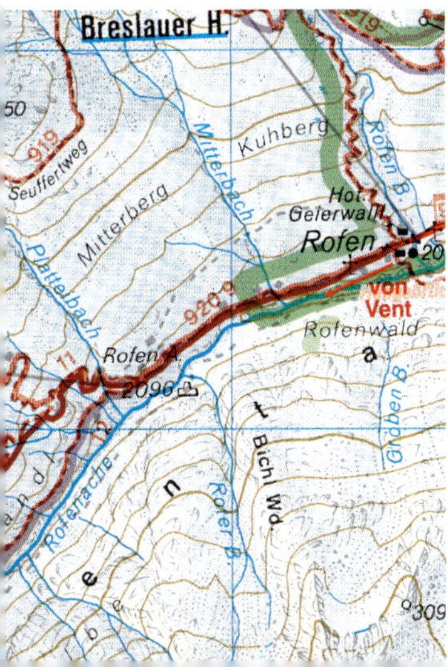

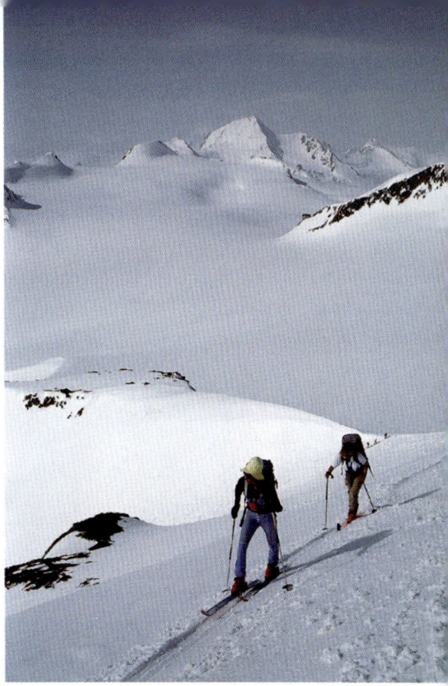

Im Gipfelhang des Fluchtkogels, Blickfang die Weißkugel im Hintergrund.

Vom Parkplatz in **Vent** auf einer für PKWs gesperrten schmalen Straße Richtung Südwesten zu den **Rofenhöfen**, 2011 m, den höchstgelegenen ganzjährig bewirtschafteten Höfen in Tirol. Neben den alten Höfen steht ein neuer Gasthof mit großem Parkplatz, der aber nur Hausgästen zur Verfügung steht. Man nimmt den Sommerweg zur Vernagthütte talein bis zur Talstation der Materialseilbahn.
Dort biegen wir erst nach rechts ab, überqueren den Platteibach und steigen über den steilen Hang zu einer vorgeschobenen Schulter empor (»**Auf Plattei**«, auch »Platteiberg«, großer Steinmann). Die Ver-

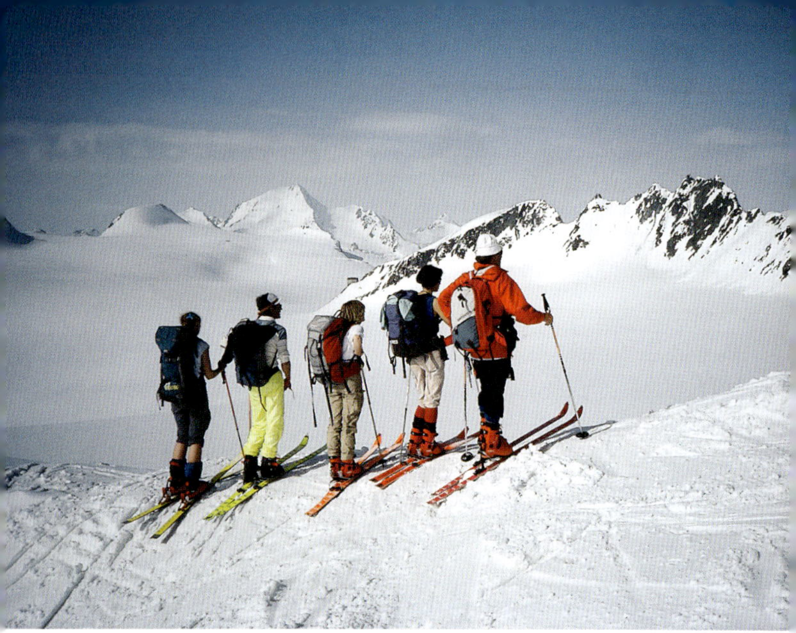

In der Scharte unterhalb des Fluchtkogels, in der Bildmitte das Brandenburger Haus, im Hintergrund die Weißkugel.

nagthütte ist von hier bereits zu sehen. Nun ungefähr dem Verlauf des Sommerwegs folgend in der Flanke (steile Südwesthänge, mitunter lawinengefährdet!) mit etwas Höhenverlust in den Talboden queren. Über eine Brücke und in knapp 30 Min. empor zur **Vernagthütte**.
Von der Hütte um die Ausläufer der Hintergraslspitze herum zum Guslarferner. Über den Gletscher geht es zunächst mit geringem Höhengewinn aufwärts. Dann hält man sich links und überwindet zwischen Gletscherbrüchen eine Steilstufe. Man erreicht ein Becken, aus dem man über einen schönen Gletscherhang zum **Oberen Guslarjoch** (»Winterjöchl«) aufsteigt. Hier öffnet sich der Blick zur Weißkugel und zur Weißseespitze. Im Vordergrund ganz nahe das Brandenburger Haus, höchste Schutzhütte des Deutschen Alpenvereins (Sommerbewirtschaftung).
Über einen breiten Südrücken erreicht man unschwierig den Gipfel des **Fluchtkogels**, eine weitläufige Hochfläche.
Die Abfahrt folgt dem Anstiegsweg.

Blick vom Fluchtkogel zur Hochvernagtspitze (rechts hinten).

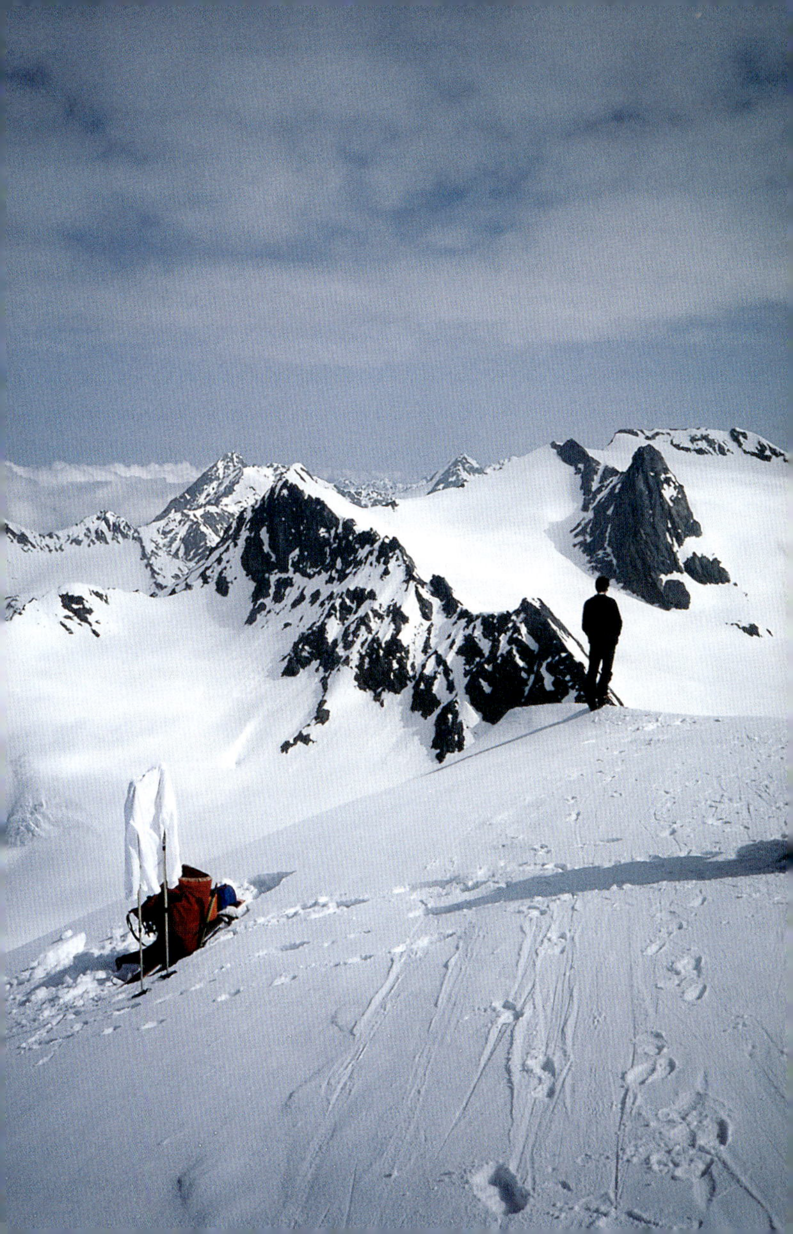

14 Hochvernagtspitze, 3535 m

N W O S

800 Hm

3.00 Std.

Beherrschender Gipfel über dem Vernagtferner

Die Hochvernagtspitze erhebt sich eindrucksvoll über dem Großen Vernagtferner. Ein mächtiger Gipfel, der aber schwieriger aussieht, als er tatsächlich ist. Der Westgipfel lässt sich leicht mit Ski ersteigen, und mit ihm begnügen sich die meisten Skitourengeher. Aber auch der kurze Übergang zum etwas höheren Ostgipfel stellt bei einigermaßen günstigen Verhältnissen erfahrene Skibergsteiger vor keine besonderen Probleme. Die Aus- und Tiefblicke von diesem hohen und beliebten Gipfel sind durch die zentrale Lage mitten in den weiten Gletscherflächen der Ötztaler Alpen ungemein eindrucksvoll.

Talort: Vent, 1896 m. Bushaltestelle. Start am Parkplatz am Ortseingang oder an der Talstation des Lifts im Ort (gebührenpflichtig).
Ausgangspunkt: Vernagthütte, 2755 m.
Aufstiegszeiten: Vernagthütte – Felsinsel auf dem Vernagtferner 1.15 Std., Felsinsel – Hochvernagtspitze 1.45 Std.
Anforderungen: Mittelschwere Skitour mit einer ansehnlichen Steilstufe. Übergang vom West- (»Wintergipfel«) zum etwas höheren Ostgipfel leichte, aber ausgesetzte Kletterei. Heikel bei Schnee oder Vereisung. Verhältnismäßig geringe Spaltengefahr auf dem Vernagtferner.
Hangrichtung: Vorwiegend Südost und Ost.
Orientierung: Nur bei guter Sicht für erfahrene Skibergsteiger verhältnismäßig einfach. Bei schlechter Sicht auf dem Gletscher schwierig, abzuraten!
Lawinengefährdung: Bei vernünftiger Wahl der Aufstiegs- und Abfahrtsspur kaum lawinengefährdet.
Günstige Zeit: März bis Mai.
Stützpunkt: Vernagthütte, 2755 m (DAV, bew. von Anfang März bis Mitte Mai und um Pfingsten, etwa 120 Schlafplätze, Tel. +43 664 7980757 oder +43 720 920315, vernagthuette.de).

Der Fluchtkogel vom Aufstieg zur Hochvernagtspitze.

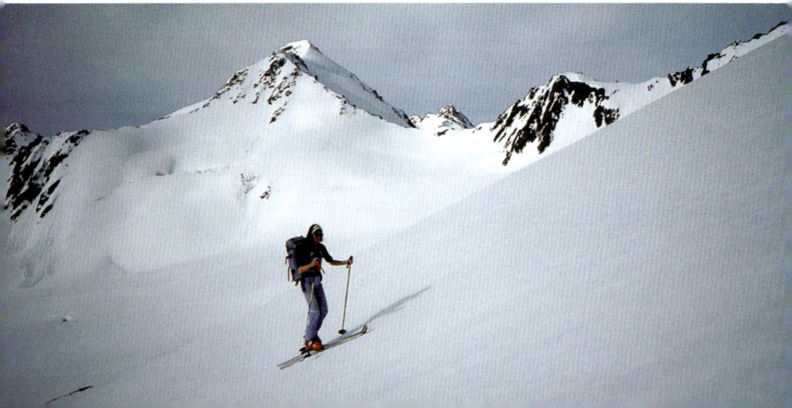

Von der **Vernagthütte** wandert man auf dem markanten Moränenkamm Richtung Nordwesten. Am Ende der Moräne geht man auf den **Großen Vernagtferner** hinunter. Von hier steuert man den linken Rand einer breiten **Felsinsel** mitten im Gletscherfeld an. Man geht links an den Felsen vorbei und auf einer Höhe von etwa 3200 m hält man sich leicht rechts und steigt einen etwas steileren Hang empor. Dann geht man links und steigt über den Gletscher zwischen zwei auffälligen Felsriffen empor und gelangt schließlich in flaches Gelände, etwa 3500 m. Links unterhalb der Hochvernagtspitze wird in der Regel ein Skidepot eingerichtet. Von hier geht man zu Fuß unproblematisch empor zum flachen Grat zwischen den beiden Gipfeln und über den Grat zum Ost- bzw. Westgipfel der **Hochvernagtspitze**.
Die Abfahrt folgt dem Anstiegsweg.

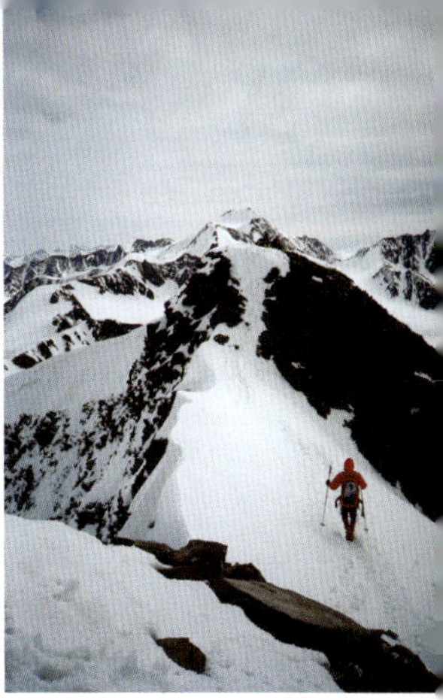

Die letzten Meter zum Gipfel, in der Bildmitte der Doppelgipfel der Wildspitze.

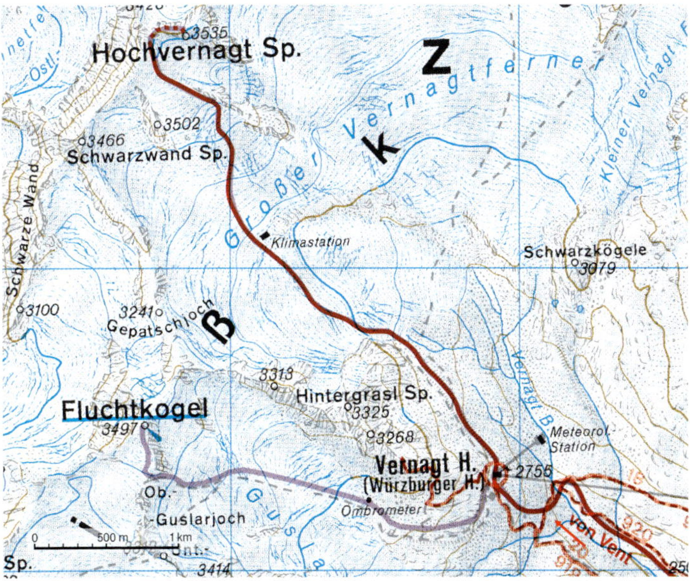

15 Hinterer Brochkogel, 3628 m

950 Hm
4.00 Std.

Es muss nicht immer die Wildspitze sein

Der Hintere Brochkogel ist eine ebenmäßige Pyramide mit mehreren scharfen Kanten. Der Nordgrat und besonders der Ostgrat sind bei »Stapfschnee« im Rahmen einer Skitour ein großartiger und für erfahrene Skibergsteiger nicht allzu schwieriger Anstieg. Der Nordgrat, eine ehemals schöne Firnschneide, ist fast vollständig ausgeapert und wird deshalb immer weniger begangen. Bei sehr sicheren und guten Verhältnissen kann man die Abfahrt vom Gipfel nach Süden in Betracht ziehen. Diese Abfahrt wird immer anspruchsvoller, da die Südwand wegen dem Gletscherrückgang steiler wird und stärker ausapert.

Talort: Vent, 1896 m. Bushaltestelle. Start am Parkplatz am Ortseingang oder an der Talstation des Lifts im Ort (gebührenpflichtig).
Ausgangspunkt: Vernagthütte, 2755 m.
Aufstiegszeiten: Vernagthütte – Kleiner Vernagtferner 1.30 Std., Kleiner Vernagtferner – Brochkogeljoch 1.30 Std., Brochkogeljoch – Hinterer Brochkogel 1 Std.
Anforderungen: Skitechnisch schwierige Steilstufen unterhalb des Brochkogeljochs im Aufstieg, vor allem aber bei der Südabfahrt vom Gipfel. Aufstieg über den Nordgrat bzw. Ostgrat stark von den Verhältnissen abhängig (maximal I). Bei Hartschnee Eisausrüstung notwendig. Verhältnismäßig geringe Spaltengefahr.
Hangrichtung: Aufstieg vorwiegend Südwest, kurz Nord, Abfahrt Süd und Südwest.
Orientierung: Bei guter Sicht problemlos.
Lawinengefährdung: In den Steilstufen mitunter lawinengefährdet.
Günstige Zeit: Mai bis Juni.
Stützpunkt: Vernagthütte, 2755 m (DAV, bew. von Anfang März bis Mitte Mai und um Pfingsten, etwa 120 Schlafplätze, Tel. +43 664 7980757 oder +43 720 920315, vernagthuette.de).
Variante: Petersenspitze, 3482 m: vom Brochkogeljoch unschwierig in 15 Min. erreichbar, von der Vernagthütte 2.30 Std.

Hinterer Brochkogel von Nordosten, links der Ostgrat und in der Mitte der Nordgrat.

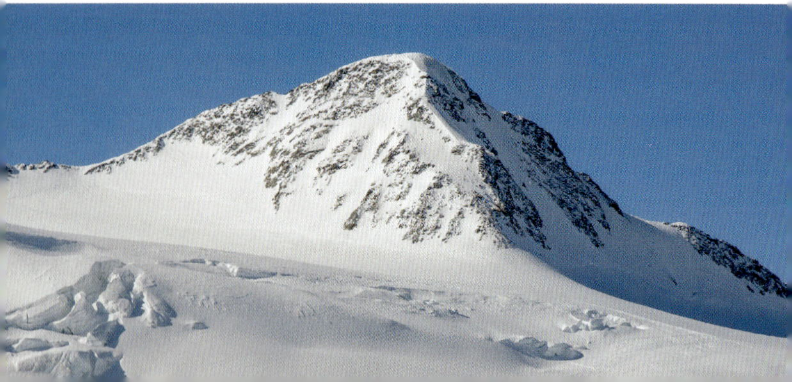

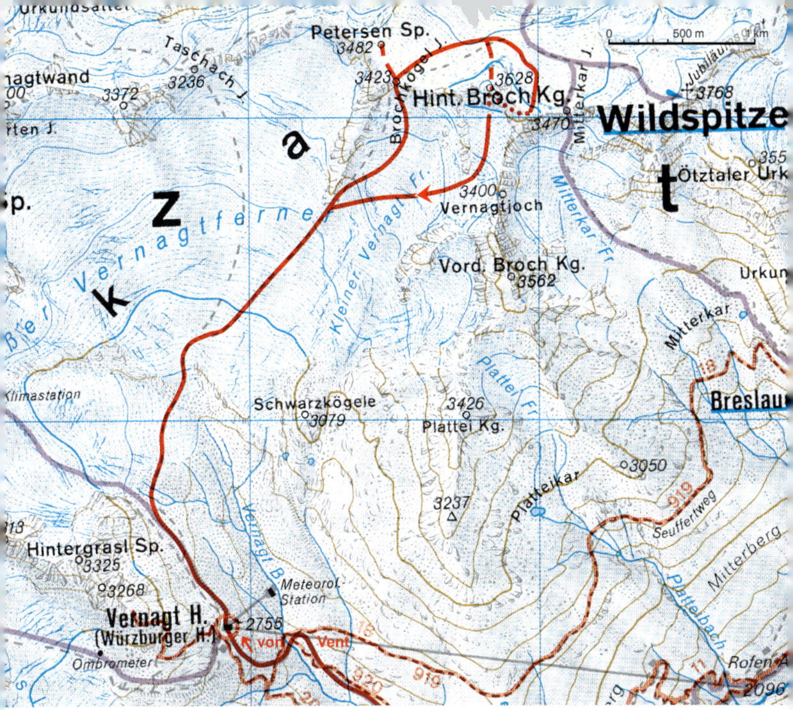

Von der **Vernagthütte** wandert man auf dem markanten Moränenkamm Richtung Nordwesten. Bei knapp 2900 m geht man schräg hinab auf den **Großen Vernagtferner.** Zunächst Richtung Norden, dann Richtung Nordosten über den flachen und fast spaltenlosen Gletscher zum **Kleinen Vernagtferner** aufsteigen. Auch über diesen Gletscher geht es zunächst gemütlich, ab etwa 3400 m aber deutlich steiler ins **Brochkogeljoch**, 3423 m. Hier wechselt man hinüber auf die Nordseite und hält sich rechts. Man quert unterhalb der Nordwestflanke des Brochkogels Richtung Osten und gelangt so zum Nordgrat. Entweder steigt man über diesen direkt zum Gipfel auf oder man quert etwas weiter Richtung Süden und steigt zuletzt etwas steiler empor zum Beginn des Ostgrats. Von hier zu Fuß über den Grat in eine kleine Scharte und weiter auf dem Grat zum Gipfel des **Hinteren Brochkogels**.
Abstieg und Abfahrt folgt entweder dem Anstiegsweg oder man nimmt bei guten Bedingungen und dem notwendigen Abfahrtskönnen die Südabfahrt. Dazu zunächst etwa 100 Hm sehr steil hinab (etwa 45°). Bei Bedarf kann hier natürlich auch zu Fuß abgestiegen werden. Ab 3500 m über unschwieriges Skigelände zum Kleinen Vernagtferner und zur Aufstiegsspur.

16 Kuhscheibe, 3188 m

1600 Hm
5.30 Std.

Beliebte und eher einfache Genuss-Skitour bei der Amberger Hütte

Die Amberger Hütte ist ein großartiger Stützpunkt für Skitouren auf der »Ötztaler Seite« der Stubaier Alpen. Entsprechend gut ist sie in der Tourensaison belegt, und an schönen Wochenenden oder zu Ostern muss man sich für eine Übernachtung rechtzeitig anmelden. Nach den Plänen zum Ausbau der Wasserkraft in Tirol sollte sie in einem großen Stausee verschwinden, doch ist der Widerstand gegen diese Pläne im Ötztal groß. Das vielfältige Tourengebiet reicht von »Berühmtheiten« wie dem Schrankogel (eher ein Gipfel für Skibergsteiger) über den Hinteren Daunkopf und die skitechnisch anspruchsvolle Murkarspitze bis zur beliebten und viel besuchten Kuhscheibe. Die Tour auf die Kuhscheibe bietet Abfahrtsgenuss über top Skigelände, speziell bei etwas Neuschnee, und ein kurzer, aber spannender Blockgrat würzt den finalen Anstieg zum aussichtsreichen Gipfel.

Talort: Gries im Ötztal, 1569 m. Von der Ausfahrt »Ötztal« der Inntal-Autobahn durch das Tal nach Längenfeld und auf einer Bergstraße durchs Sulztal nach Gries. Bushaltestelle.

Ausgangspunkt: Großer Parkplatz am östlichen Ortsrand von Gries am Ende der Straße, 1590 m.

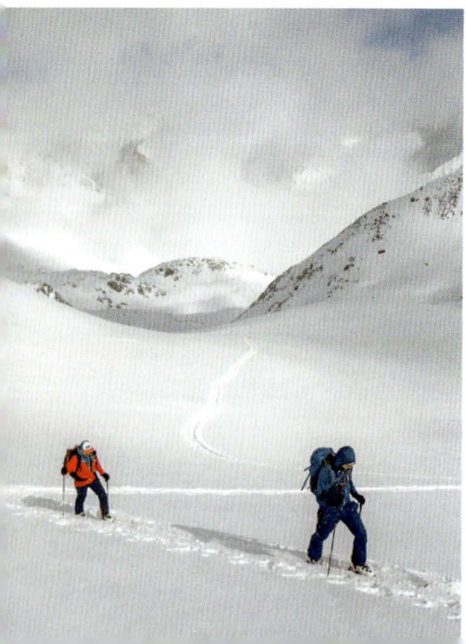

Aufstiegszeiten: Gries – Amberger Hütte 2 Std., Amberger Hütte – Rosskar 1.30 Std., Rosskar – Kuhscheibe 2 Std.

Anforderungen: Beim Hüttenzustieg gibt es mehrere Lawinenstriche, die bei viel Neuschnee bzw. starker Erwärmung berücksichtig werden müssen. Der Roßkarferner ist im Prinzip spaltenfrei und somit erfolgt der Anstieg ohne Seil. Am kurzen Blockgrat am Gipfelaufbau sind Steigeisen häufig sinnvoll.

Hangrichtung: Vorwiegend Nord und Nordost.

Orientierung: Für gute Kartenleser bei guter Sicht problemlos. Bei schlechter Sicht ohne Spur anspruchsvoll.

Lawinengefährdung: Im Hochwinter häufig, spät im Jahr mitunter lawinengefährdet.

Günstige Zeit: Februar bis April, von der Hütte aus noch im Mai lohnend.

Stützpunkt: Amberger Hütte, 2135 m (DAV, bew. Ende Januar bis Anfang Mai, etwa 90 Schlafplätze, Tel. +43 676 9523426, ambergerhuette.at).

Roßkarferner kurz unterhalb des Gipfelaufbaus und Blick hinab ins Roßkar.

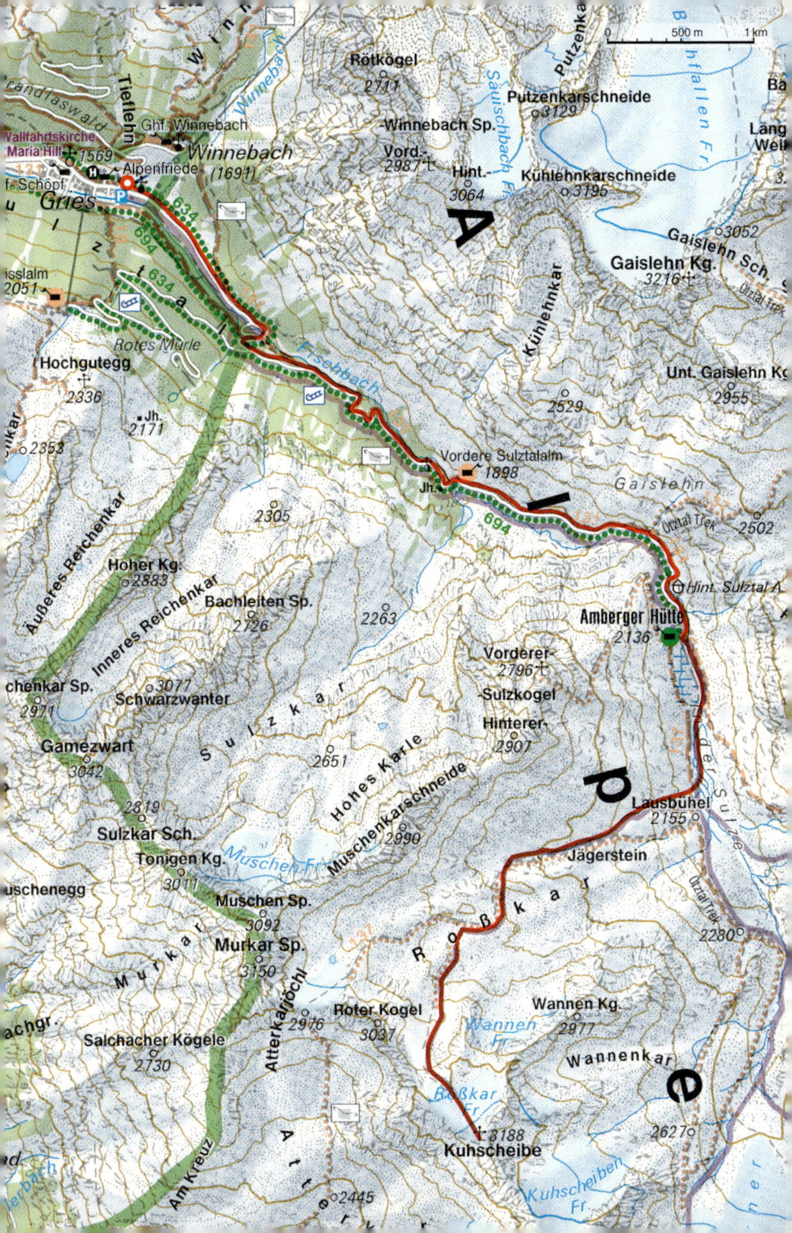

0
500 m
1 km
Rötkögel
2711
Putzenkarschneide
3129
Winnebach Sp.
Vord.-
2987
Hint.-
3064
Kühlehnkarschneide
3195
Gaislehn Sch.
3052
Gaislehn Kg.
3216
Kühlehnkar
Unt. Gaislehn Kg.
2955
2529
Ghf. Winnebach
Wallfahrtskirche
Maria Hilf
1569
Alpenfriede
Winnebach
(1691)
Gries
Tieflehn
Winnebach
Säuischbach Fr.
Fischbach
Rotes Mürle
Hochgutegg
2336
Jh.
2171
2353
Vordere Sulztalalm
1898
Jh.
Gaislehn
Ötztal Trek
2502
Hint. Sulztal A.
Amberger Hütte
2136
2305
Äußeres Reichenkar
Hoher Kg.
2883
Inneres Reichenkar
Bachleiten Sp.
2726
2263
Vorderer-
2796
Sulzkogel
Hinterer-
2907
Schwarzwanter
3077
2971
Gamezwart
3042
Sulzkar
2651
Hohes Karle
Muschenkarschneide
2990
Lausbühel
2155
Sulzkar Sch.
2819
Tonigen Kg.
3011
Muschen Fr.
Jägerstein
Roßkar
Ötztal Trek
2280
Muschen Sp.
3092
Murkar Sp.
3150
Murkar
Atterkarjöchl
2976
Roter Kogel
3037
Wannen Kg.
2977
Wannen Fr.
Wannenkar
Salchacher Kögele
2730
Roßkar Fr.
3188
Kuhscheibe
2627
Am Kreuz
Kuhscheiben Fr.
2445
634
694
137
131
A
l
p
e

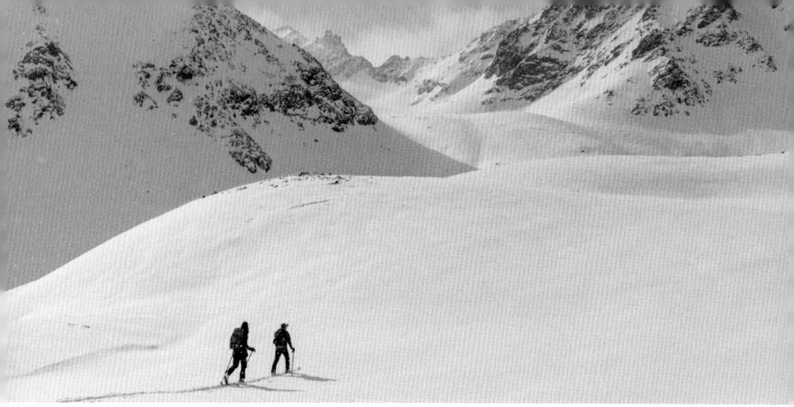

Am Ende des Roßkars hält man sich links und überwindet die Steilstufe hinauf zum Roßkarferner (etwas oberhalb der Bildmitte).

Vom Parkplatz am Ortsende bei **Gries** wandert man bequem auf der Forststraße (Rodelbahn) links vom Bach in Richtung Südosten taleinwärts. Nach etwa 1 km überquert man den Fischbach mithilfe einer Brücke. Nach der Brücke lassen sich ein paar Kehren abkürzen oder man bleibt direkt auf dem breiten Weg. Man wechselt erneut die Bachseite und lässt links die bewirtschaftete **Vordere Sulztalalm**, 1898 m, liegen. Weiter geht es links vom Bach bergan. Im folgenden Abschnitt sind speziell am Nachmittag die Hänge links oberhalb wegen einer möglichen Lawinensituation zu beobachten. Schließlich erreichen wir die **Hintere Sulztalalm** und steigen dann noch etwas steiler den Sulzbichl empor zur **Amberger Hütte**. Knapp unterhalb der Hütte befindet sich ein »Schwefelsee«, eine warme Quelle mit 18 °C, die vom Pfarrer Adolf Trientl entdeckt wurde und zeitweise einen speziellen Geruch verbreitet.
Von der Hütte fährt man das kurze Stück hinab auf die große, flache Ebene »In der Sulze«. Ohne Höhengewinn wandert man für knapp 30 Min. durch die Sulze Richtung Süden bis zum markanten »Lausbichl«. Hier verlässt man den Hauptweg durch die Sulze nach rechts (Westen) und steigt dann die Steilstufe ins weitläufige **Roßkar** empor. Die Steilstufe wird am sichersten über einen ausgeprägten Rücken überwunden. Im Roßkar hält man sich leicht links in Richtung Südwesten und gewinnt durch sanfte Mulden stetig an Höhe. Ein Hügel wird links umgangen (rechts vorbei ginge es zur Murkarspitze). Auf einer Höhe von etwa 2700 m dreht man nach Süden (links) und steigt über eine Steilstufe empor zum **Roßkarferner**. Über diesen steigt man weiter auf und quert etwas unterhalb des Gipfels nach rechts auf den Rücken und richtet hier das Skidepot ein. Von hier erreicht man über Blockgelände zu Fuß den aussichtsreichen Gipfel der **Kuhscheibe**.
Die Abfahrt folgt dem Anstiegsweg.

1600 Hm
3.15 Std.

Murkarspitze, 3150 m

17

Großartiger Skigipfel mit alpinem Charakter

Die Murkarspitze wird deutlich weniger besucht und deutlich anspruchsvoller als die direkt benachbarte Kuhscheibe. Im steilen Gipfelhang ist eine sichere Spitzkehrentechnik und sichere Schneeverhältnisse absolute Voraussetzungen.

Talort: Gries im Ötztal, 1569 m. Von der Ausfahrt »Ötztal« der Inntal-Autobahn durch das Tal nach Längenfeld und auf einer Bergstraße durchs Sulztal nach Gries. Bushaltestelle.

Ausgangspunkt: Amberger Hütte, 2136 m.

Aufstiegszeiten: Amberger Hütte – Rosskar 1.30 Std., Rosskar – Murkarspitze 1.45 Std.

Anforderungen: Schwierige Skitour mit mehreren Steilhängen. Ausgezeichnete Skitechnik (Spitzkehren) und stabile Schneeverhältnisse erforderlich! Keine Spaltengefahr auf dem Gletscher.

Hangrichtung: Vorwiegend Nordost, Ost.

Orientierung: Für gute Kartenleser bei guter Sicht problemlos. Der Gipfel wird seit einigen Jahren gut besucht, mit Spuren kann jedoch nicht gerechnet werden.

Lawinengefährdung: Im Hochwinter häufig, spät im Jahr mitunter lawinengefährdet.

Günstige Zeit: Februar bis April, von der Hütte aus noch im Mai lohnend.

Stützpunkt: Amberger Hütte, 2135 m (DAV, bew. Ende Januar bis Anfang Mai, etwa 90 Schlafplätze, Tel. +43 676 9523426, ambergerhuette.at).

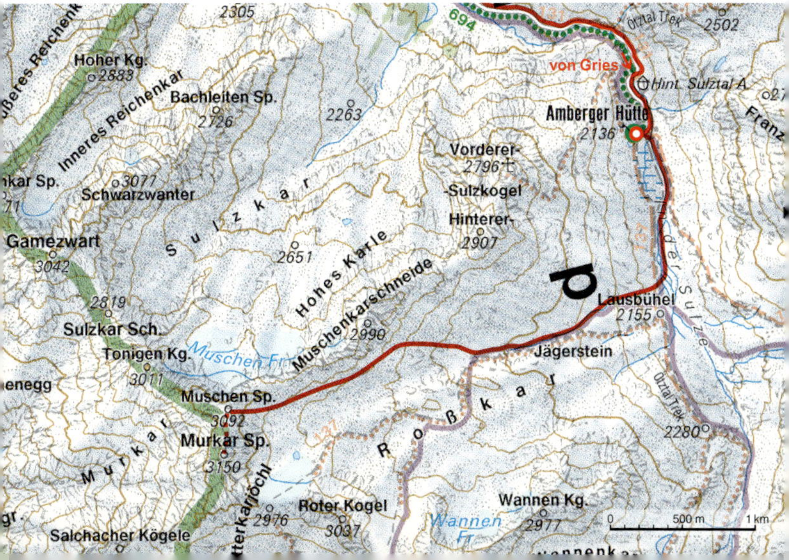

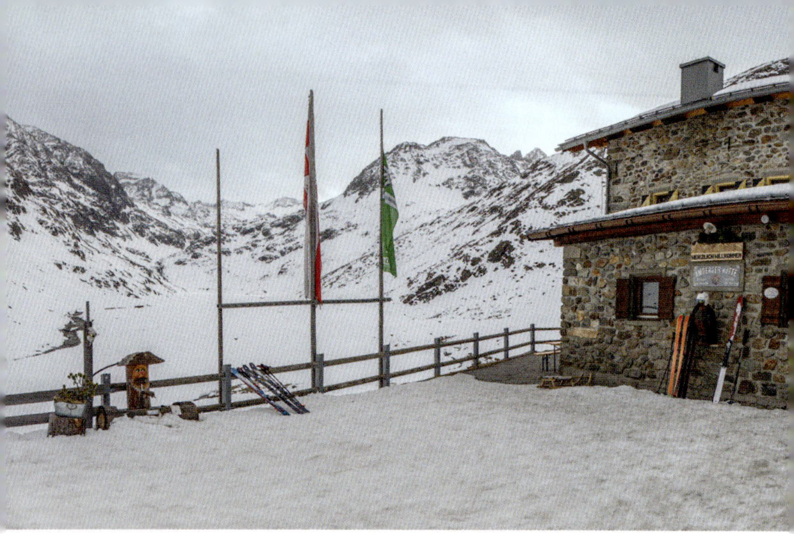

Oben: Amberger Hütte und unterhalb die große und flache »Sulze«.
Rechts: Aufstieg im Roßkar Richtung Westen, hinten die Murkarspitze mit dem Gipfelhang.

Von der **Amberger Hütte** fährt man das kurze Stück hinab auf die große, flache Ebene »In der Sulze«. Ohne Höhengewinn wandert man für knapp 30 Min. durch die Sulze Richtung Süden bis zum markanten »Lausbichl«. Hier verlässt man den Hauptweg durch die Sulze nach rechts (Westen) und steigt dann die Steilstufe ins weitläufige **Roßkar** empor. Die Steilstufe wird am sichersten über einen ausgeprägten Rücken überwunden.

Im Roßkar hält man sich etwas rechts und steigt, nunmehr ungleich gemütlicher, durch sanfte Mulden und schönes kupiertes Gelände auf. Man sieht jetzt bereits den weiteren Anstieg und den Gipfel vor sich. Zunächst geht es wieder ziemlich steil und schweißtreibend hinauf in die nächste flache Mulde. Diese Mulde durchquert man. Dann nimmt man den steilen etwa 200 Hm gewaltigen Gipfelhang in Angriff, um die **Einsattelung**, etwa 3070 m, zwischen der Muschenspitze (rechts) und der Murkarspitze (links) zu erreichen. Für viele ist diese Einsattelung der Zielpunkt der Tour. Man kann aber auch noch die knapp 100 Hm bis zum eigentlichen Gipfel aufsteigen. Bei sehr stabilen Schneeverhältnissen kann der Anstieg sogar mit Ski erfolgen, ansonsten zu Fuß. Entlang des Grates, oft mit kurzen Felspassagen erreicht man den Gipfel der **Murkarspitze**.

Die Abfahrt folgt dem Anstiegsweg. Ausgezeichnete Skifahrer können die Ski zum höchsten Punkt mitnehmen und bei sicheren Verhältnissen unmittelbar vom Gipfel zur Anstiegsspur abfahren.

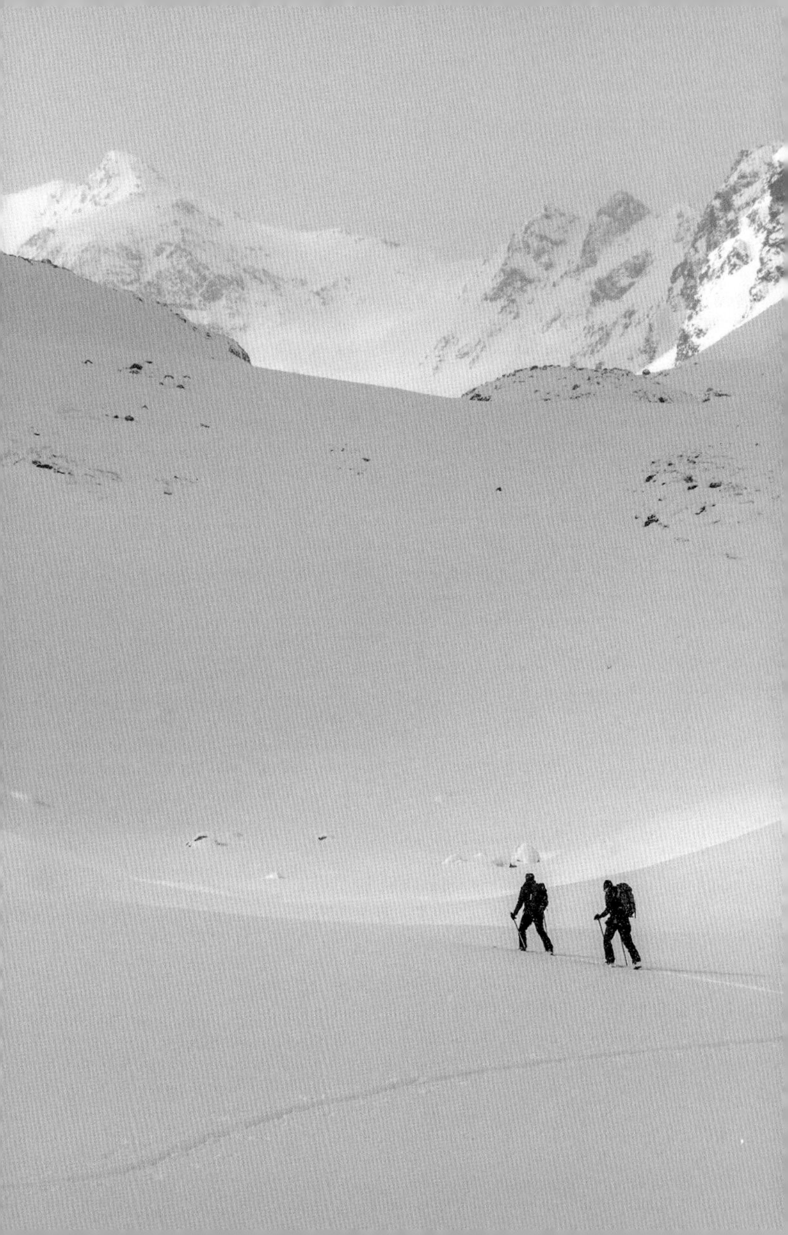

18 Hinterer Daunkopf, 3225 m

1100 Hm
4.00 Std.

Herrlicher Skitourengipfel mit langem Zustieg

Neben der Kuhscheibe ist der Hintere Daunkopf ein besonders beliebtes Ziel im Tourenbereich der Amberger Hütte – für Skiläufer, die hohen Abfahrtsgenuss ohne besondere alpine Schwierigkeiten suchen. Einen Schönheitsfehler hat der Hintere Daunkopf aber: Wir müssen die Sulze in ihrer ganzen Länge durchqueren und bei nicht übermäßig »schnellem« Schnee bei der Rückkehr zur Hütte kräftig anschieben.

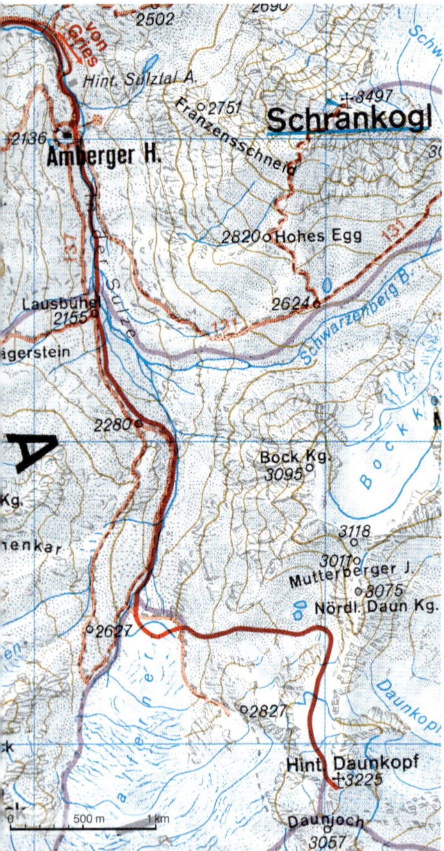

Talort: Gries im Ötztal, 1569 m. Von der Ausfahrt »Ötztal« der Inntal-Autobahn durch das Tal nach Längenfeld und auf einer Bergstraße durchs Sulztal nach Gries. Bushaltestelle.

Ausgangspunkt: Amberger Hütte, 2136 m.

Aufstiegszeiten: Amberger Hütte – Sulztaler Ferner 1.30 Std., Sulztaler Ferner – Hinterer Daunkopf 2.30 Std.

Anforderungen: Genussreiche Skitour ohne besondere Steilstufen und Engstellen. Bei günstigen Bedingungen mit Ski zum Gipfel. Kleiner Gletscher nahezu spaltenlos.

Hangrichtung: Vorwiegend Nord, Nordwest.

Orientierung: Etwas verwickelt, aber bei guter Sicht für erfahrene Tourengeher ohne besondere Probleme. Spuren meist vorhanden.

Lawinengefährdung: Mitunter lawinengefährdet, insbesondere nach stärkeren Schneefällen mit Windverfrachtung.

Günstige Zeit: Februar bis April, die Abfahrt bis in den flachen Talboden (Sulze) ist in der Regel noch im Mai möglich.

Stützpunkt: Amberger Hütte, 2135 m (DAV, bew. Ende Januar bis Anfang Mai, etwa 90 Schlafplätze, Tel. +43 676 9523426, ambergerhuette.at).

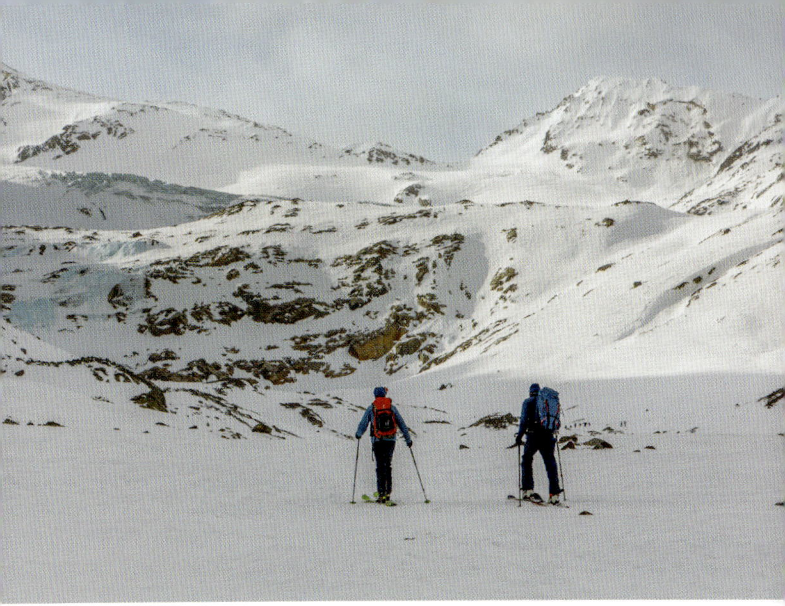

Blick auf den Sulztaler Ferner und den Wütenkarsattel (etwas rechts von der Bildmitte). Kurz vor dem Gletscher zweigt man scharf nach links ab zum Hinteren Daunkopf.

Von der **Amberger Hütte** fährt man das kurze Stück hinab auf die große, flache Ebene »In der Sulze«. Ohne Höhengewinn wandert man für etwa 45 Min. durch die gesamte Sulze und erreicht nach etwa 1,5 km den Talschluss (am Ende leicht links halten). Von rechts nach links ansteigend wird die Steilstufe am Ende des Tals überwunden. Tief links unterhalb befindet sich ein kleiner Bach. Man erreicht den flachen Talkessel und steigt flach taleinwärts in Richtung Süden bzw. **Sulztaler Ferner** auf. Kurz vor der Gletscherzunge auf etwa 2400 m zweigt man scharf nach links (Osten) ab, überwindet eine Steilstufe und gelangt so ins Bockkar. Über kupiertes Gelände geht es weiter Richtung Osten empor bis an das Ende des Kars, etwa 2800 m. Hier bei den Felsen öffnet sich nach rechts (Süden) der Weiterweg. Eine weitere Steilstufe führt empor zu einem kleinen Gletscher. Die Gletscherzunge wird rechts umgangen. Über den breiten Gipfelhang wird schließlich oft sogar direkt mit Ski ansonsten die letzten Meter zu Fuß der Gipfel des **Hinteren Daunkopfs** erreicht. Beim großen Gipfelkreuz trifft man meist viele Skitourengeher, die in kurzem Anstieg über das Daunjoch und den Südrücken aus dem Stubaier Gletscherskigebiet aufgestiegen sind.
Die Abfahrt folgt dem Anstiegsweg.

19 Schrankogl, 3497 m

1400 Hm
4.30 Std.

Höchster Gipfel im Tourenbereich der Amberger Hütte

Der mächtige Schrankogl ist ein Höhepunkt im Rahmen eines Tourenaufenthalts auf der Amberger Hütte. Dieses anspruchsvolle Gipfelziel ist keine Genuss-Skitour, sondern eine schwierige Bergtour, die entsprechendes klettertechnisches Können und ein hohes Maß an Kondition erfordert.

Talort: Gries im Ötztal, 1569 m. Von der Ausfahrt »Ötztal« der Inntal-Autobahn durch das Tal nach Längenfeld und auf einer Bergstraße durchs Sulztal nach Gries. Bushaltestelle.
Ausgangspunkt: Amberger Hütte, 2136 m.
Aufstiegszeiten: Amberger Hütte – Schwarzenbergferner 2.15 Std., Schwarzenbergferner – Skidepot 1.15 Std., Skidepot – Schrankogl 1 Std.
Anforderungen: Skitechnisch mittelschwer. Ab Skidepot Kletterei über Blöcke und Firn – heikel und gefährlich bei Vereisung! Auf dem Gletscher geringe Spaltengefahr.
Hangrichtung: Vorwiegend Ost und Südost.
Orientierung: Weitgehend durch das Gelände vorgegeben, bei guter Sicht für erfahrene Skibergsteiger einfach.
Lawinengefährdung: Mitunter lawinengefährdet, insbesondere nach stärkeren Schneefällen mit Windverfrachtung.
Günstige Zeit: März bis Mai.
Stützpunkt: Amberger Hütte, 2135 m (DAV, bew. Ende Januar bis Anfang Mai, etwa 90 Schlafplätze, Tel. +43 676 9523426, ambergerhuette.at).
Variante: Schrankarkogel, 3332 m: gemütliches Ausweichziel, mit Ski zum Gipfel; auf dem Schwarzenbergferner, Spalten ausweichend, im sanften Anstieg zum Gipfel; 4 Std. von der Amberger Hütte.

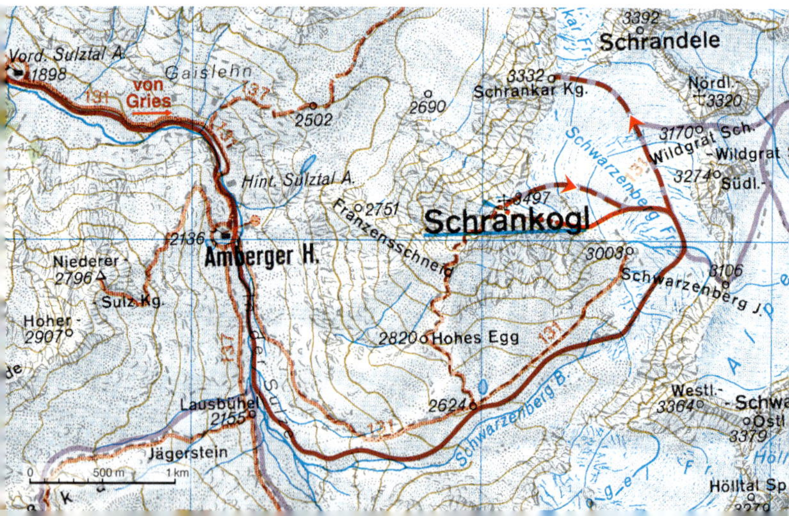

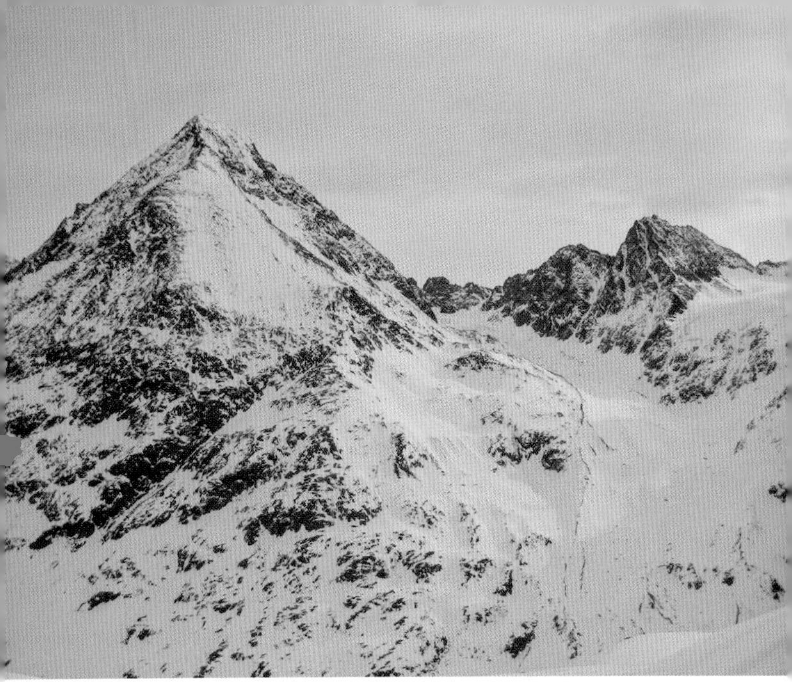

Blick beim Aufstieg zur Kuhscheibe bzw. Murkarkspitze hinüber Richtung Osten zum Schrankogel. Rechts der Schwarzenbergferner, über den der Aufstieg erfolgt.

Von der **Amberger Hütte** fährt man das kurze Stück hinab auf die große, flache Ebene »In der Sulze«. Ohne Höhengewinn wandert man durch den ersten Teil der sulze bis zur Einmündung des Schwarzenbergbachs. Schon etwas vorher nach links abbiegen und links (nördlich) des Bachbetts in wechselnder Steilheit zur Zunge des **Schwarzenbergferners**. Nun im Anstiegssinn rechts unter der steilen Flanke der Schwarzenbergspitze in flaches Gelände aufsteigen. Aus dem flachen Boden in einem Linksbogen zu der Flanke, die vom Ostgrat des Schrankogls herabzieht. Über diese Fanke steigt man mit Ski möglichst weit empor und richtet das Skidepot auf einer Höhe von etwa 3100 m ein. Eine steile Rinne führt zum Ostgrat, und über den Grat klettert man zum Gipfel des **Schrankogls**.
Die Abfahrt folgt dem Anstiegsweg. Ausgezeichnete Skifahrer können bei besonders günstigen Verhältnissen die Ski zum Gipfel mitnehmen und über die Nordostflanke abfahren. Dabei handelt es sich zwar nur um 200 Hm, die sind aber bis zu 50° steil. Gefährliche Steilabfahrt!

20 Zwieselbacher Rosskogel, 3081 m

1550 Hm

5.00 Std.

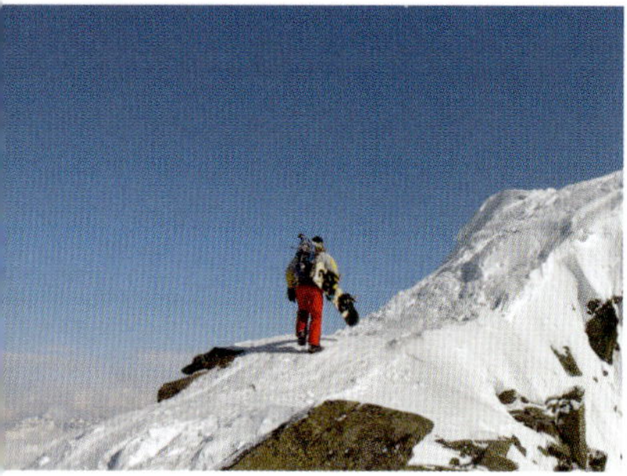

Oft geht es die letzten Meter zu Fuß zum Gipfel.

Der »Zwieselbacher« von seiner rasanten Seite

Der Zwieselbacher Rosskogel gehört zu den meistbegangenen Skitouren Tirols. Allerdings gilt diese Aussage nur für den Anstieg von Norden, vom Weiler Haggen im Sellraintal. Von Süden wird der »Zwieselbacher«, wie ihn die Tourengeher verkürzt nennen, vergleichsweise selten besucht. Das ist aus zwei Gründen erstaunlich: einerseits, weil mit der Schweinfurter Hütte des Deutschen Alpenvereins ein gemütlicher Stützpunkt zur Verfügung steht; andererseits, weil die rasante Südabfahrt ohne flache Abschnitte bis in den Talboden führt – ein wahrer Hochgenuss für gute Skifahrer! Den Aufenthalt auf der Hütte kann man übrigens problemlos ausdehnen, denn die Tourenziele reichen unschwer für eine Woche aus. Außer dem Zwieselbacher Rosskogel sind Kraspespitze und Finstertaler Schartenkopf zwei weitere schöne und lohnende Skitouren. Nach geringem Höhenverlust kann man zum Hochreichkopf oder zur Hohen Wasserfalle aufsteigen, in kürzerer Zeit auch zum Schartlkopf. Damit nicht genug – durch das Zwieselbachtal führt der zwar flache, aber sicherste Anstieg zum mächtigen Breiten Grießkogel. Ein rasch erreichbares Ziel mit gutem Einblick in das Tourengebiet der Schweinfurter Hütte wäre der Peistakogel. Den etwas langweiligen Hüttenanstieg durch das Horlachtal kann man umgehen, indem man den nicht kürzeren, aber wesentlich interessanteren Zustieg aus dem Kühtai über die Finstertaler Scharte wählt.

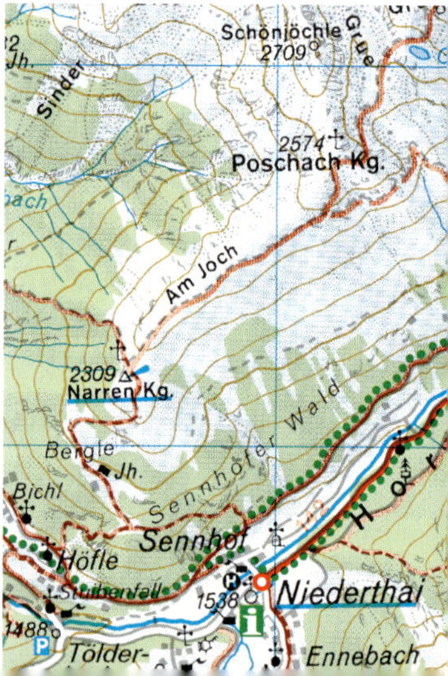

Talort: Niederthai, 1538 m. Von der Ausfahrt »Ötztal« der Inntal-Autobahn nach Umhausen. Auf kurvenreicher Bergstraße, vorbei am Zustieg zum Stuibenfall, nach Niederthai. Bushaltestelle.
Ausgangspunkt: Großer Parkplatz am Ortsende von Niederthai auf der rechten Straßenseite.
Aufstiegszeiten: Niederthai – Larstighöfe 1 Std., Larstighöfe – Schweinfurter Hütte 1 Std., Hütte – Fidaskar 1.30 Std., Fidaskar – Zwieselbacher Rosskogel 1.30 Std.
Anforderungen: Zwischen Fidaskar und Gipfel sehr steil, ausgezeichnete Skitechnik erforderlich! Keine klettertechnischen Schwierigkeiten. Bei günstigen Verhältnissen mit Ski zum Gipfel oder kurz über unschwieriges Blockwerk.
Hangrichtung: Vorwiegend Südwest.
Orientierung: Bei guter Sicht für erfahrene Tourengeher problemlos.
Lawinengefährdung: Im Hochwinter häufig lawinengefährdet, günstig im Frühjahr nach einer kalten Nacht und mit rechtzeitiger Abfahrt.
Günstige Zeit: Februar bis April.
Stützpunkt: Schweinfurter Hütte, 2034 m (DAV, bew. Anfang Februar bis Mitte/Ende April sowie Weihnachten/Silvester, etwa 50 Schlafplätze, Tel. +43 5255 50029, dav-schweinfurt.de).

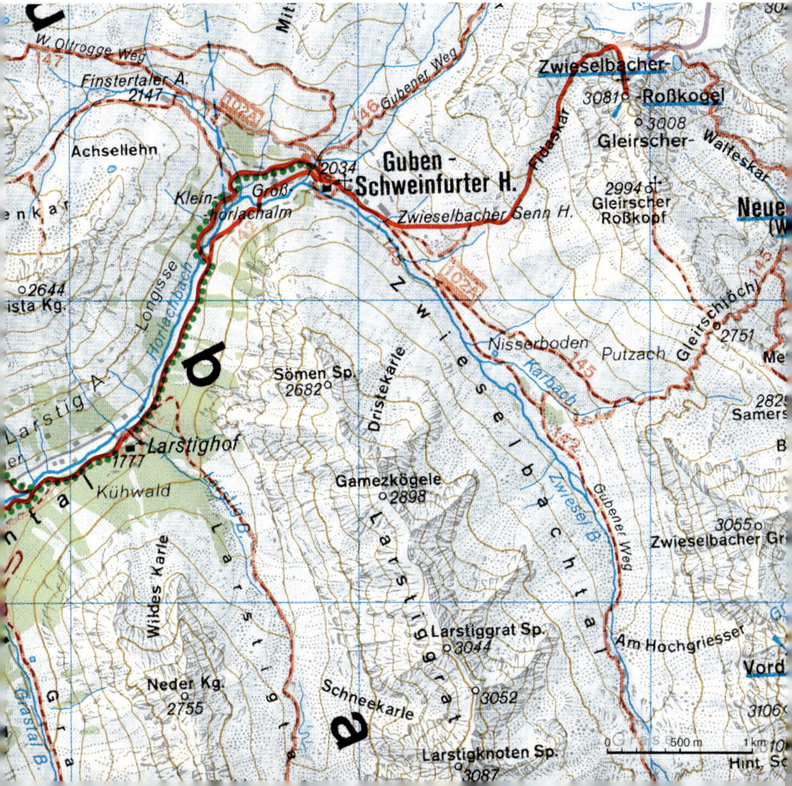

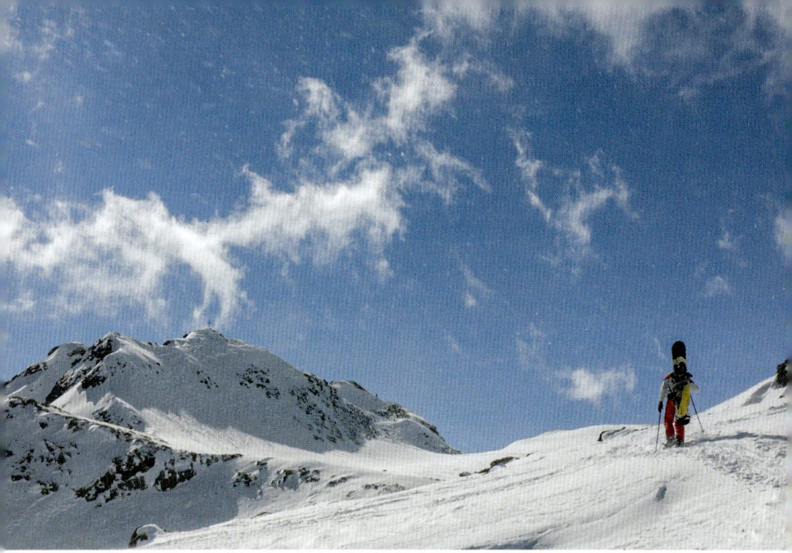

Gipfelplateau direkt unterhalb des Zwieselbacher Rosskogels. Der Aufstieg erfolgt von rechts zum Gipfel.

Von **Niederthai** auf einem breiten und guten Weg Richtung Nordosten durchs Horlachtal zu den **Larstighöfen** (Jausenstation), 1777 m. Weiter talein und über die Kleine Horlachalm in einem Rechtsbogen zur **Schweinfurter Hütte**.

Von der Hütte wandert man zunächst oberhalb des Zwieselbachs talein. An einer großen Almhütte vorbei steigt man zur Einmündung eines Bachs auf. Noch vor dem Bach links abzweigen. Der Weiterweg führt teilweise ziemlich steil zu sperrenden Felsen. Hier überquert man den Bach und gewinnt in prachtvollem Skigelände (»Fidaskar«) rasch an Höhe.

Das Kar wird immer steiler, lässt sich aber mit guter Spitzkehrentechnik noch gut bewältigen. Die letzten 200 Hm vor dem »Ausstieg« sind besonders steil (40°), und es ist oft besser, die Ski auf den Rucksack zu schnallen und zu Fuß aufzusteigen. Man erreicht ein weitläufiges Gipfelplateau. Hier biegt man scharf nach rechts ab, trifft auf die Hauptaufstiegsspur vom Sellraintal und steigt in wenigen Minuten ohne Schwierigkeiten zum Gipfel des **Zwieselbacher Rosskogels** auf. Die letzten Meter sind häufig verblasen, eventuell zu Fuß.

Die Abfahrt folgt dem Anstiegsweg.

Rechts: Gipfelglück auf dem Zwieselbacher Rosskogel.

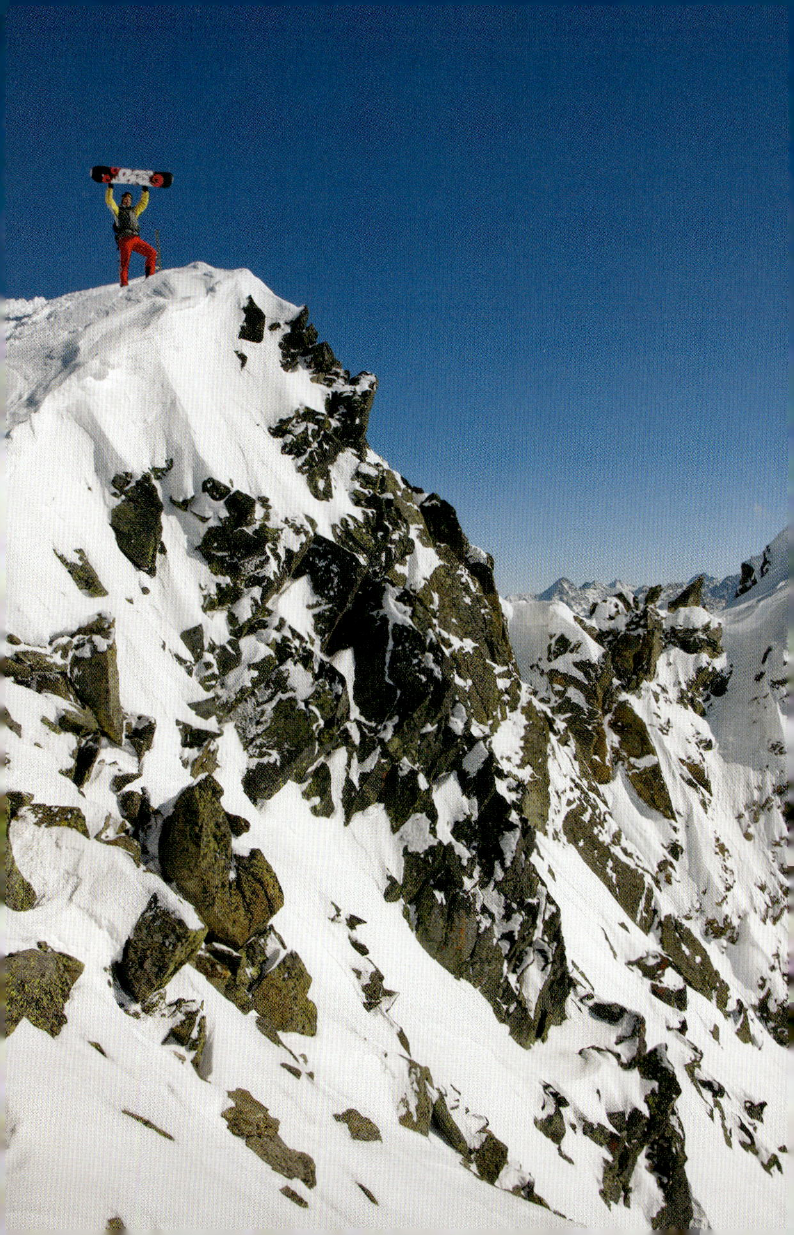

21 Kraspesspitze, 2954 m

950 Hm

3.00 Std.

Geradliniger Anstieg zu einem schönen Skitourengipfel

Im Gegensatz zum Anstieg von Norden (Kühtai) geht es beim Anstieg von Süden (Schweinfurter Hütte) gleich ordentlich zur Sache: von der Hütte steil zum Weiten Kar und dann geradewegs weiter in wechselnder Steilheit, nur kurzzeitig flacher, in eine Einsattelung. Von hier steigt man über den Südostgrat ohne besondere Schwierigkeiten zum Gipfel auf. Eine wahre Ideal-Skitour, insbesondere bei Firn!

Talort: Niederthai, 1538 m. Von der Ausfahrt »Ötztal« der Inntal-Autobahn nach Umhausen. Auf kurvenreicher Bergstraße, vorbei am Zustieg zum Stuibenfall, nach Niederthai. Bushaltestelle.

Ausgangspunkt: Schweinfurter Hütte, 2034 m.

Aufstiegszeiten: Schweinfurter Hütte – Weites Kar 1.30 Std., Weites Kar – Kraspesspitze 1.30 Std.

Anforderungen: Mittelschwere Skitour mit mehreren Steilstufen, die eine gute Skitechnik erfordern. Von der Einsattelung zum Gipfel bei günstigen Bedingungen mit Ski, meist aber auf den letzten Metern zu Fuß unschwierig über Geröll und Blockwerk über den abgeblasenen Grat.

Hangrichtung: Vorwiegend Süd, Südwest.

Orientierung: Bei guter Sicht für erfahrene Tourengeher einfach, in der Bewirtschaftungszeit der Hütte meist Spuren.

Lawinengefährdung: Im Hochwinter mitunter, im Frühjahr nach kalter Nacht und rechtzeitiger Abfahrt kaum lawinengefährdet.

Günstige Zeit: Februar bis April.

Stützpunkt: Schweinfurter Hütte, 2034 m (DAV, bew. Anfang Februar bis Mitte/Ende April sowie Weihnachten/Silvester, etwa 50 Schlafplätze, Tel. +43 5255 50029, dav-schweinfurt.de).

Variante: Finstertaler Scharte, 2777 m; 2.30 Std.: Übergang zum Hoteldorf Kühtai. In umgekehrter Richtung, also aus dem Kühtai über die Scharte zur Schweinfurter Hütte, als »Hüttenanstieg mit zusätzlicher Abfahrt« möglich.

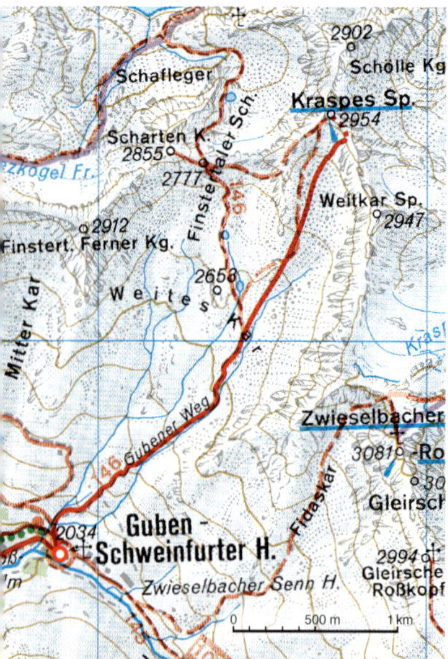

Kurz nach der **Schweinfurter Hütte** über einen breiten Südostrücken zwischen zwei Bachtälchen steil zum **Weiten Kar** aufsteigen, einem weitläufigen, sanft geneigten Almgelände. Deutlich rechts von einer auffälligen felsigen Kuppe in eine weite Mulde. Nun in ein deutlich von

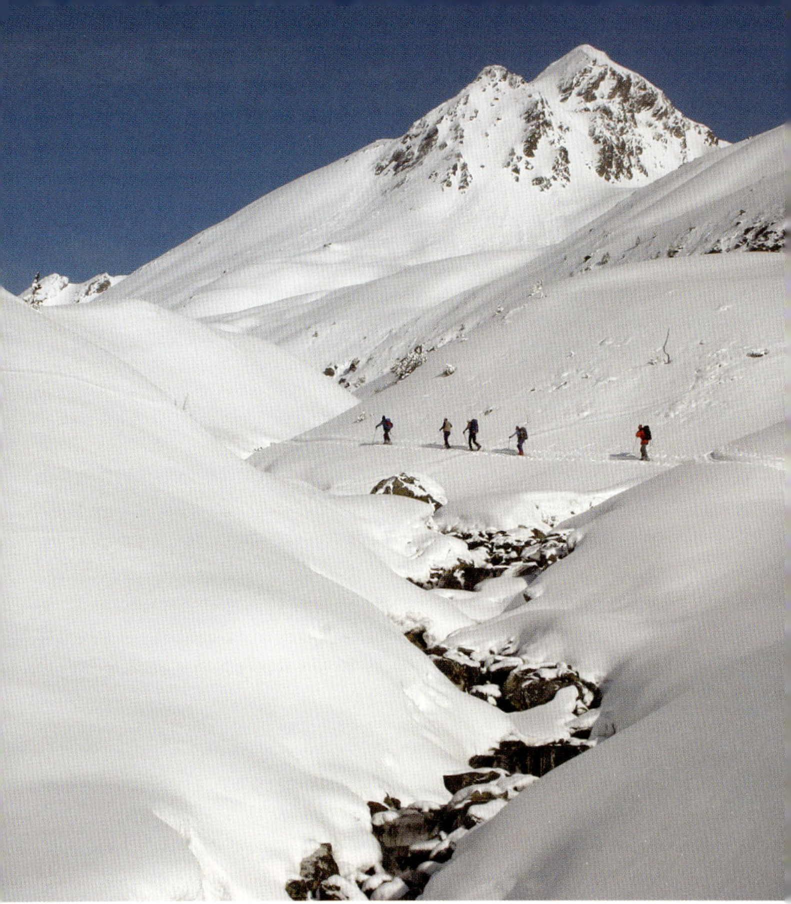

Auf dem Gubener Weg beim Aufstieg zur Kraspesspitze.

zwei Felskämmen begrenztes Kar (links Langschrofen, rechts der von der Kraspespitze zu den Weitkarspitzen abziehende Grat). In dieser Mulde wird es nun rasch steiler, und man erreicht, zuletzt leicht rechts haltend, eine Einsattelung etwas südöstlich des Gipfels. Aus dieser Einsattelung (bei günstigen Verhältnissen) mit Ski, meist jedoch zu Fuß über Geröll und Blöcke zum Gipfel der **Kraspesspitze**.
Die Abfahrt folgt dem Anstiegsweg.

22 Pirchkogel, 2828 m

1100 Hm
3.15 Std.

Ohne Seilbahnunterstützung über den Westrücken

Vom Kühtai aus zählt der Pirchkogel mit Benützung der Kaiserbahn zu den beliebtesten Skitouren in Nordtirol. Häufig wählen Eltern diese Skitour, um ihren Nachwuchs für das Skitourengehen zu begeistern. Die lange und lohnende Abfahrt nach einem kurzen Aufstieg eignet sich gut dafür. Auf dem hier beschriebenen Weg von Marlstein über den Westrücken müssen wir dagegen jeden Anstiegsmeter mit eigener Kraft überwinden. Der Andrang hält sich dadurch natürlich in Grenzen.

Talort: Ötz, 812 m. Von der Ausfahrt »Ötztal« der Inntal-Autobahn durch das Tal nach Ötz. Bushaltestelle.
Ausgangspunkt: Berghotel und Gasthof Marlstein, 1765 m. Von Ötz auf der Bergstraße Richtung Kühtai zur Abzweigung eines Fahrsträßchens (Hinweistafel »Sattele, Haiming«). Kurz auf dieser Straße, dann in einer Kehre nach rechts zum Berghotel. Parkplatz direkt beim Hotel.
Aufstiegszeiten: Marlstein – Steinmann 2 Std., Steinmann – Schafjoch 45 Min., Schafjoch – Pirchkogel 30 Min.
Anforderungen: Am Beginn steile Südwesthänge, gute Skitechnik erforderlich. Ab dem Steinmann nicht mehr besonders steil, doch im letzten Teil etwas ausgesetzte Querung.
Hangrichtung: West, Süd.
Orientierung: Bei guter Sicht einfach, der Gipfel ist oberhalb der Waldgrenze bereits sichtbar.
Lawinengefährdung: Nach stärkeren Schneefällen mit Windverfrachtung mitunter lawinengefährdet. Im Frühjahr nach kalter Nacht und bei rechtzeitiger Abfahrt kaum lawinengefährdet.
Günstige Zeit: Januar bis April.
Variante: Faltegartenköpfl, 2184 m: oberhalb der Waldgrenze nach links und über die flachen Feldringer Böden zum Gipfel, die letzten Meter zu Fuß; 1.30 Std.

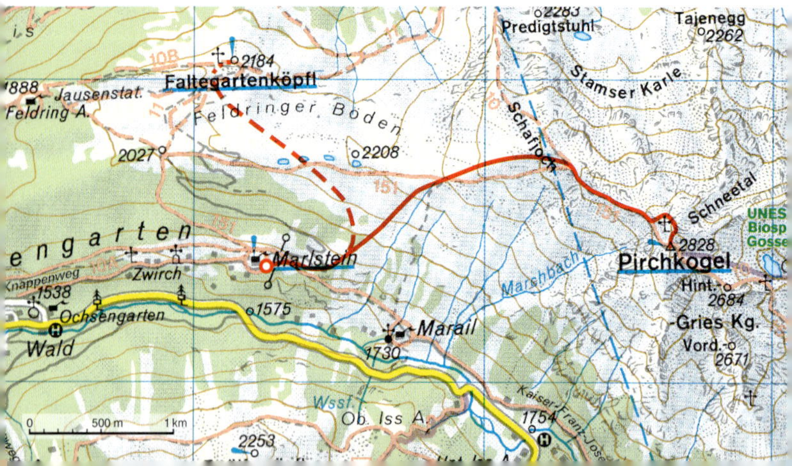

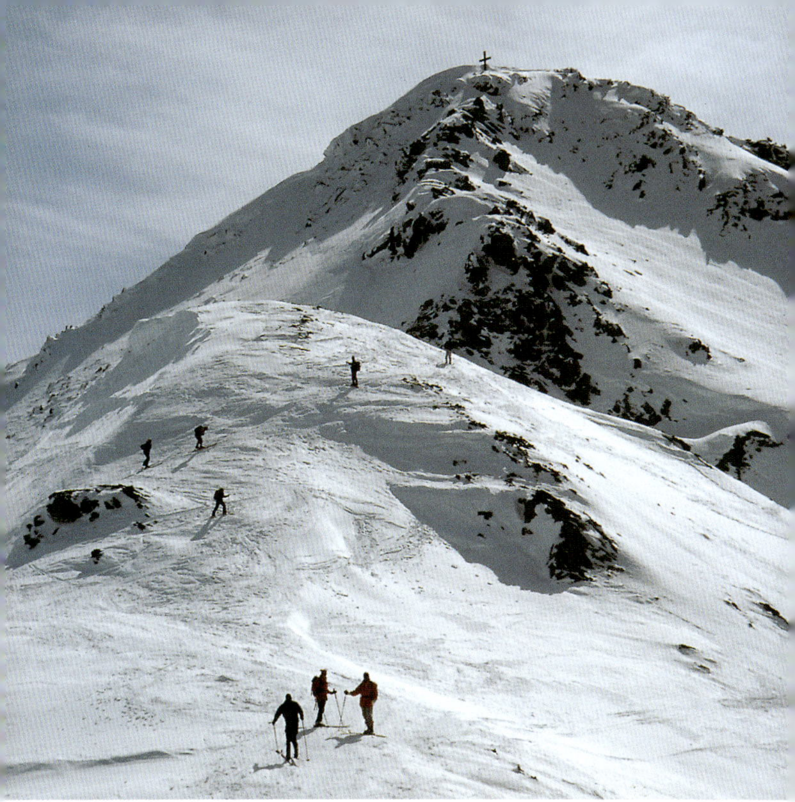

Rückblick zum Gipfel von der Westabfahrt.

Vom Parkplatz etwas unterhalb des **Berghotels Marlstein** an diesem vorbei und Richtung Osten zu einem Forstweg. Auf dem Forstweg in zwei Kehren durch den Wald und dann geradeaus ziemlich steil durch die letzten Bäume Richtung Osten in freies Skigelände. Man erreicht einen auffälligen großen Steinmann, ca. 2400 m, und wandert gemütlich zu dem Rücken, der vom Pirchkogel nach Nordwest zieht, bei Tourengehern aber stets als »**Westrücken**« bezeichnet wird. Man erreicht diesen Rücken auf dem **Schafjoch**, 2593 m (Steinmann mit Stange), und läuft über diesen, zuletzt etwas ausgesetzt, im Bogen zum etwas niedrigeren Gipfel des **Pirchkogels** mit Kreuz. Von hier unschwierig zum weiter südlich liegenden Hauptgipfel.
Die Abfahrt folgt dem Anstiegsweg.

23 Neunerkogel, 2640 m

700 Hm
2.30 Std.

Rassiger Skigipfel über dem Speicher Finstertal

Der Anstieg zum Neunerkogel ist kurz, aber dennoch eine Unternehmung, die man nur wirklich erfahrenen Skitourengehern empfehlen kann. Bis zum Speicher Längental hat man die breit ausgetretene Spur der Anwärter auf den ungleich berühmteren Sulzkogel. Ab der Staumauer aber sondert sich die Spreu vom Weizen: Zunächst verläuft der Aufstieg noch in angenehmer Steigung, dann aber wird es sehr steil, und zudem verschmälert sich der Gratrücken, sodass man schon beim Aufstieg eine gute Technik braucht und die Spitzkehrentechnik gut beherrschen sollte. Bei Hartschnee besteht Abrutschgefahr (Harscheisen benützen). Ein Vorteil: Die Wahrscheinlichkeit ist groß, dass man in diesem viel besuchten Skitourengebiet auf dem Gipfel allein ist und in aller Ruhe die vielen Tourengipfel rundum mit ihren Anstiegen und Abfahrten studieren kann.

Talort: Ötz, 812 m. Von der Ausfahrt »Ötztal« der Inntal-Autobahn durch das Tal nach Ötz. Bushaltestelle.
Ausgangspunkt: Talstation der Dreiseenbahn, 1950 m. Auf der Westseite der Passstraße zur Talstation der Sesselbahn unterhalb des Kühtaier Sattels. Parkplätze bei der Talstation der Dreiseenbahn.

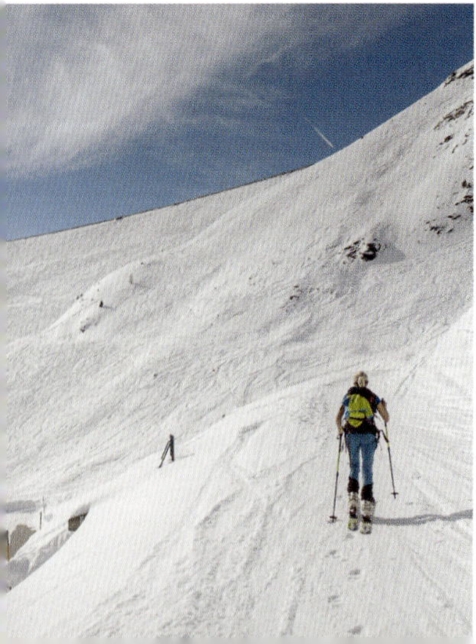

Aufstiegszeiten: Talstation Dreiseenbahn – Staumauer 1 Std., Staumauer – Neunerkogel 1.30 Std.
Anforderungen: Bis zum Speicher Finstertal problemlos, dann in zunehmender Steilheit, zuletzt steil und etwas ausgesetzt, über den felsdurchsetzten Gratrücken zum Gipfel. Gute Skitechnik ist erforderlich.
Hangrichtung: Vorwiegend Südwest, Nord.
Orientierung: Bei guter Sicht einfach, Gipfel bereits vom Parkplatz aus sichtbar.
Lawinengefährdung: Häufig lawinengefährdet, nur bei stabilen Schneeverhältnissen ratsam.
Günstige Zeit: Februar bis Mai.
Hinweis: Der Anstieg zur Staumauer kann um etwa 30 Min. (200 Hm) verkürzt werden, indem man den nahe beim Ausgangspunkt gelegenen Schlepplift »Alpenrose« benutzt. Von der Bergstation der Schlepplifts quert man dann nach links und erreicht so die Werkstraße in einer scharfen Linkskurve.

Zunächst geht es vom Ausgangspunkt empor zur Staumauer.

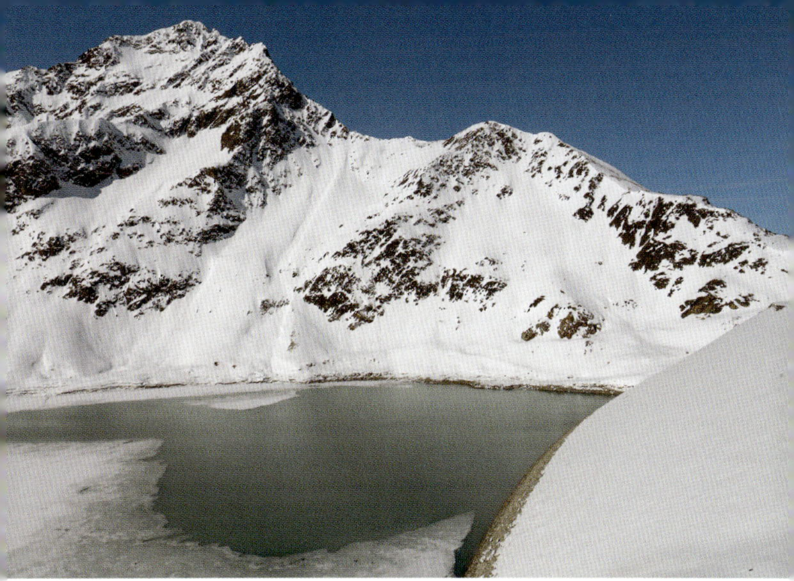

Direkt bei der Staumauer des Speichers Finstertal.

Vom Parkplatz an der **Talstation Dreiseenbahn**, 1950 m, grob entlang einer Werkstraße (Rodelbahn) der TIWAG (Tiroler Wasserkraft AG) oder ab der ersten Kehre auch etwas links davon (steiler und direkter als die Werkstraße) auf die linke Seite der mächtigen Staumauer zu. An der **Staumauer**, 2320 m, des Speichers Finstertal angekommen hält man sich links und verlässt somit in der Regel die breite Aufstiegsspur. Zunächst über eine mäßig steile Westflanke, dann etwas links haltend erreicht man über den Südwestrücken den Gipfel des **Neunerkogels**. Bei guten Schneeverhältnissen mit Ski direkt zum Gipfel. Oft ist es aber im obersten Teil abgeblasen und steinig und so geht es die letzten Meter zu Fuß zum Gipfel.

Die Abfahrt folgt dem Anstiegsweg, zuletzt wird oft über die Staumauer abgefahren.

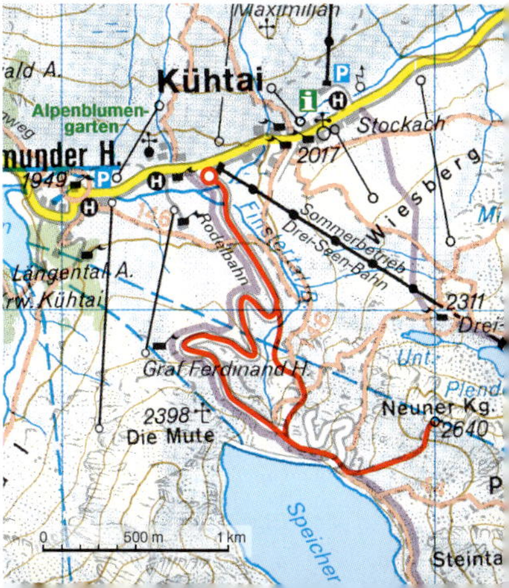

TOP

24 Großes Windegg, 2644 m

N W O S

900 Hm

3.00 Std.

Anspruchsvoller Gipfel über dem Talschluss des Wörgetals

Der weitaus beliebteste Skitourengipfel im Wörgetal ist das Wetterkreuz, zu dem man aus den Oberen Böden scharf nach rechts abzweigt. Das Große Windegg ist ungleich anspruchsvoller und wird deshalb weitaus seltener besucht. Man kann also an Wochentagen mit einiger Wahrscheinlichkeit erwarten, dass man in einer eigenen Spur durch das steile Gelände abfährt. Nach der Vereinigung der Abfahrten von Wetterkreuz und Windegg in den Oberen Böden geht es zwar mitunter wirbelig zu, das weitläufige Gelände gestattet hier aber viele Varianten. Ziemlich eng und zu einer Art rauer Piste eingefahren wird es erst im letzten Teil, wenn man von der (verfallenen) Oberen Issalm zum Ausgangspunkt abfährt.

Talort: Ötz, 812 m. Von der Ausfahrt »Ötztal« der Inntal-Autobahn durch das Tal nach Ötz. Bushaltestelle.

Ausgangspunkt: Bushaltestelle Issalm, 1740 m. Von Ötz auf der Westseite der Passstraße Richtung Kühtai zur Brücke über den Nederbach. Kurz vor der Brücke bei der Bushaltestelle links und rechts von der Straße Parkbuchten und kleiner Parkplatz.

Aufstiegszeiten: Bushaltestelle Issalm – Obere Böden 1.30 Std., Obere Böden – Großes Windegg 1.30 Std.

Anforderungen: Schwierige Skitour, im obersten Teil des Aufstiegs steil durch felsdurchsetztes Gelände – gute Skitechnik erforderlich.

Hangrichtung: Vorw. Nordost, Nord.

Orientierung: Bei guter Sicht für erfahrene Tourengeher einfach. Nach schönen Wochenenden mit günstigen Schneeverhältnissen meist Spuren.

Lawinengefährdung: Im obersten Teil des Aufstiegs vor allem im Hochwinter häufig lawinengefährdet.

Günstige Zeit: Februar bis April.

Variante: Kleines Windegg, 2607 m: von den Oberen Böden etwas weiter rechts haltend zum Gipfel; ähnliche Schwierigkeit, doch etwas enger, 3 Std.

Großes Windegg mit Nordostflange, über die der Aufstieg und die Abfahrt erfolgt. Im Hintergrund die felsige und steile Wörgegratspitze.

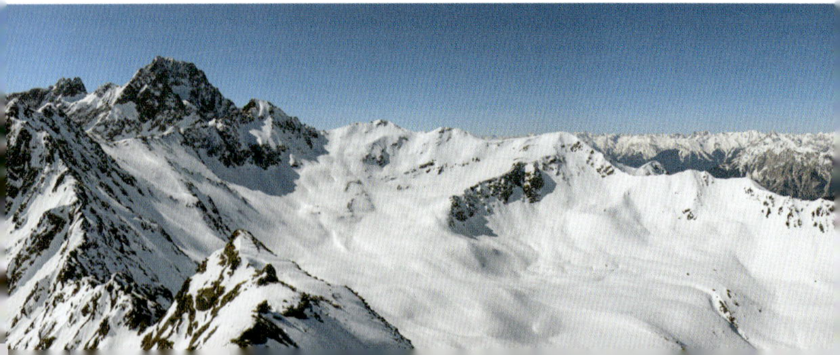

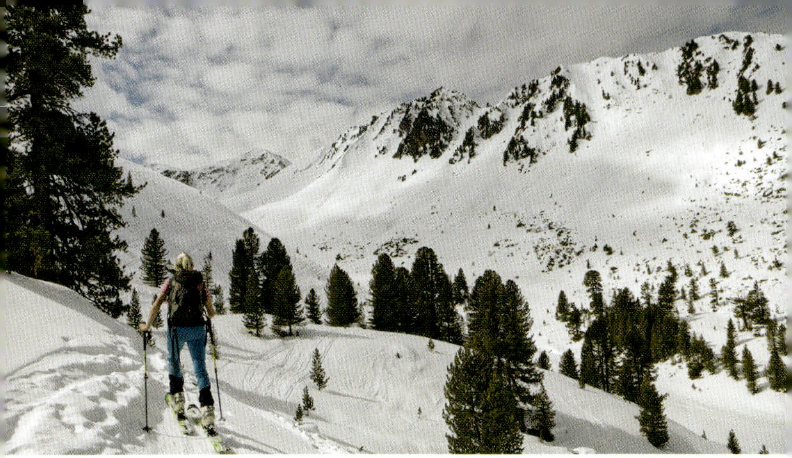

Am Anfang der Tour geht es bequem durch das breite Wörgetal.

Vom Parkplatz südlich der Straße bei der **Bushaltestelle Issalm** nimmt man grob den Sommerweg durch lichten Wald. Nach einem steileren Anstieg wird das Gelände flacher und man erreicht die **Obere Issalm**, 1929 m. Hier hält man sich bei einer Beschilderung leicht links (Südwest) und gelangt so in das eigentliche Wörgetal. Vorbei an einem Knappenaus, etwa 2020 m, steigt man mit geringem Höhengewinn durch das breite Tal auf. In einer Höhe von etwa 2200 m umgeht man eine felsdurchsetzte Steilstufe auf der rechten Seite. Nach dieser steileren Einlage geht es wieder sanft durch die **Oberen Böden**. Das Ziel liegt bereits vor uns. In zunehmender Steilheit geht es durch die Flanke und im oberen Teil etwas rechts haltend zum Gipfel des **Großen Windeggs**.

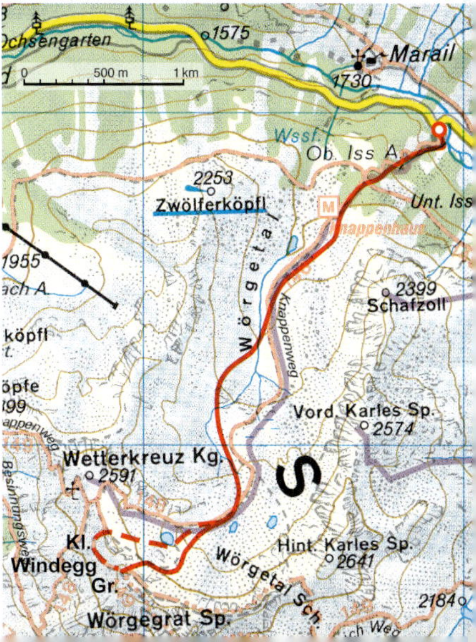

Die Abfahrt folgt dem Anstiegsweg. Bei besonders sicheren Verhältnissen kann man im Mittelteil direkt durch die Steilstufe zur Anstiegsspur abfahren.

TOP 25

Wildspitze, 3770 m

N W O S

700 Hm

2.30 Std.

Höchster Gipfel der Ötztaler Alpen und Nordtirols

Einst fuhr der Autobus nur bis St. Leonhard, und man benötigte insgesamt sechs Stunden zur Braunschweiger Hütte! Von der Wildspitze fuhr man damals nach Vent ab und wanderte auf einem Karrenweg nach Zwieselstein zum Autobus. Zwei volle Tage war man unterwegs. Heute ist die Wildspitze bei Benutzung der Pitztaler Gletscherbahnen bequem und in kurzer Zeit erreichbar, nicht viel mehr als eine Halbtagestour. Skitourengeher erwartet sehr viel Abfahrtsvergnügen für vergleichsweise wenig Anstrengung im Aufstieg. Das hat natürlich Folgen: Wegen seiner Bedeutung ist der Gipfel ein begehrtes Ziel, wegen der leichten Erreichbarkeit wird er überaus häufig besucht. Zusätzliche begeistern die umfassende Aussicht und eine großartige Abfahrt mit mehr als 2000 Hm über den Taschachferner.

Blick vom Nord- zum Südgipfel der Wildspitze mit Verbindungsgrat.

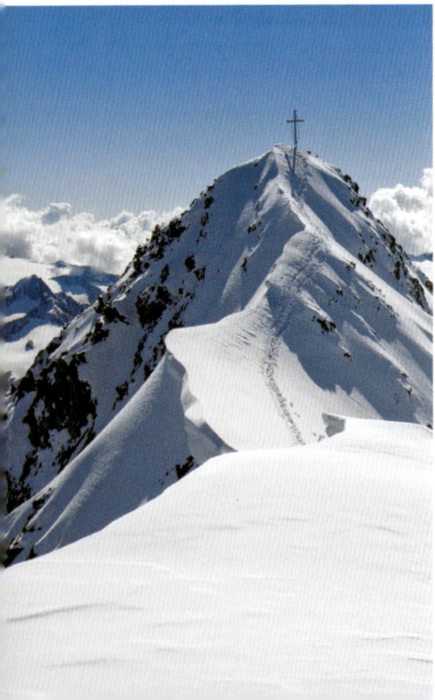

Talort: St. Leonhard im Pitztal, 1366 m. Von der Ausfahrt »Pitztal« der Inntal-Autobahn ins Pitztal und nach St. Leonhard.

Ausgangspunkt: Mittelberg, 1736 m, bzw. Talstation der Pitztaler Gletscherbahn (Gletscherexpress, pitztaler-gletscher.at). Große Parkplätze, Bushaltestelle.

Aufstiegszeiten: Mittelbergjoch – Gletschermulde unter dem Mitterkarjoch 1.30 Std., Gletschermulde – Wildspitze 1 Std.

Anforderungen: Lediglich eine Steilstufe, keine besonderen skitechnischen Schwierigkeiten. Erhebliche Spaltengefahr! Wirft man im Sommer einen Blick auf den Gletscher, so kann man sich nur wundern, dass ein Großteil der Tourengeher im Winter ohne Seil unterwegs ist. Auf dem Südwestgrat zum Gipfel unschwierige Blöcke, bei Vereisung heikel.

Hangrichtung: Vorwiegend Nord und West.

Orientierung: Meist gut gespurt. Bei fehlenden Spuren/schlechter Sicht schwierig.

Lawinengefährdung: Im Winter mitunter, ab spätem Frühjahr kaum lawinengefährdet.

Günstige Zeit: März bis Mai.

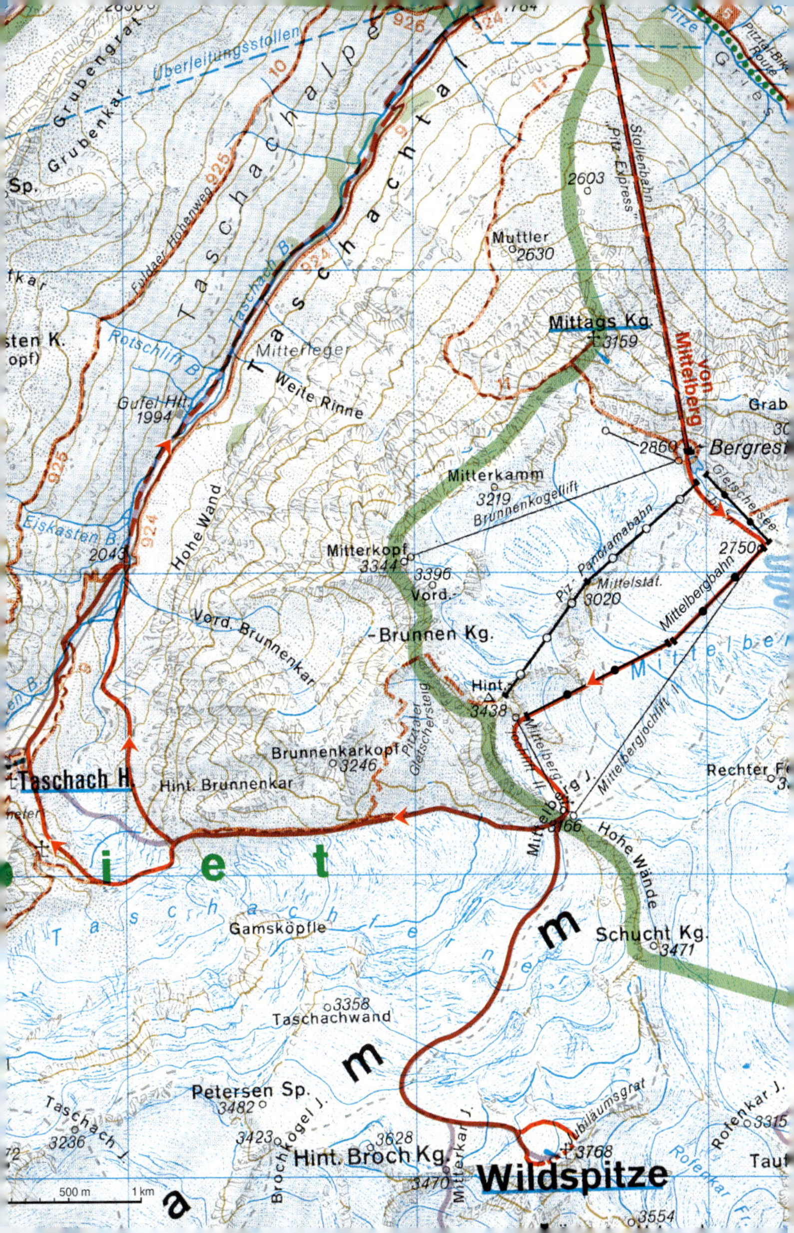
Grubengrat
Grubenkar
Überleitungsstollen
Taschachalpe
Taschachtal
Fuldaer Höhenweg
Taschach B.
Rotschliff B.
Mitterleger
Weite Rinne
Gufel Htt.
1994
Eiskasten B.
2043
Hohe Wand
Vord. Brunnenkar
Taschach H.
Hint. Brunnenkar
Brunnenkarkopf
3246
Pitztaler Gletschersteig
Stollenbahn "Pitz-Express"
2603
Muttler
2630
Mittags Kg.
3159
von Mittelberg
Bergrest.
2860
Mitterkamm
3219
Brunnenkogellift
Mitterkopf
3344
3396
Vord.
Brunnen Kg.
Piz-Panoramabahn
Mittelstat.
3020
Mittelbergbahn
2750
Gletschersee
Hint.
3438
Mittelbergjochlift
Mittelberg J.
3166
Hohe Wände
Rechter F.
Grab
Schucht Kg.
3471
Gamsköpfle
Taschachwand
3358
Petersen Sp.
3482
Taschach J.
3236
Brochkogel J.
3423
Hint. Broch Kg.
3628
3470
Mitterkar J.
Jubiläumsgrat
3768
Wildspitze
Rotenkar J.
3315
Rofenkar F.
3554
Pitze
Gries
Pitztal-Bike-Route
925
924
926
500 m
1 km

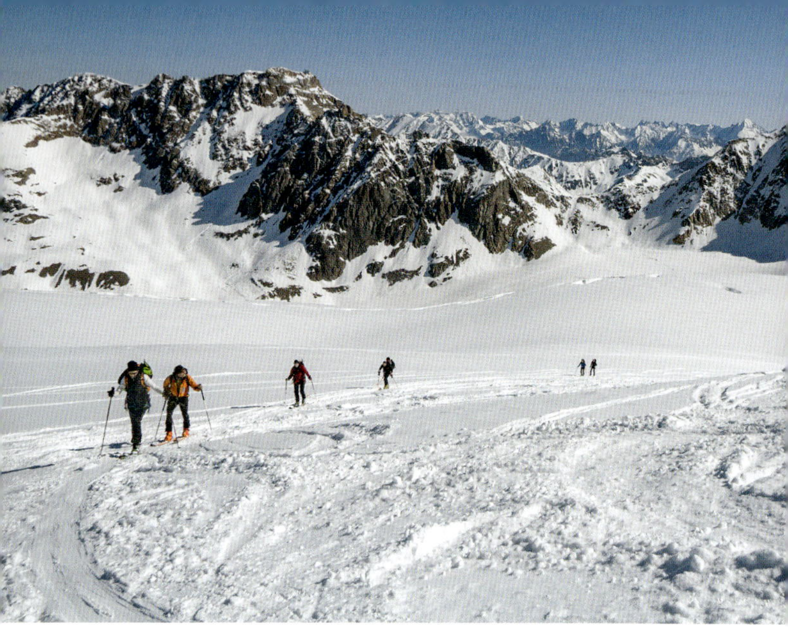

Aufstieg über den Taschachferner, etwas rechts von der Bildmitte das Mittelbergjoch.

Mit der Pitztaler Gletscherbahn (Gletscherexpress) durch den Stollen zur Bergstation, 2860 m. Abfahrt auf der Piste zur Talstation der Mittelbergbahn und mit dieser zur Bergstation der Mittelbergbahn, 3280 m. Kurze Abfahrt und meist zu Fuß wenige Meter empor zum **Mittelbergjoch**, 3166 m. Von hier hat man bereits einen fantastischen Blick auf die Wildspitze und den eigentlichen Aufstieg. Vom Joch erfolgt eine kurze, aber steile und häufig ruppige Abfahrt (Hartschnee am Morgen) nach Süden hinab auf den **Taschachferner**. Hier werden die Felle angelegt. Zwischen eindrucksvollen Gletscherbrüchen und mit herrlichem Blick auf die Nordwand der Wildspitze steigt man zunächst eher flach Richtung Südsüdwest an. Dann geht es auf einer Art Rampe zwischen Gletscherbrüchen weiter bergauf und dann hält man sich rechts (Westen) und gelangt so an den Fuß des Nordgrats zum Hinteren Brochkogel. In einem weiten Linksbogen geht es Richtung Südosten in eine flache **Gletschermulde unter dem Mitterkarjoch**. Von hier weiter geradeaus Richtung Osten und über eine Steilstufe (wegen Spalten in der Mitte aufsteigen) unter den Gipfel der Wildspitze. Sehr gute Tourengeher können sich hier links halten und zum Westgrat des etwas höheren Nordgipfels aufsteigen. Über diesen Grat in der Regel zu Fuß zum **Nordgipfel**,

3772 m. Hier steht man dem Südgipfel gegenüber, auf dem es ungleich wirbeliger zugeht Der Verbindungsgrat zwischen den beiden Gipfeln ist nicht schwierig, aber sehr ausgesetzt und zumeist verwechtet. Üblicherweise steigt man direkt zum Südgipfel mit Gipfelkreuz auf. Dazu hält man sich rechts zum Südwestgrat und steigt bis zu einer Schulter (Wechten) auf und richtet dort das Skidepot ein. Zu Fuß geht es über den steilen Firn- und Felshang empor und schließlich erreicht man über eine kurze Felsstufe in leichter Kletterei den **Südgipfel der Wildspitze**.
Vom Südgipfel wie auf dem Anstiegsweg zurück zum Anfellplatz unterhalb des Mittelbergjochs. Nun am rechten Rand des **Taschachferners**, später auf und neben der Moräne zu einem gewaltigen Eisbruch, den man in respektvoller Entfernung über eine kurze Steilstufe umfährt. Weiterhin recht steil am Rand des Gletschers bzw. weiter rechts ins **Taschachtal**. Oder in ca. 2600 m Höhe den Taschachferner queren und am linken Rand des Gletschers unterhalb des Taschachhauses talaus. Ab der Talstation der Materialseilbahn Fahrweg, zuletzt nach rechts zum Parkplatz der Gletscherbahn.

Blick vom Hinteren Brochkogel zur Wildspitze. Südgipfel (links) und Nordgipfel (rechts) und links davon der Westgrat.

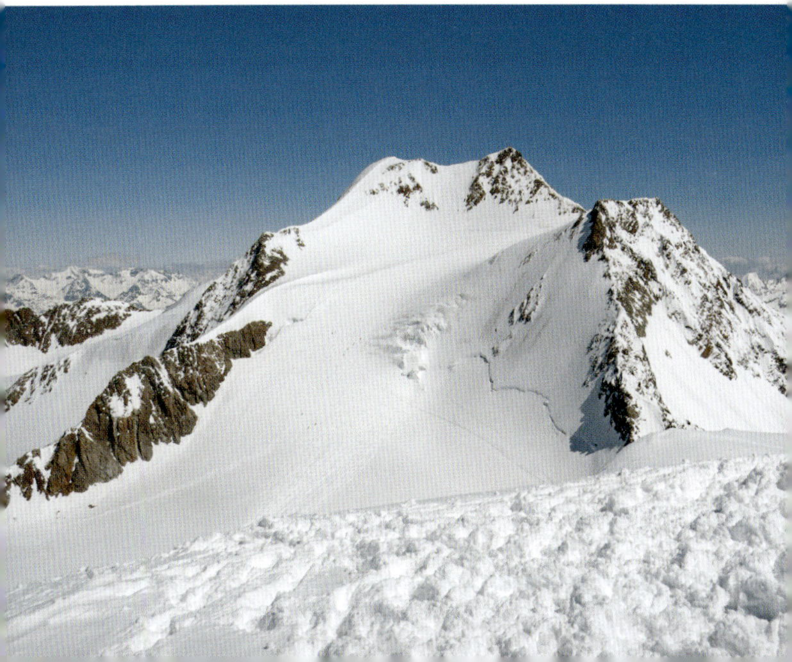

26 Rostizkogel, 3394 m

1200 Hm

3.45 Std.

Skitourengipfel im wilden Kaunergrat

Neben wilden Felsklötzen (z. B. der Watzespitze) gibt es im Kaunergrat auch großartige Skitourengipfel wie den Rostizkogel. Als Skitourenziel noch schöner ist der »K2«. Der namenlose Gipfel wurde im Rahmen der Alpinausbildung des österreichischen Bundesheeres »entdeckt« und nach dem Achttausender im Himalaya benannt.

Talort: St. Leonhard im Pitztal, 1366 m. Von der Ausfahrt »Pitztal« der Inntal-Autobahn ins Pitztal und nach St. Leonhard.
Ausgangspunkt: Mandarfen, Talstation der Riffelseebahn, 1675 m, pitztalergletscher.at. Durchs Pitztal zur Talstation (rechts von der Fahrstraße). Großer Parkplatz, Bushaltestelle.
Aufstiegszeiten: Riffelsee – Abzweigung aus dem Riffeltal 1 Std., Abzweigung – Löcherferner 1.30 Std., Löcherferner – Rostizkogel 1.15 Std.
Anforderungen: Mehrere Steilstufen erfordern eine gute Skitechnik. Geringe Spaltengefahr auf dem Löcherferner.
Hangrichtung: Vorwiegend Ost, Südost.
Orientierung: Meist gut gespurt. Bei schlechter Sicht und fehlenden Spuren allerdings schwierig.
Lawinengefährdung: Im Winter häufig, im späten Frühjahr mitunter lawinengefährdet. Geringe Gefährdung bei Firnbedingungen nach kalter Nacht und mit rechtzeitiger Abfahrt.
Günstige Zeit: März bis Mai.
Stützpunkt: Riffelseehütte, 2289 m (DAV, bew. Mitte Dezember bis Mitte April, etwa 60 Schlafplätze, Tel. +43 664 395 00 62, riffelseehuette.at).
Variante: K2, 3253 m, schöner Skitourengipfel zwischen Rostizjoch und Rostizkogel: Aufstieg über den Mittleren Löcherferner, dann vor der Steilstufe zum Nördlichen Löcherferner nach links abzweigen; 3 Std.

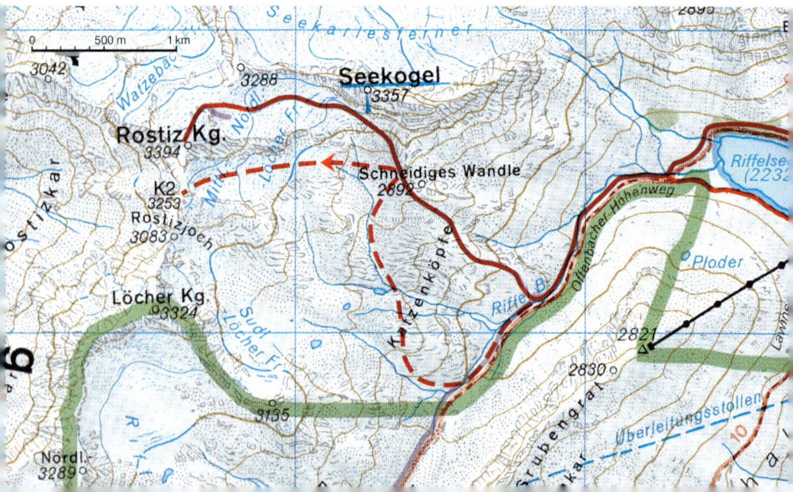

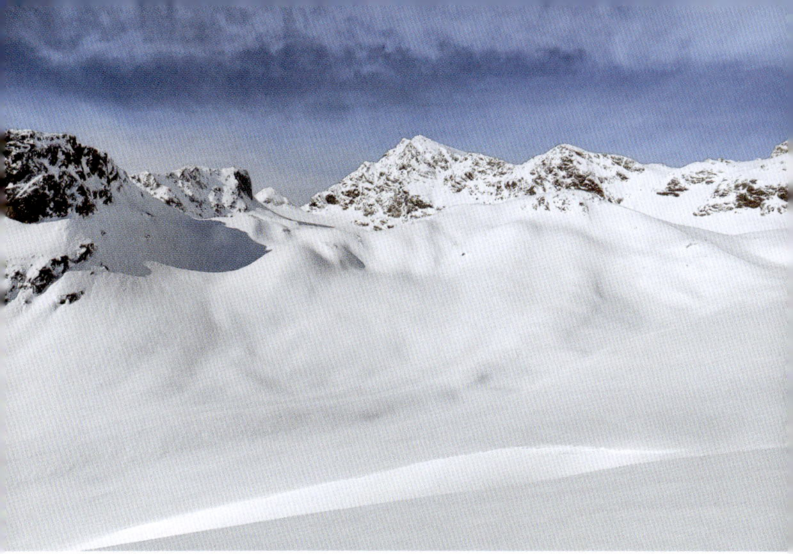

Frischer Neuschnee im Einzugsgebiet der Riffelseehütte. Etwas links von der Bildmitte der K2 (kleine weiße Pyramide) und rechts davon der Rostizkogel.

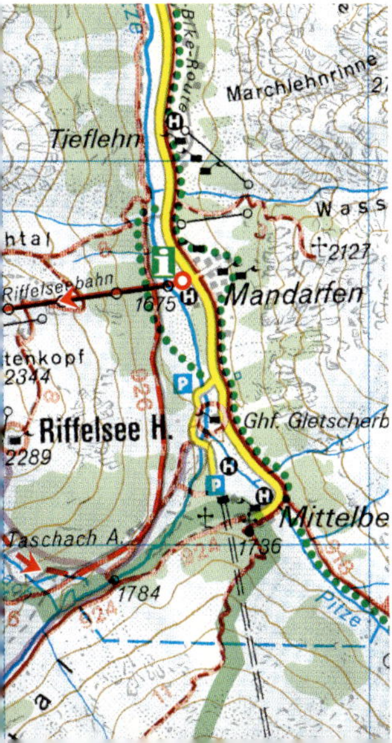

Von der Bergstation der **Riffelseebahn** oder der etwas tiefer gelegenen Riffelseehütte zunächst zum **Riffelsee** abfahren. Anfellen. Am Nordufer des Sees, dann am Riffelbach entlang neben der Loipe talein und nach einem Felsriegel rechts ab. Erst sanft, dann über eine Steilstufe in flacheres Gelände und auf den felsigen Seekogel zu. Wieder über eine Steilstufe und links zum **Nördlichen Löcherferner**. Über den Gletscher, dann scharf nach links und über den Nordrücken zum geräumigen Gipfel des **Rostizkogels**.
Die Abfahrt folgt dem Anstiegsweg. Bei sicheren Schneeverhältnissen kann man vom Gipfel unmittelbar in der Flanke zum Nördlichen Löcherferner abfahren. Schließlich zurück zum Riffelsee bzw. zur Riffelseehütte und zuletzt über die Piste zur Talstation.

27 Wurmtaler Kopf, 3225 m

1000 Hm
3.45 Std.

Ausweichziel bei ungünstigen Verhältnissen

Der Wurmtaler Kopf gilt nicht zu Unrecht als Ausweichtour. Er stellt deutlich geringere Ansprüche an das skitechnische Können und ist auch weniger lawinengefährdet, denn die Hänge sind nur auf kurzen Abschnitten über 30° steil. Der Aufstieg ist durch das Riffeltal vorgegeben und der Gipfel, wenn nicht gerade dichter Nebel oder Schneegestöber herrschen, verhältnismäßig leicht zu finden. Es lohnt aber auch, ihn bei idealen Bedingungen zu ersteigen: Dann hat man ihn auch an einem schönen Sonntag fast für sich allein, während auf dem Rostizkogel ein erheblicher Andrang herrscht.

Talort: St. Leonhard im Pitztal, 1366 m. Von der Ausfahrt »Pitztal« der Inntal-Autobahn ins Pitztal und nach St. Leonhard.
Ausgangspunkt: Mandarfen, Talstation der Riffelseebahn, 1675 m, pitztaler-gletscher.at. Durchs Pitztal zur Talstation (rechts von der Fahrstraße). Großer Parkplatz, Bushaltestelle.
Aufstiegszeiten: Riffelsee – Riffelferner 2.15 Std., Riffelferner – Wurmtaler Kopf 1.30 Std.
Anforderungen: Ab Riffelferner teils etwas steilere Hänge, doch keine besonderen alpinen Schwierigkeiten. Bei günstigen Verhältnissen mit Ski zum Gipfel.
Hangrichtung: Vorwiegend Nordost.
Orientierung: Bei guter Sicht einfach, meist Spuren vorhanden.
Lawinengefährdung: Bei vernünftiger Wahl von Aufstiegs- und Abfahrtsspur kaum lawinengefährdet.
Günstige Zeit: Februar bis Mai.
Stützpunkt: Riffelseehütte, 2289 m (DAV, bew. Mitte Dezember bis Mitte April, etwa 60 Schlafplätze, Tel. +43 664 3950062, riffelseehuette.at).

Auf dem Wurmtaler Kopf bei nicht optimalen Wetterbedingungen.

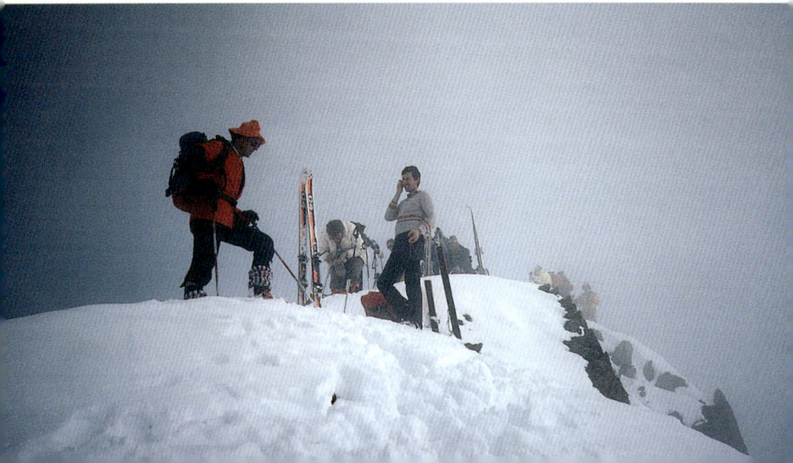

Von der **Bergstation der Riffelseebahn** oder der etwas tiefer gelegenen Riffelseehütte zunächst zum **Riffelsee** abfahren. Anfellen. Am Nordufer des Sees, dann am Riffelbach entlang neben der Loipe talein. Man bleibt im eher flachen Talgrund und gelangt zum kleinen **Riffelferner**.

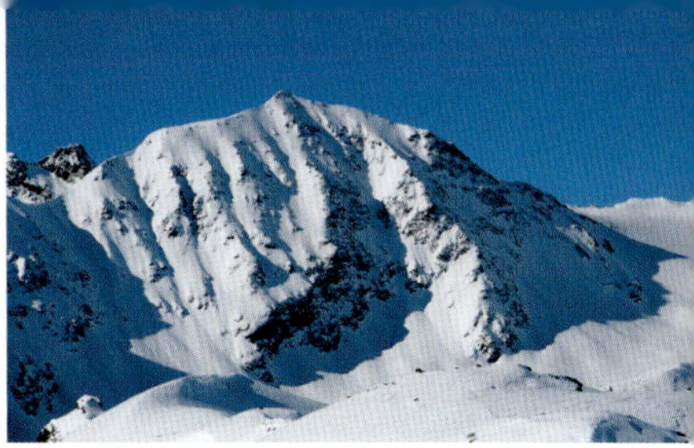

Der mächtige Wurmtaler Kopf.

Zunächst Richtung Westen über den Gletscher, dann aber – in einer Höhe von 3000 m – nach links (Südosten) abbiegen und gewissermaßen in einem weiten Linksbogen um den Wurmtaler Kopf herum. Schließlich erreicht man von Westen her bei sehr günstigen Verhältnissen direkt mit Ski, sonst über unschwieriges Blockwerk zu Fuß, den Gipfel des **Wurmtaler Kopfs**.

Die Abfahrt folgt dem Anstiegsweg. Aufgrund ihrer Flachheit ist der Wurmtaler Kopf bei ungünstigen Verhältnissen für gute Skifahrer ein Ausweichziel für den ungleich rasanteren Rostizkogel. Zuletzt geht es wie beim Rostizkogel auf der Piste zurück zur Talstation.

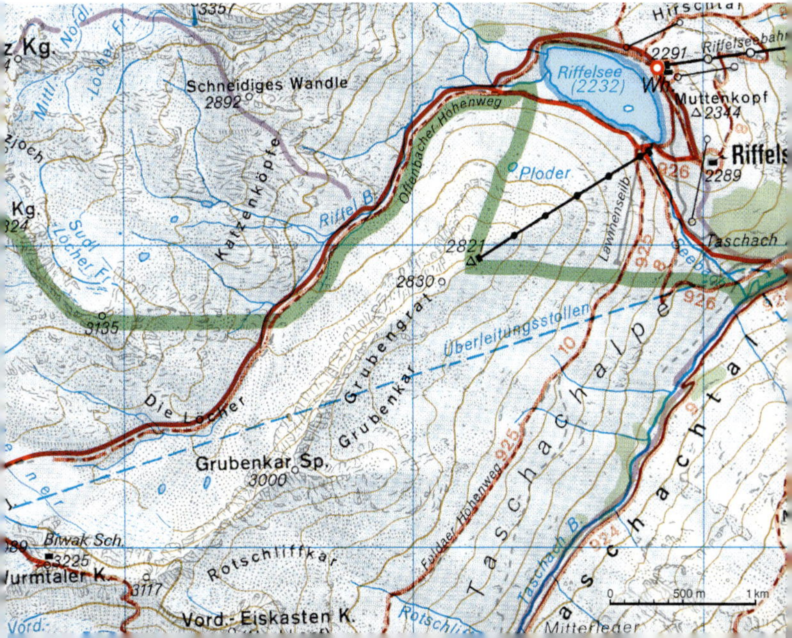

28 Schafhimmel, 2820 m

1520 Hm
5.00 Std.

Prachtvolles Skitourengelände – relativ einsam

Prachtvolles Skitourengelände und zugleich Einsamkeit? Ja, aber mit einigen Erschwernissen. Die beginnen mit der Suche nach einem Parkplatz und setzen sich fort im unteren Teil des Aufstiegs, den man in zermürbend vielen Kehren auf einer Forststraße zurücklegt. Das ist die Erklärung dafür, dass mit keinem Massenansturm von Tourengehern (wie bei anderen, leichter erreichbaren Zielen) gerechnet werden muss. Der Schafhimmel stellt die leichteste Tour im Gebiet der im Winter nicht bewirtschafteten Ludwigsburger Hütte dar. Im Hochwinter kann man auf perfekte Pulverabfahrten und im Frühjahr wegen der Südwest-Ausrichtung auf genussvolle Firnabfahrten spekulieren.

Talort: Zaunhof, 1265 m. Von Imst durchs Pitztal nach Wiese (nicht verwechseln mit Wiesle!). Etwa 500 m nach der Ortschaft Wiese links abzweigen nach Zaunhof (Hinweisschild).

Ausgangspunkt: Parkplatz neben der Materialseilbahn der Ludwigsburger Hütte im Ort Zaunhof (Straße »Grüble«). Sehr beschränkte Parkmöglichkeit! Bushaltestelle »Zaunhof Grüble«.

Aufstiegszeiten: Zaunhof – Oberlehner Alpe 2.30 Std., Oberlehner Alpe – Schafhimmel 2.30 Std.

Anforderungen: Gipfelanstieg sehr steil. Mitunter Harscheisen ratsam. Zum Gipfel einfache Kletterei.

Hangrichtung: Vorwiegend Süd und Südwest.

Orientierung: Ab der Waldgrenze schwierig. Nur bei guter Sicht ratsam!

Lawinengefährdung: Im Hochwinter häufig, im Frühjahr mitunter lawinengefährdet.

Günstige Zeit: Februar bis April.

Stützpunkt: Ludwigsburger Hütte (ehemalige Lehnerjochhütte), 1935 m (nur Winterraum, 12 bis 14 Schlafplätze, sehr gut ausgestattet, Zugang mit AV-Schlüssel, Tel. +43 5414 20204, ludwigsburger-huette.at).

Variante: Fundusfeiler, 3079 m: über Lehnerjoch und Feilerscharte; 6 Std. (eventuell Übernachtung im Winterraum).

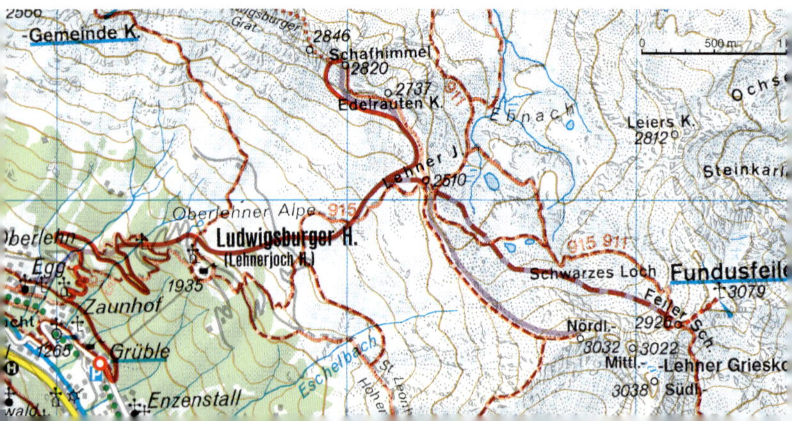

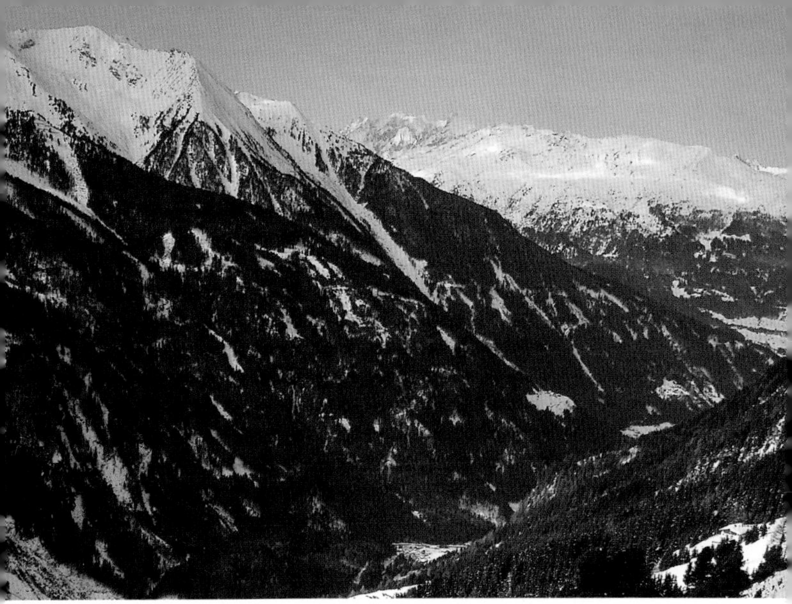

Der Schafhimmel mit seinen schönen Hängen im oberen Teil der Abfahrt.

Von **Zaunhof** zunächst auf der schmalen Straße hinauf zum Weiler **Oberlehn**. Hier in diesem Weiler gibt es fast keine Parkmöglichkeiten und deshalb ist der etwa 200 Hm Anstieg über die Straße notwendig. Vor dem letzten Haus in Oberlehn geht man in einer Linkskehre geradeaus und folgt somit dem Forstweg zur Ludwigsburger Hütte. Man folgt diesem Fahrweg in vielen Kehren durch den steilen und bewaldeten Hang. In einer Höhe von etwa 1900 m erreicht man endlich freies Gelände und quert weiter auf dem Fahrweg Richtung Südosten zur **Oberlehner Alpe**. Noch vor der Alpe zweigt nach rechts ein weiterer Forstweg ab, über den man etwa 30 Hm absteigend die etwas versteckte **Ludwigsburger Hütte** erreichen könnte. Für den Weg zum Gipfel wandert man jedoch zur Alpe und über freies und herrliches Skigelände Richtung Osten bald Nordosten auf das Lehnerjoch zu. Immer wieder müssen kleinere Steilstufen überwunden werden. Etwa gut 100 m unterhalb des Jochs hält man sich links und steigt steil zum Rücken empor, den man schließlich nahe des Edelrautenkopfs erreicht. Über den verblockten Grat geht es schließlich in leichter Kletterei zum großen Steinmann direkt am Gipfel des **Schafhimmels**.
Die Abfahrt folgt dem Anstiegsweg. Die in manchen Karten eingezeichneten geradlinigen Routen gibt es nicht! Daher ab etwa 1800 m Höhe unbedingt die Forststraße benützen.

29 Kreuzjoch, 2464 m

N W O S

1150 Hm
3.15 Std.

Stäubender Pulver oder zischender Firn am Venet

Kreuzjöcher gibt es in den Bergen buchstäblich wie Sand am Meer. Da muss man schon genauer angeben, wo das jeweilige Kreuzjoch zu finden ist. In unserem Fall: im Venetkamm, einem Bergrücken über dem Inntal. Für Skitourengeher großartig ist die breite Südostflanke, die vor allem bei Firn, aber auch bei Pulver (der sich durch die sonnseitige Lage allerdings nicht lange hält) ungetrübten Skigenuss verspricht. Da ist genügend Platz füreigene Spuren! Die Gipfel sind nicht besonders hoch, der Firngenuss stellt sich daher in aller Regel bereits im Februar ein. Die Lawinengefahr in diesem weitläufigen Gelände ist gering, wenn man nach einer kalten Nacht früh genug aufsteigt und rechtzeitig abfährt.

Talort: Wenns im Pitztal, 982 m. Von der Ausfahrt »Pitztal« der Inntal-Autobahn ins Pitztal und nach Wenns. Bushaltestelle.
Ausgangspunkt: Piller, 1553 m. In Wenns rechts abzweigen und auf einer Bergstraße nach Piller. Parkmöglichkeit im Ortszentrum beim Musikpavillon, hier auch Bushaltestelle »Piller Musikpavillon«.
Aufstiegszeiten: Piller – Galflunalm 1.15 Std., Galflunalm – Kreuzjoch 1.30 Std.

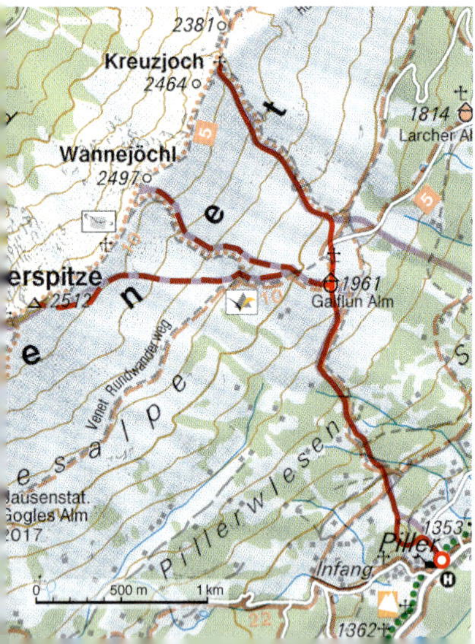

Anforderungen: Teilweise steile Hänge erfordern eine gute Skitechnik. Keine alpinen Schwierigkeiten, bei günstigen Bedingungen mit Ski zum Gipfel.
Hangrichtung: Vorwiegend Südost.
Orientierung: Nur bei guter Sicht einfach.
Lawinengefährdung: Mitunter lawinengefährdet, auch Gefahr von Nassschneelawinen, insbesondere wenn man zu spät abfährt.
Günstige Zeit: Februar bis Anfang April.
Varianten: 1) Wannejöchl, 2497 m: von der Krugerhütte nach links und gleichfalls über die herrliche Südostflanke, im oberen Teil etwas steiler als zum Kreuzjoch, auf den Gipfel; ebenfalls 3.15 Std.
2) Glanderspitze, 2512 m: von der Krugerhütte noch stärker links haltend erreicht man auch die Glanderspitze mit durch die vorgeschobene Lage besonders schöner Aussicht.

Vom Parkplatz in **Piller** über den kleinen Pillerbach und an einem schönen Hang zu einer Wegtafel (»Wannejöchl«). Ungefähr wie der Sommerweg durch lichten Wald und über Lichtungen ins freie Almgelände. Weiter über den kurzzeitig

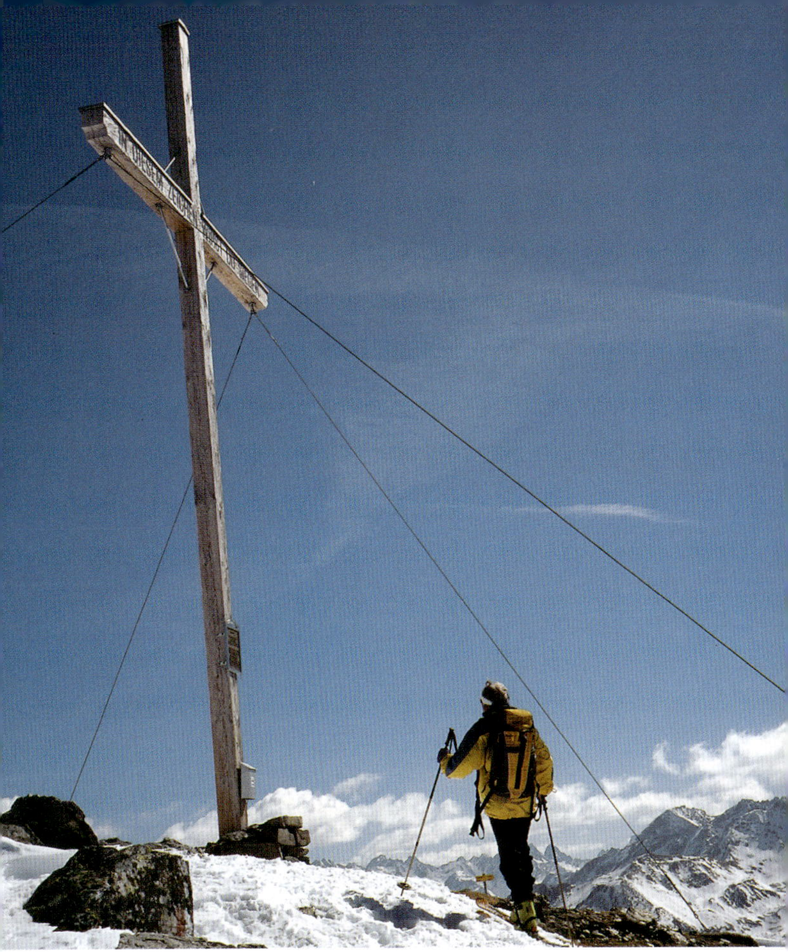

Die letzten Meter zum hohen Gipfelkreuz.

sehr steilen Hang zur **Galflunalm**, 1961 m, auf einer vorgeschobenen Kuppe. Nun durchwegs über herrliches Skigelände, meist ziemlich steil, zu einem gegen das Tal vorgeschobenen Kreuz. Wenige Minuten später erreicht man, nach links abbiegend, über den Rücken den Gipfel des **Kreuzjochs**. Die Abfahrt folgt dem Anstiegsweg und gestattet viele Varianten.

30 Weißseespitze, 3518 m

N W O S

800 Hm
2.30 Std.

Prachtvoller Gipfel – mit Ablaufdatum?

Die Weißseespitze ist eine der prachtvollsten Berggestalten in den Ötztaler Alpen. Sie ist bereits bei der Anreise auf der Panoramastraße eindrucksvoll zu sehen. Kaum zu glauben, dass es ernsthafte Bemühungen gibt, diesen Gipfel durch eine Seilbahn zu erschließen, um den flachen Gepatschferner in das Skigebiet zu integrieren. Beim (ohnehin kurzen) Anstieg erspart die Benützung des Lifts zwar 1 Std. Gehzeit, doch ist es spät im Jahr empfehlenswerter, vor dem Beginn des Seilbahnbetriebs zu starten.

Talort: Feichten, 1287 m. Von der Ausfahrt »Reschenpass« der Inntal-Autobahn durch den Landecker Tunnel ins Oberinntal und nach Prutz. Durchs Kaunertal nach Feichten.

Ausgangspunkt: Parkplatz ganz am Ende der Mautstraße, 2750 m, beim Restaurant Weißsee. Von Feichten auf der Panoramastraße (Mautstelle kurz nach Feichten) zum Gepatschstausee und weiter zum großen Parkplatz.

Aufstiegszeiten: Parkplatz – Westrücken 1 Std., Westrücken – Weißseespitze 1.30 Std.

Anforderungen: Kurzzeitig steiler Gletscherhang. Kaum spaltengefährdet. Anstieg über den Westgrat über Blockwerk, je nach Verhältnissen oft auch über Firn und Eis (Pickel und Steigeisen).

Hangrichtung: Vorwiegend Nordwest, Nord.

Orientierung: Bei guter Sicht problemlos.

Lawinengefährdung: Im späten Frühjahr kaum lawinengefährdet.

Günstige Zeit: April bis Juli.

Hinweis: Bei Anreise mit dem PKW z. B. beim Fernergarten parken und mit dem Gletscherbus zum Parkplatz am Ende der Mautstraße fahren. Wegen der längeren Mittagspause fährt erst wieder am Nachmittag ein Bus bergauf.

Auf dem unerwartet weitläufigen Gipfel der Weißseespitze, rechts im Bild die Weißkugel.

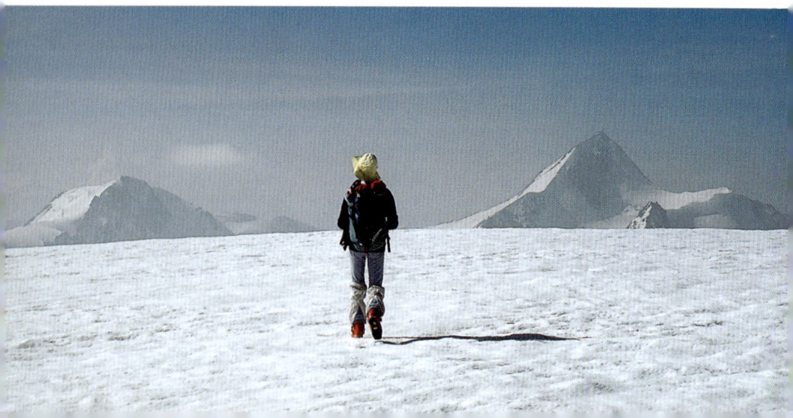

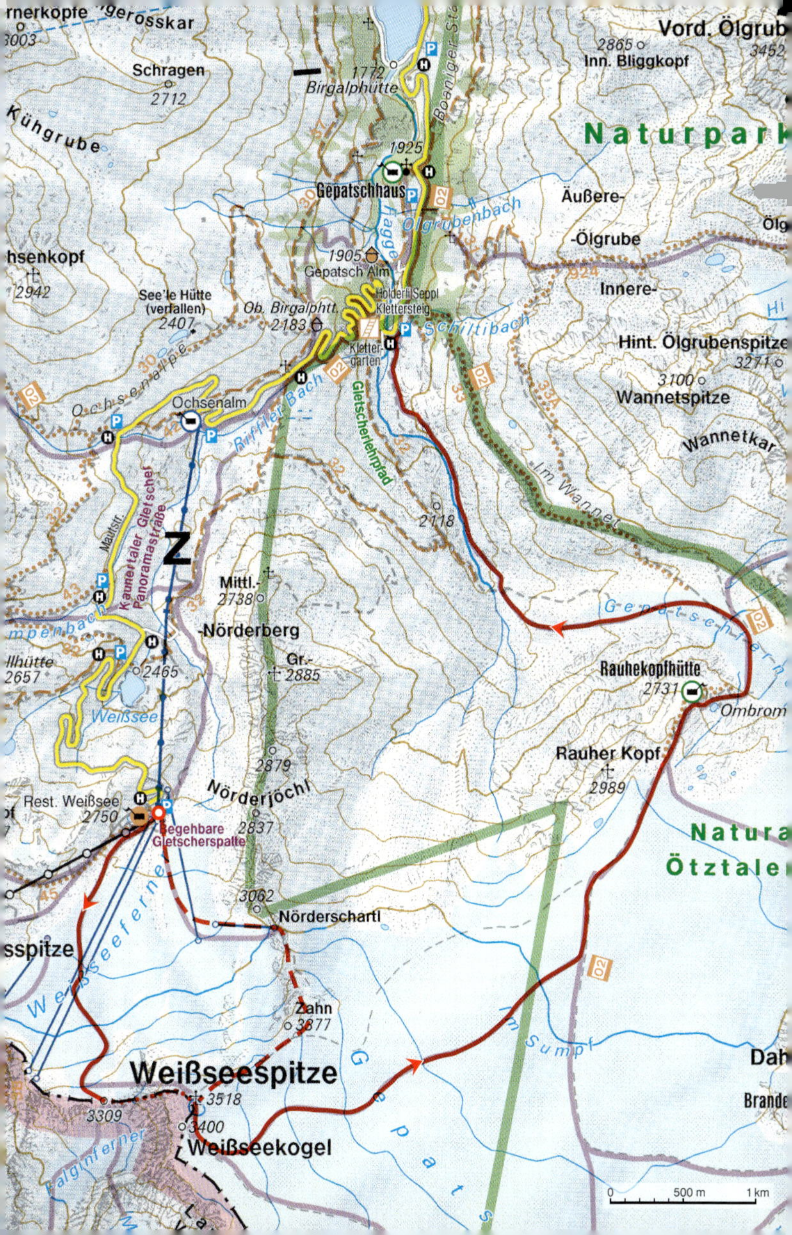
Schragen
2712
Kühgrube
Birgalphütte
1772
Boaniger Str.
Vord. Ölgrub
Inn. Bliggkopf
2865
3452
Naturpark
1925
Gepatschhaus
Ölgrubenbach
Äußere-
-Ölgrube
Innere-
Hint. Ölgrubenspitze
3271
3100
Wannetspitze
Wannetkar
1905
Gepatsch Alm
Holderli Seppl Klettersteig
Kletter-garten
Schiltibach
See'le Hütte (verfallen)
2407
Ob. Birgalphtt.
2183
2942
Ochsenalpe
Ochsenalm
Riffler Bach
Gletscherlehrpfad
Im Wannet
2118
Maulstr.
Kaunertaler Gletscher Panoramastraße
Z
Mittl.-
2738
-Nörderberg
Gr.-
2885
2465
2657
Weißsee
Gepatschferner
Rauhekopfhütte
2731
Ombrom
Rauher Kopf
2989
2879
Nörderjöchl
2837
Rest. Weißsee
2750
Begehbare Gletscherspalte
Natur
Ötztaler
3062
Nörderschartl
Weißseeferner
Zahn
3377
Im Sumpf
Weißseespitze
3518
3309
3400
Weißseekogel
Falginferner
Gepatsch
0
500 m
1 km

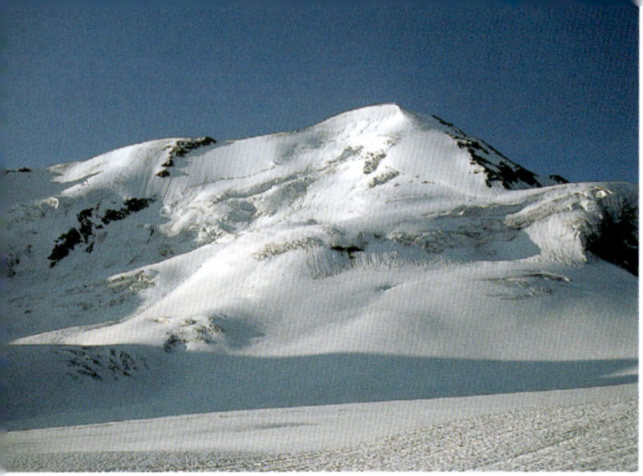

Die Weißseespitze, eine der schönsten Berggestalten in den Ötztaler Alpen.

Vom **Parkplatz** am Rand der Piste grob entlang des Lifts Weißseeferner (zwei Parallelifte) bergan. Noch vor der Bergstation des Lifts hält man sich links und steigt über den steilen Hang zum breiten Westrücken auf, der von der Weißseespitze nach Westen zieht. Man erreicht einen **Vorgipfel**, 3309 m, und fährt von hier kurz in eine Mulde ab. Je nach den Verhältnissen kann man nun über die Blöcke des Westgrats oder links davon in einer steilen Flanke weiter emporsteigen. Auf diesem Abschnitt sind häufig Steigeisen und Pickel erforderlich. Zuletzt in beiden Fällen über die breite Gipfelfläche zum Gipfelkreuz (auf einem Felsen) und zum höchsten Punkt der **Weißseespitze**.

Alternativer Anstieg über das Nörderschartl: Vom Parkplatz zunächst ins Nörderschartl, 3017 m (Lift Bergstation). Von hier mit Steigeisen steil über den Grat oder links (östlich) vom Grat in der ebenfalls steilen Flanke, dann gemütlicher um den »Zahn« herum und im weiten Bogen unschwierig zum Gipfel.

Eine lohnende **Abfahrt** erfolgt vom Gipfel zunächst Richtung Osten zum **Gepatschferner**. Weiter unten hält man sich Richtung Nordosten durch den »Sumpf« und steuert so den markanten Felsen des Rauhen Kopfs an. Den Rauhen Kopf lässt man links liegen und gelangt so Richtung Norden über kupiertes Gelände zur **Rauhekopfhütte**, 2731 m. Über eine kurze, aber steile Stufe geht es hinhab zum **Ombrometer** und über eine weitere Steilstufe auf den Gletscherboden. In der Mitte des Gletscherbeckens quert man Richtung Westen und achtet dabei auf Spalten. Das Gelände verengt sich ein wenig, einen Felskopf lässt man links liegen. Nach einer Art Schlucht fährt man in der Regel rechts des Bachs talauswärts. Bei sehr wenig Schnee steigt man kurz zum Gletscherlehrpfad links des Bachs auf und geht auf diesem bergab. Schließlich erreicht man den sogenannten **»Fernergarten«** bei einer Brücke in einer Kehre der Kaunertaler Gletscherstraße. Die **Bushaltestelle »Kaunertal Fernergries«** (Gletscherbus) befindet sich wenige Meter bergab an der Straße.

Aufstieg zur Weißseespitze, im Hintergrund die Ölgrubenspitze.

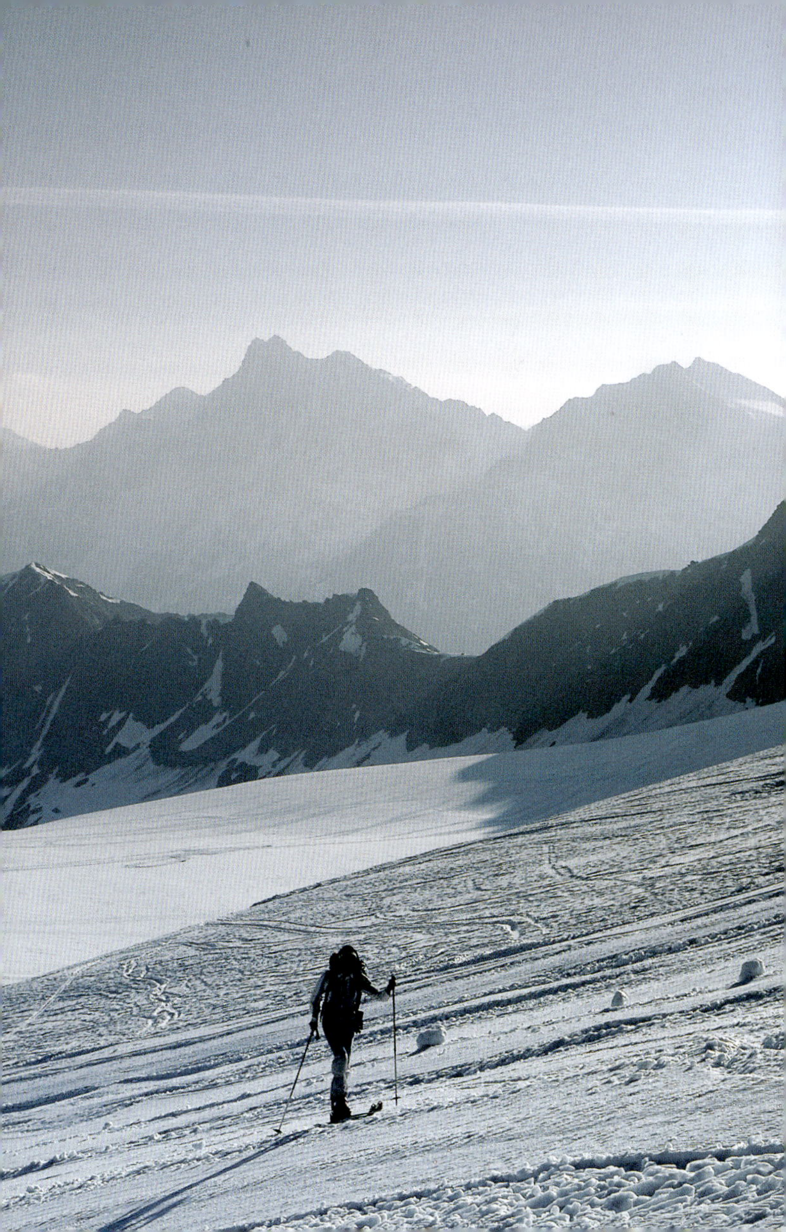

31 Nasse Wand (Ostgipfel), 3044 m

N W O S

650 Hm

2.00 Std.

Einsame Skitour nahe dem Pistenwirbel

Ja, ja, es gibt sie noch, die häufig einsamen Skitouren. Mitunter liegen sie sogar ganz in der Nähe eines Skigebiets, in unserem Falle des Kaunertaler Gletscherskigebiets. Der Gipfel ist kotiert, aber nicht bezeichnet. Auch Einheimische konnten uns keinen Namen nennen. Wir haben ihn wegen der Nähe zur Nassen Wand, die mit 3090 m kaum höher ist, als deren »Ostgipfel« bezeichnet. Der Aufstieg auf den Gipfel, immerhin bereits ein Dreitausender, bietet großartige Rückblicke auf die Gipfel beiderseits des Kaunertals (z. B. auf Glockturm, Rostizkogel und Watzespitze westlich oder Ölgrubenspitzen, Hochvernagtspitze und Fluchtkogel östlich des Tals; ganz nahe natürlich die schöne Berggestalt der Weißseespitze). Die Abfahrt ist im Mai, oft noch im Juni bis zum Parkplatz möglich.

Rechts im Bild die Watzespitze, gesehen vom Aufstieg zur Nassen Wand.

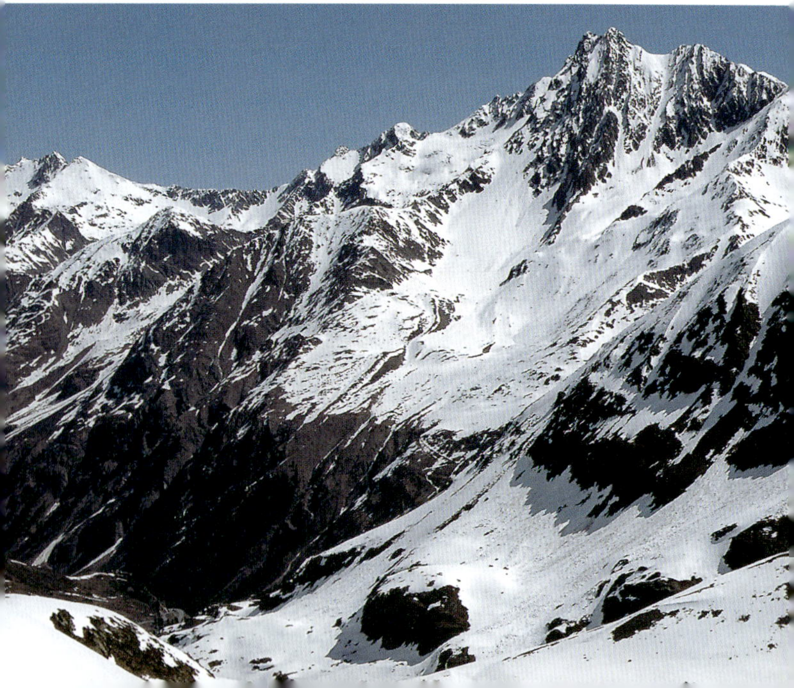

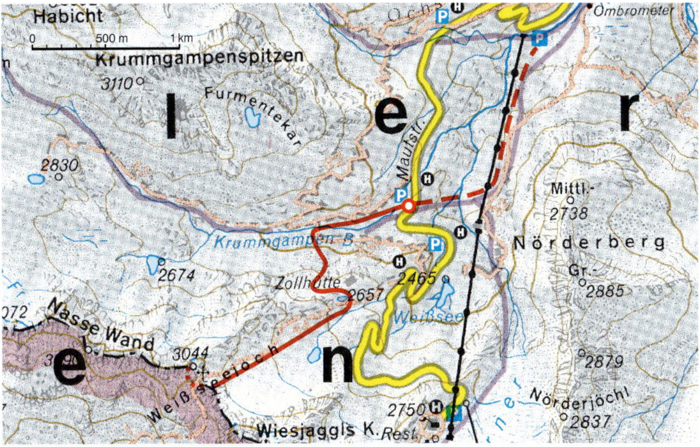

Talort: Feichten, 1287 m. Von der Ausfahrt »Reschenpass« der Inntal-Autobahn durch den Landecker Tunnel ins Oberinntal und nach Prutz. Durchs Kaunertal nach Feichten.
Ausgangspunkt: Parkplatz Krummgampental, 2400 m. Von Feichten Mautstraße zum Gepatschstausee, weiter zur Einmündung des Krummgampentals. Spät im Jahr meist gute Parkmöglichkeit direkt beim Bach bzw. der Bushaltestelle »Kaunertal Krumpgampen«.
Aufstiegszeiten: Parkplatz Krummgampental – Weißseejoch 1.30Std., Weißseejoch – Gipfel 30 Min.
Anforderungen: Gelegentlich steil, meist aber recht gemütlich. Vom Joch zum Gipfel steil, meist zu Fuß über unschwierige Blöcke, bei günstigen Verhältnissen mit Ski.
Hangrichtung: Ost, Nordost.
Orientierung: Bei guter Sicht einfach.
Lawinengefährdung: Mitunter lawinengefährdet, insbesondere nach Schneefällen mit Windverfrachtung.
Günstige Zeit: April bis Juni.
Stützpunkt: Gepatschhaus, 1925 m (nahe der Gletscherstraße, etwas oberhalb des Stausees, DAV, im Winter geschlossen, kein Winterraum, ab Anfang Juni geöffnet, etwa 100 Schlafplätze, Tel. +43 664 4319634, gepatschhaus.at; Abfahrt mit Ski bei ausreichend Schnee vom Parkplatz Krummgampental möglich).

Vom **Parkplatz Krummgampental** kurz den Bach entlang taleinwärts. Dann zweigt man nach links ab und steigt Richtung Süden steil zu einer (ehemaligen) Zollhütte auf. Sie steht auf einem Rücken, der von unserem Gipfelziel herabzieht. Von hier können wir in ein schönes Becken einqueren. Der Gipfel und das Weißseejoch sind bereits zu sehen. In wechselnder Steilheit durch das Becken und ins **Weißseejoch**, 2960 m. Man kann hier das Skidepot errichten und zu Fuß über Blöcke und Firn aufsteigen. Gute Skifahrer erreichen den höchsten Punkt der **Nassen Wand** bei günstigen Verhältnissen weiter links in der sehr steilen Flanke. – Die Abfahrt folgt dem Anstiegsweg.

TOP 32 Glockturm, 3353 m

1050 Hm
3.00 Std.

Beliebteste Frühjahrstour im Kaunertal

Der Glockturm gehört zu den beliebtesten Tourenzielen im späten Frühjahr im Kaunertal und in ganz Nordtirol. Nach einem guten Winter mit viel Schnee kann man oft noch im Juli in Mulden und Rinnen bis zum Parkplatz abfahren. Die Reste des Rifflferners zeigen sogar im Sommer kaum Spalten und so ist im Winter die Begehung der Tour ohne Gletscherausrüstung vertretbar. Steigeisen sollte man bei nicht optimalen Bedingungen mitnehmen, damit die letzten Meter zum Gipfel sicher überwindbar sind. In der Regel wird der Glockturm – wie hier beschrieben – durch das Rifflltal mit häufig Pulverschnee im oberen Bereich bestiegen, und die Abfahrt erfolgt im gleichen Tal. Aber auch das Krummgampental bietet einen Aufstieg zum Gipfel, und somit ist eine Überschreitung möglich. Für diese empfehlen wir den Aufstieg durchs Krummgampental mit seinem flachen Talboden und die Abfahrt durchs steilere Rifflltal. Bei einer Überschreitung bietet sich als Ausgangspunkt der Parkplatz an der Talstation des Sesselliftes bei der Ochsenalm an.

Talort: Feichten, 1287 m. Von der Ausfahrt »Reschenpass« der Inntal-Autobahn durch den Landecker Tunnel ins Oberinntal und nach Prutz. Durchs Kaunertal nach Feichten.

Ausgangspunkt: Parkplatz Rifflltal, ca. 2340 m. Von Feichten auf der Panoramastraße (Mautstelle kurz nach Feichten) bis zum kleinen Parkplatz am Eingang des Rifflltals mit Bushaltestelle. Alternativ kann z. B. für eine Überschreitung am Parkplatz des Sesselliftes, ca. 2180 m, bei der Ochsenalm geparkt werden.

Aufstiegszeiten: Parkplatz – Unterer Rifflsee 1.30 Std., Unterer Rifflsee – Glockturm 1.30 Std.

Anforderungen: Bis zu den beiden Seen unschwierig, dann deutlich stei-

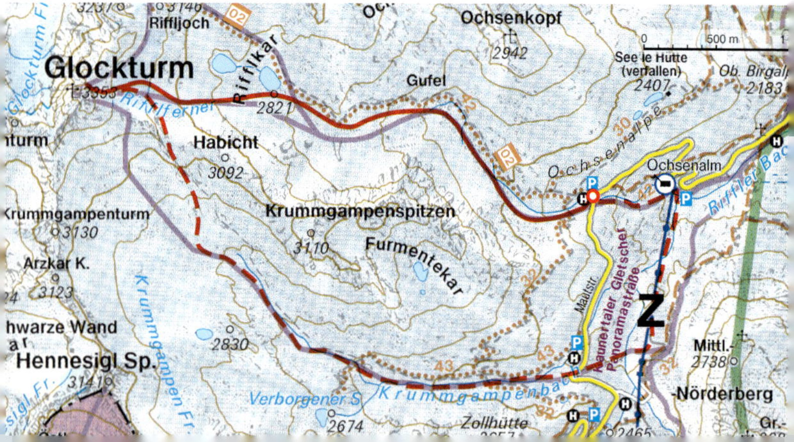

ler. Steilstufen setzen eine gute Skitechnik voraus. Ab Skidepot kurze Steilflanke und etwas ausgesetzter Grat. Kaum Spaltengefahr auf dem kleinen Gletscher.
Hangrichtung: Vorwiegend Ost, im Krummgampental meist Südost.
Orientierung: Bei guter Sicht einfach. Meist zahlreiche Spuren.
Lawinengefährdung: Im Hochwinter häufig, im späten Frühjahr nach kalter Nacht und bei rechtzeitiger Abfahrt kaum lawinengefährdet. Etwas Vorsicht ist am Gipfelhang geboten.
Günstige Zeit: März bis Juni.
Stützpunkt: Gepatschhaus, 1925 m (nahe der Gletscherstraße, etwas oberhalb des Stausees, DAV, im Winter geschlossen, kein Winterraum, ab Anfang Juni geöffnet, etwa 100 Schlafplätze, Tel. +43 664 4319634, gepatschhaus.at).
Variante: Aufstieg bzw. Abfahrt durchs Krummgampental. Eine Überschreitung ist in beide Richtungen möglich. Dafür empfehlen wir den Parkplatz an der Talstation des Sessellifts. Aufstieg verlängert sich dadurch um knapp 200 Hm.

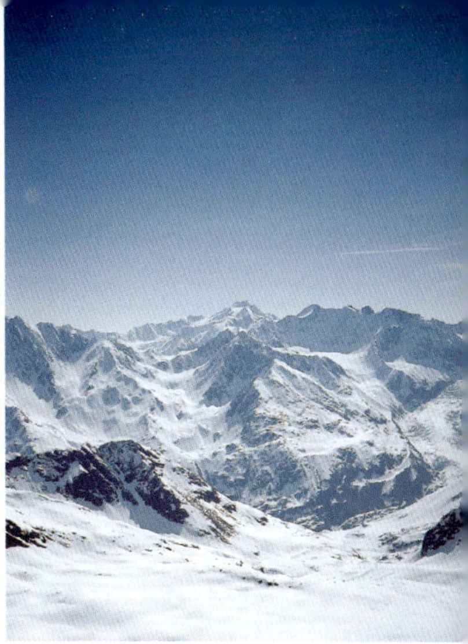

Blick ins Riffeltal vom Skidepot unterhalb des Glockturms.

Vom **Parkplatz Riffltal** folgt man dem Bachverlauf in der Regel zunächst auf der linken Seite ins Riffltal. Eine Steilstufe wird links umgangen und man erreicht über kupiertes Gelände zum **Unteren Rifflsee**, 2821 m. Man hält sich leicht links und steigt so zu den Überresten des Rifflferners auf. Jetzt erfolgt der Anstieg durch den steilen Gipfelaufbau. Linkshaltend wird eine Steilstufe überwunden hinauf zu einer Terrasse. Auf dieser nach rechts zum Nordgrat (Querung zum Nordgrat kann bei Lawinengefahr problematisch sein) und mit Ski möglichst weit empor. Dann wird das Skidepot eingerichtet und über den etwas ausgesetzten Grat geht es zum Gipfelkreuz des **Glockturms**. Ausgezeichnete Skifahrer können bei günstigen Bedingungen unmittelbar über die Steilflanke abfahren.
Die eigentliche Abfahrt folgt dem Anstiegsweg. Die Abfahrt durchs Krummgampental ist wegen des flachen Geländes eher unattraktiv.
Variante Überschreitung: Vom Parkplatz an der Talstation des Sessellifts, 2180 m, steigt man Richtung Süden, dann Richtung Westen hinauf zum Parkplatz an der Mautstraße, etwa 2400 m, am Beginn des Krummgampentals. Durch den flachen Talboden entlang des Bachlaufs bis auf etwa gut 2850 m. Dann rechtshaltend in einen Sattel etwas westlich vom Habicht. Von hier auf den Rifflerferner und wie beschrieben auf den Gipfel. Abfahrt durch das Riffltal zur Mautstraße und weiter zur Talstation am Sessellift.

TOP **33**

Aifner Spitze, 2558 m

N W O S

1100 Hm

3.15 Std.

»Skigipfel« neben der felsigen Hohen Aifner Spitze

Die Aifner Spitze (oft auch Kleine Aifner Spitze genannt) ist von unserem Anstieg aus gesehen ein eigenständiger, schöner Skitourengipfel neben der felsigen Hohen Aifner Spitze. Bei der Tour handelt es sich um eine eher leichte Hochwintertour. Zunächst geht es gemütlich zur Aifner Alpe, die einen großartigen Aussichts- und Rastplatz bietet. Durch einen Waldgürtel und schließlich freie Almflächen kann man bei guter Aufstiegstechnik den Gipfel direkt mit Ski erreichen.

Talort: Kaunerberg, 1297 m. Von der Ausfahrt »Reschenpass« der Inntal-Autobahn durch den Landecker Tunnel ins Oberinntal und nach Prutz. Dort links Richtung Kaunertal und dann links Richtung »Kaunerberg, Kauns, Faggen«. In Kauns links Richtung »Kaunerberg, Piller« und bergauf bis nach Kaunerberg.
Ausgangspunkt: Parkplatz in Falpaus beim Wirtshaus zum Wiesejaggl, ca. 1425 m, am Beginn einer Rodelbahn. Von Kaunerberg Richtung »Nöckels, Falpaus, Pillerhöhe« zum Weiler Falpaus. Das Wirtshaus und der Parkplatz befinden sich auf der linken Straßenseite etwa 50 m vor der Kapelle Sankt Martin. Bei der Kapelle ebenfalls Parkmöglichkeit.
Aufstiegszeiten: Parkplatz – Aifner Alpe 1.30 Std., Aifner Alpe – Aifner Spitze 1.45 Std.
Anforderungen: Zur Aifner Alpe sanfte Hänge, im oberen Teil des Anstiegs sehr steil. Gute Aufstiegstechnik erforderlich.
Hangrichtung: Vorwiegend Nordwest, West, Südwest.
Orientierung: Bei guter Sicht einfach. Gipfel früh sichtbar. An Wochenenden von Einheimischen häufig begangen.
Lawinengefährdung: Ab Aifner Alpe mitunter lawinengefährdet, insbesondere nach stärkeren Schneefällen mit Windverfrachtung.
Günstige Zeit: Dezember bis April.
Variante: Bei wenig Schnee kann man mit dem PKW die schmale Straße bei der Kapelle in Falpaus hinauffahren. Nach vier Kehren an einer T-Kreuzung links in Richtung »Nöckels Nr 75«. Von der T-Kreuzung noch etwa 150 m weiter, bis nach rechts ein Forstweg abzweigt (noch vor Nöckels). An diesem Abzweig gibt es rechts am Straßenrand ein paar Parkplätze, etwa 1600 m. Direkt über den Forstweg (Rodelbahn) in Richtung »Schnadinger Weiher« gelangt man ebenfalls zur Lichtung auf etwa 1730 m.

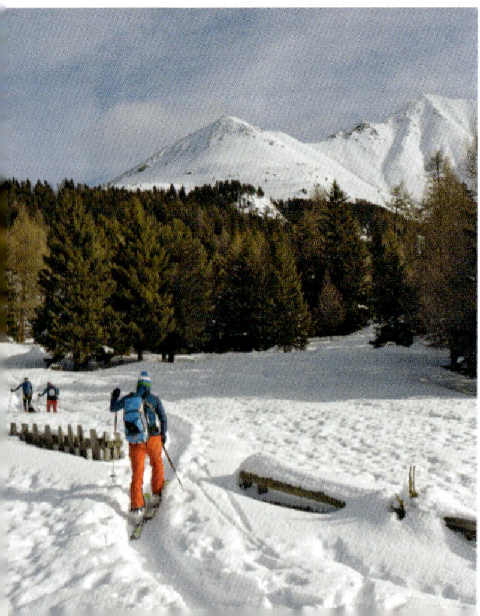

Kurz vor der Aifner Alpe. Oberhalb vom Waldgürtel die formschöne Aifner Spitze.

Vom **Parkplatz** beim Wirtshaus in **Falpaus** wenige Meter entlang der Straße Richtung Nordwesten zur kleinen **Kapelle**, 1425 m, und hier rechts kurz auf der schmalen Teerstraße bergan. Dann links ab auf freie Wiesen und Richtung Nordosten bergan. Auf einer Höhe von 1580 m wird ein Fahrweg gekreuzt und es geht weiter bergan Richtung Nordosten. In einer Höhe von etwa 1730 m überquert man einen oft als Rodelbahn präparierten Forstweg (hierher auch über den Forstweg bzw. Rodelbahn, Variante bei wenig Schnee) und gelangt so auf eine weite, flache Lichtung. Man steigt über diese Lichtung Richtung Nordosten auf. Vorbei an mehreren Hütten gelangt man zum Waldgürtel, hält sich rechts und erreicht so die **Aifner Alpe**, 1980 m. Von hier weiter Richtung Nordosten kurz durch einen Baumbestand und wieder auf freies Gelände. Man steuert direkt den Gipfel an und quert dann unterhalb der steilen Westflanke nach links (Norden) zum Nordwestgrat. Zunächst steigt man auf der Ostseite des Grats auf, bis sich der Rücken zum Grat verschmälert. Über den Grat zum Gipfel der **Aifner Spitze**. Das Kreuz steht etwas tiefer auf einem riesigen Steinmann. Von hier hat man einen eindrucksvollen Tiefblick ins Oberinntal bis zum Reschenpass.
Die Abfahrt folgt dem Anstiegsweg.

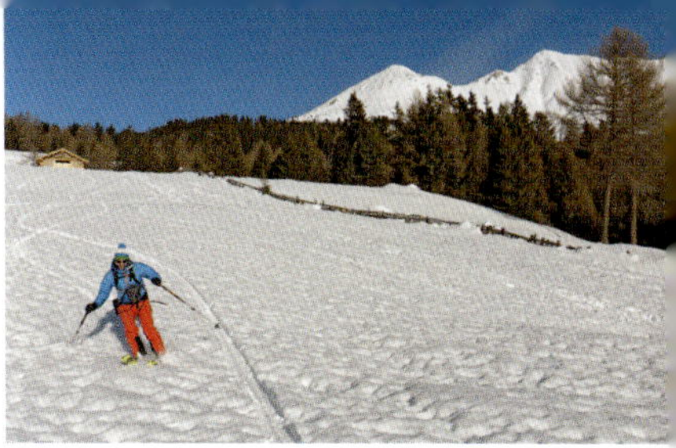

Freie Abfahrt über eine weite Lichtung, im Hintergrund die Aifner Spitze.

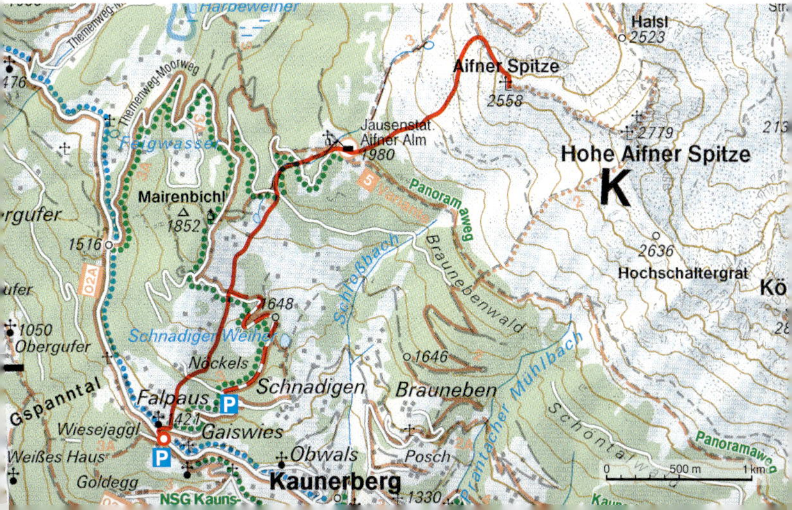

34 Wölfeleskopf, 2894 m

1000 Hm
3.00 Std.

Schöner Skitourengipfel über dem Saletztal

Mehrere der vielen schönen Skitourengipfel in den Nauderer Bergen werden durch die Bergkastelbahn zu angenehmen Tagestouren. Erstaunlich, dass sie dennoch selten überlaufen sind. Zu diesen schönen Tourenzielen gehört auch der Wölfeleskopf, eine unbedeutende Kuppe, gewissermaßen der Skigipfel des felsigen Großen Schafkopfs.

Talort: Nauders, 1394 m. Von der Ausfahrt »Reschenpass« der Inntal-Autobahn durch den Landecker Tunnel ins Oberinntal und nach Nauders. Bushaltestelle.
Ausgangspunkt: Bergstation der Bergkastelbahn, 2173 m. Durch Nauders zur Talstation etwas südl. des Dorfs an der Umfahrungsstraße. Mit der Gondelbahn zur Bergstation, Infos zum Bahnbetrieb: nauders.com.
Aufstiegszeiten: Bergkastel – Mataunboden 1.30 Std., Mataunboden – Wölfeleskopf 1.30 Std.
Anforderungen: Im letzten Teil des Gipfelanstiegs steil, sonst unschwieriges »Genussgelände«.
Hangrichtung: Vorwiegend Nordwest.
Orientierung: Problemlos, da durch das Saletztal vorgegeben. Ab Mataunboden nur bei guter Sicht.
Lawinengefährdung: Ab Mataunboden mitunter lawinengefährdet, insbesondere nach stärkeren Schneefällen mit Windverfrachtung.
Günstige Zeit: Januar bis April.
Variante: Großer Schafkopf, 2998 m, höchster Gipfel der Nauderer Berge: aus dem Mataunboden steil ins Wölfelesjoch (nur bei stabiler Schneelage), dann weitgehend zu Fuß über Blockwerk zum Gipfel; 3.15 Std.

Am Beginn des Saletztals, im Hintergrund Schafkopf, Wölfeleskopf, Piengkopf (v. l.).

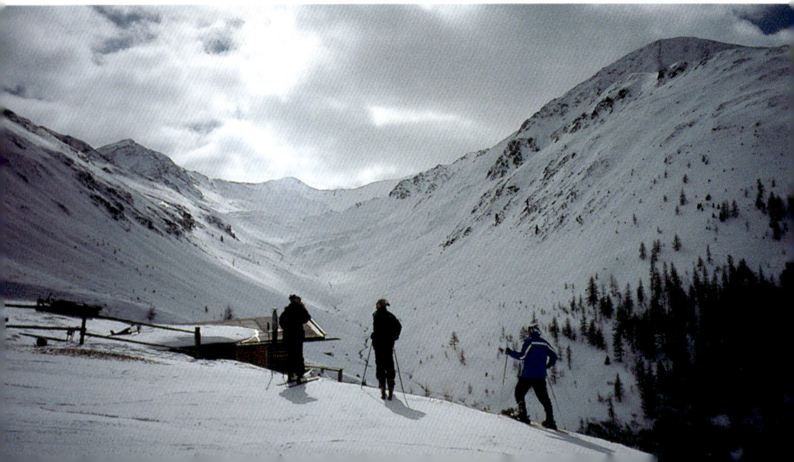

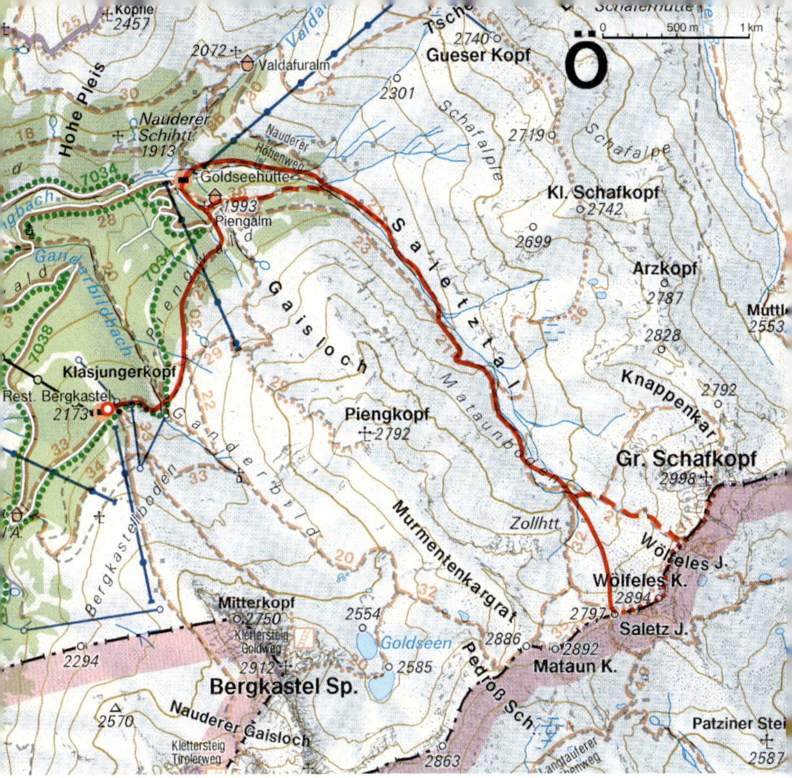

Von der **Bergstation** beim Restaurant Bergkastel auf der Piste in Richtung Goldseehütte. Von hier (Wegweiser »Großer Schafkopf«) über schöne Lärchenwiesen ins Saletztal. Ohne Orientierungsschwierigkeiten im Anstiegssinn rechts oberhalb des Bachs durch schönes, mittelsteiles Skigelände in den weitläufigen **Mataunboden**. Aus dem Talschluss steigt man zum Oberen Mataunboden auf und hat nun alle Ziele vor sich: den felsigen Großen Schafkopf, das Wölfelesjoch und den Wölfeleskopf. Unseren Gipfel könnte man auch über das Wölfelesjoch und den Nordostrücken erreichen. Sicherer ist es, sich im Oberen Mataunboden rechts zu halten und in Richtung Saletzjoch durch weniger steiles und gegliedertes Skigelände aufzusteigen. Bereits unterhalb des Jochs nach links und im letzten Teil des Aufstiegs ziemlich steil zum Gipfel des **Wölfeleskopfs**.
Die Abfahrt folgt dem Anstiegsweg. Ab der Goldseehütte auf der gut gepflegten Piste zur Talstation der Bergkastelbahn.

TOP **35**

Lahnkopf, 2471 m

900 Hm

2.45 Std.

Pulver und Firn an einem einzigen Tourentag

Die Pfundser Tschey ist ein unerwartet weitläufiges und »hüttenreiches« Hochtal mit mehreren Skitourenmöglichkeiten. Bei Einheimischen beliebt ist neben dem Frudiger auch der Lahnkopf. Auf dieser Skitour kann man häufig Pulver und Firn an einem Tag erleben, allerdings in umgekehrter Reihenfolge: Firn auf dem prachtvollen steilen Südhang unter dem Gipfel, Pulver im ungleich gemütlicheren Gschneier Tal. Leicht erreichbar ist auch der höhere benachbarte Rauhe Kopf, 2695 m, lohnend sowohl mit Rückkehr zum Lahnkopf als auch mit der häufig lawinenbedrohten unmittelbaren Abfahrt in den Talschluss.

Talort: Pfunds, 970 m. Von der Ausfahrt »Reschenpass« der Inntal-Autobahn durch den Landecker Tunnel ins Oberinntal und nach Pfunds. Bushaltestelle.

Ausgangspunkt: Parkplatz Tscheylücke, 1587 m. Bei der Anreise noch vor Pfunds nach links (Abzweigung »Pfunds Dorf«) und am Radurschlbach entlang zu einem Kreisverkehr. Wieder links, weiter nach Greit und zum Ende der öffentlichen Fahrstraße (Fahrverbot, Umkehrschleife, Parkplatz).

Aufstiegszeiten: Parkplatz Tscheylücke – Talschluss 1.30 Std., Talschluss – Lahnkopf 1.15 Std.

Anforderungen: Der steile Gipfelhang erfordert gute Skitechnik.

Hangrichtung: Vorwiegend Süd und West.

Orientierung: Bei guter Sicht einfach. Gipfelkreuz bereits am Ausgangspunkt sichtbar.

Lawinengefährdung: Mitunter lawinengefährdet, nur bei stabilen Schneeverhältnissen ratsam.

Günstige Zeit: Dezember bis April.

Variante: Hochjoch, 2896 m: über den Westrücken; 3.30 Std. Bei sicheren Verhältnissen unmittelbare Abfahrt ins Riedwaldtal.

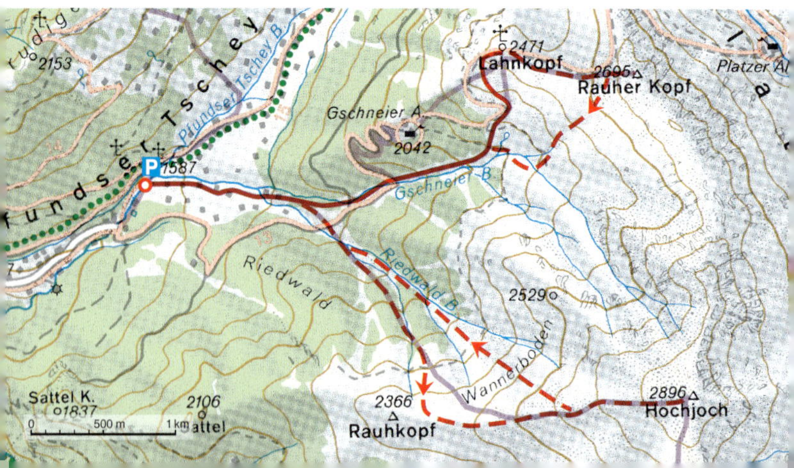

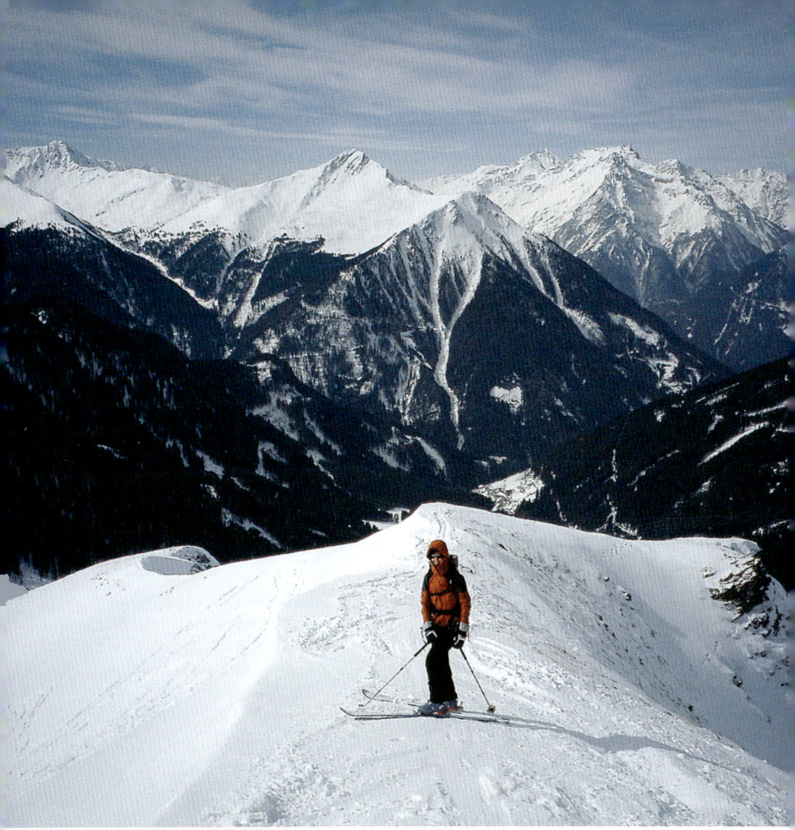

Vor der Einfahrt in den Südhang.

Vom **Parkplatz Tscheylücke** kurz Richtung Süden, über den Pfundser Tscheybach und über die flachen Almwiesen den Riedwaldbach entlang an vielen Hüttchen vorbei Richtung Osten bis zu einem auch im Winter meist sichtbaren Wirtschaftsweg, der zur Gschneieralm führen würde. Dem Fahrweg nach links folgen. Kurz noch sanft bergan, dann nach rechts ins Tal und dem Bach entlang geradeaus weiter, zuletzt in zunehmender Steilheit zum **Talschluss**. Scharf nach links abbiegen, in der Grundrichtung Nord über steile Hänge zum Westgrat und über diesen – bei guter Schneelage mit Ski – zum Gipfelkreuz am **Lahnkopf**.
Die Abfahrt folgt dem Anstiegsweg.

36 Furgler, 3004 m

1050 Hm

3.15 Std.

Mächtiger Gipfel in der östlichen Samnaungruppe

Der Furgler ist einerseits bereits ein Dreitausender, andererseits durch die Seilbahn in verhältnismäßig kurzer Zeit erreichbar. Das Kölner Haus war vor dem Bau der Bergbahnen ein wichtiger Stützpunkt. Heute wird es vor allem von Tagesgästen für eine Einkehr genützt, es ist aber weiterhin eine Alpenvereinshütte und bietet knapp 90 Schlafplätze an. Für Tourengeher ist die Hütte allenfalls interessant, wenn sie nach einer Übernachtung auf der Hütte früh mit dem Aufstieg beginnen und den Gipfel ohne Konkurrenz erreichen möchten.

Talort: Serfaus, 1429 m. Von der Ausfahrt »Reschenpass« der Inntal-Autobahn durch den Landecker Tunnel ins Oberinntal und bis Ried. Nach rechts und auf der Bergstraße nach Serfaus. Parkplatz am Ortseingang und in Seilbahnnähe (10 Euro pro Tag, Stand 2023), Bushaltestelle.

Ausgangspunkt: Bergstation der Komperdellbahn, 1982 m. Vom Parkplatz am Ortseingang mit der unterirdischen Dorfbahn zur Talstation. Mit der Gondelbahn (letzte Fahrt um etwa 16.15 Uhr) nach Komperdell, Infos zum Bahnbetrieb: serfaus-fiss-ladis.at.

Aufstiegszeiten: Komperdell – Furgler See 1.30 Std., Furgler See – Furgler Joch 1 Std., Furgler Joch – Furgler 45 Min.

Anforderungen: Teils steile Hänge, aber keine größeren alpinen Schwierigkeiten. Bei besonders günstigen Verhältnissen kann man mit den Ski bis zum Gipfelkreuz gehen.

Hangrichtung: Vorwiegend Nordost bis Südost.

Orientierung: Anstieg meist gespurt. Bei fehlenden Spuren gute Sicht und alpine Erfahrung nötig.

Lawinengefährdung: Mitunter lawinengefährdet, besonders nach stärkeren Schneefällen mit Windverfrachtung.

Günstige Zeit: Januar bis April.

Stützpunkt: Kölner Haus, 1965 m (DAV, bew. Anfang Dezember bis Ostern, 87 Schlafplätze, Tel. +43 5476 6214, koelner-haus.at).

Variante: Glockspitze, 2846 m: vom Furgler See über Blankasee und Glockscharte; 3 Std.

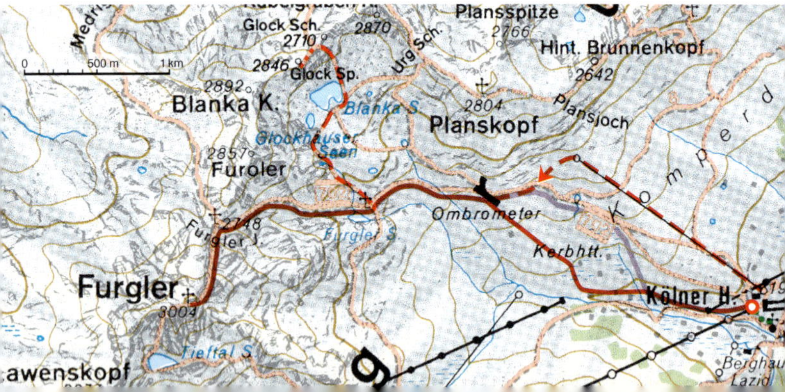

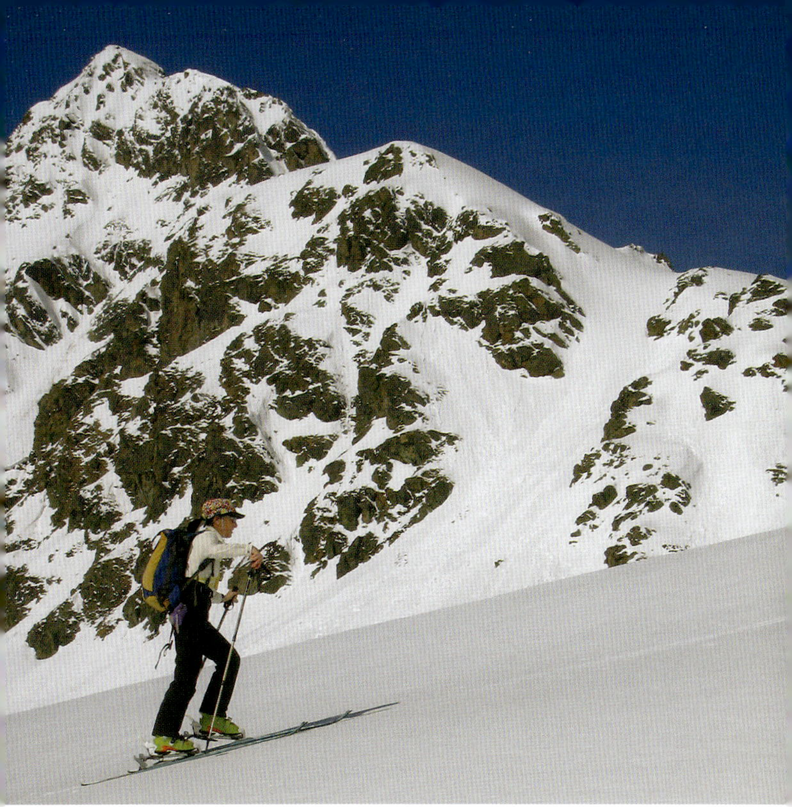

Aufstieg zum Furgler vom Kölner Haus. Der Gipfel ist bereits über der Tourengeherin zu sehen.

Von der **Bergstation der Komperdellbahn** bzw. vom **Kölner Haus** steigt man zunächst recht gemütlich, später etwas steiler Richtung Westen zum **Furgler See**, 2458 m, auf. (Hierher auch in der Hälfte der Zeit – 45 Min. –, aber teurer nach Benützung der Planseggbahn/Sessellift.) Vom See weiter Richtung Westen und dann Südwesten (links) zum **Furgler Joch**, 2748 m. Bereits unterhalb des Jochs hält man sich links und steigt querend unter den Felsen auf. Weiter über Mulden und steilere Stufen zum **Furgler**. Mitunter muss man allerdings ein Skidepot unterhalb der Gipfelwechte errichten und zu Fuß zum ungewöhnlich hohen Gipfelkreuz stapfen.
Die Abfahrt folgt dem Anstiegsweg.

37 Wankspitze, 2209 m

N W O S

1100 Hm

3.15 Std.

Eindrucksvoller Tiefblick ins Inntal

Es gibt viele Innsbrucker, die Jahr für Jahr mindestens einmal die Wankspitze auf ihr Skitourenprogramm setzen. Tatsächlich ist der Gipfel trotz der verhältnismäßig geringen Höhe ungemein aussichtsreich. Insbesondere die Tiefblicke ins Inntal sind eindrucksvoll, aber auch die Fernsicht wird mit Recht gerühmt, vor allem ins Karwendel, in die Stubaier und die Ötztaler Alpen. Anstieg und Abfahrt verlaufen größtenteils über Wiesen und somit reduziert sich die Wahrscheinlichkeit für Steinkontakt. Die Tour ist also bereits im Frühwinter nach den ersten stärkeren Schneefällen lohnend. Das Lehnberghaus auf etwa halber Strecke ist während der Rodelzeit bewirtschaftet und bietet sich als Einkehrschwung bei der Abfahrt an. Auch eine Übernachtung ist möglich, um z. B. ein ganzes Tourenwochenende in dieser Ecke zu verbringen.

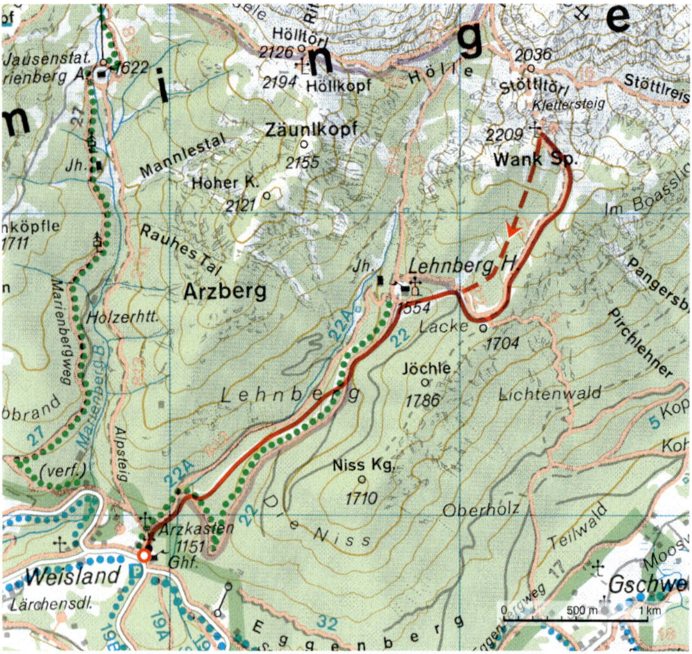

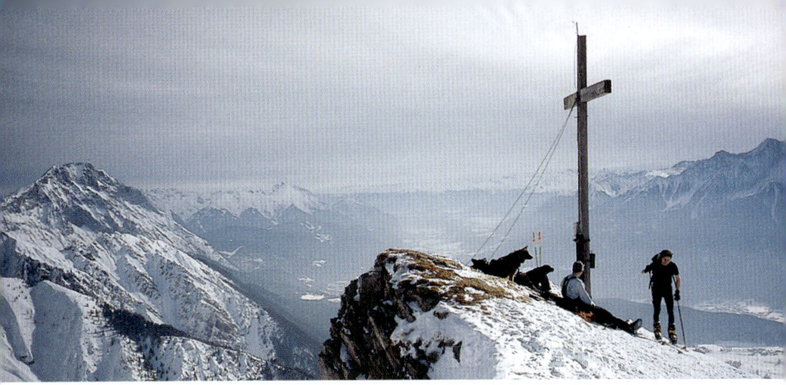

Gipfelkreuz der Wankspitze. Links die markante Hohe Munde und unten das Inntal.

Talort: Obsteig, 991 m. Von der Ausfahrt »Mötz« der Inntal-Autobahn zum Mieminger Plateau und nach Obsteig. Bushaltestelle.
Ausgangspunkt: Gasthof Arzkasten, 1151 m. Von Obsteig Richtung Holzleitensattel und nach rechts zum Ghf. Arzkasten. Großer Wanderparkplatz Arzkasten direkt südlich vom Gasthof, gebührenpflichtig.
Aufstiegszeiten: Ghf. Arzkasten – Lehnberghaus 1.15 Std., Lehnberghaus – Sattel 30 Min., Sattel – Wankspitze 1.30 Std.
Anforderungen: Bis zum Sattel unschwierig, zum Gipfel teils ziemlich steil.
Hangrichtung: Vorwiegend Südwest.
Orientierung: Bei guter Sicht problemlos, häufig begangene Skitour.
Lawinengefährdung: Bis zum Sattel kaum, im oberen Teil des Aufstiegs mitunter lawinengefährdet.
Günstige Zeit: Dezember bis März.
Stützpunkt: Lehnberghaus, 1554 m (privat, während der Rodelzeit bew., Di Ruhetag, 20 Schlafplätze, Übernachtung nur bei Voranmeldung, Tel. +43 660 5212520, lehnberghaus.com).

Vom Parkplatz beim **Gasthof Arzkasten** benützen wir zunächst Richtung Norden den Fahrweg (Rodelbahn), der zum Lehnberghaus führt. Nach etwa 10 Min. gelangen wir an eine Brücke und wechseln über diese die Bachseite. Direkt nach der Brücke halten wir uns links und folgen so einer schmalen Waldschneise (nicht auf Rodelweg). Weiter oben folgen wir der Rodelstrecke zum **Lehnberghaus**. Bereits etwas vor dem Lehnberghaus halten wir uns rechts und folgen einem Hohlweg. Weiter durch eine breite Schneise und dann rechts durch den Wald (Markierungen) Richtung Osten bzw. Südosten zur »Lacke«, 1704 m, mit einer schönen Aussicht. Von hier folgen wir dem breiten Südwestrücken über kupiertes Gelände bis zum sogenannten »Kanonenrohr«. Steil durch die Rinne oder links davon empor und schließlich linkshaltend über den Südostrücken direkt zum Gipfelkreuz der **Wankspitze**.
Die Abfahrt folgt dem Anstiegsweg. Bei sicheren Verhältnissen kann man vom Gipfel unmittelbar Richtung Süd abfahren, muss aber dann rechtzeitig nach links zur Anstiegsspur queren, sonst wird es wegen des dichten Walds ungemütlich.

38 Drei-Törl-Tour

N W O S

1400 Hm

3.30 Std.

Skigenuss im Dreierpack

Die Drei-Törl-Tour ist bei Innsbruckern, die natürlich ohne Übernachtung im Lehnberghaus vom Tal aus starten, als Konditionstest beliebt. Wer aber nach der Skitour noch eine lange Heimreise vor sich hat, nächtigt besser im Lehnberghaus oder verzichtet auf eines der drei Törl. Die Grünsteinscharte (auch Seebentörl) wird im Rahmen der sogenannten Grünsteinumfahrung verhältnismäßig häufig besucht, ebenso das Hölltörl, da die Umfahrung in der Regel in Biberwier bzw. auf dem Marienbergjoch beginnt. Ihren besonderen Reiz hat die Drei-Törl-Tour bei Firnverhältnissen, da das ostseitig gelegene Hölltörl dann bereits den gewünschten »Butterfirn« aufweist, wenn der Untergrund bei der Grünsteinscharte oder gar dem Stöttltörl noch bockhart ist. Daher beginnt man beim Hölltörl die Tour, setzt sie mit der Grünsteinscharte fort und beendet sie mit dem Stöttltörl. Bei etwas Glück und geschickter Zeitplanung hat man dreimal ideale Firnverhältnisse!

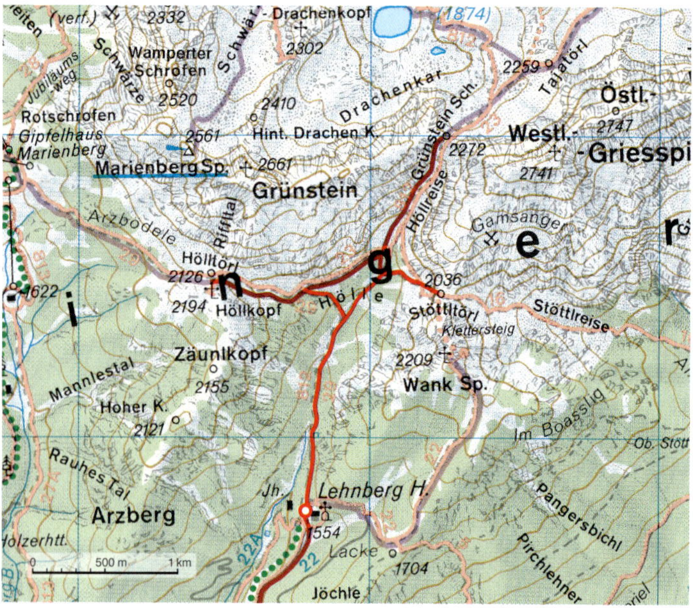

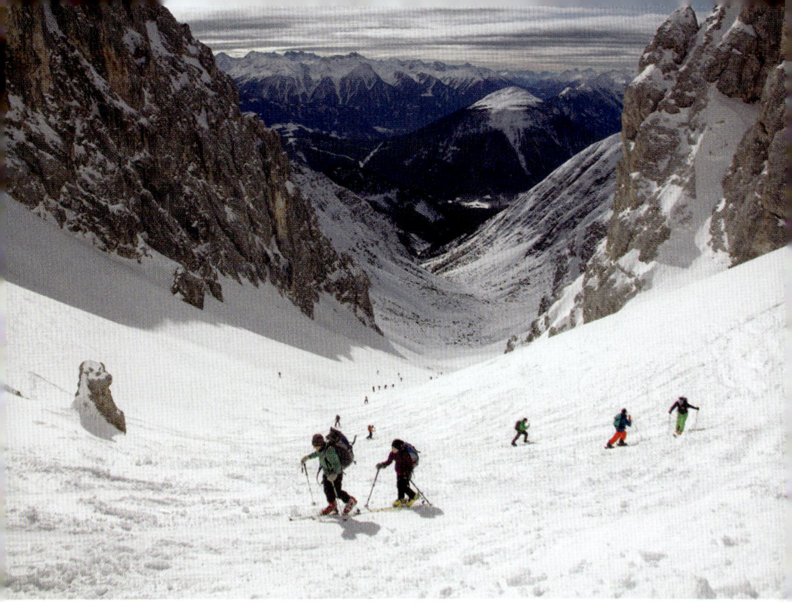

Die letzten steilen Meter empor zur Grünsteinscharte.

Talort: Obsteig, 991 m. Von der Ausfahrt »Mötz« der Inntal-Autobahn zum Mieminger Plateau und nach Obsteig. Bushaltestelle.
Ausgangspunkt: Lehnberghaus, 1554 m, Zustieg 1.15 Std.
Aufstiegszeiten: Lehnberghaus – Hölle 30 Min., Hölle – Hölltörl 1 Std., Hölle – Grünsteinscharte 1.15 Std., Hölle – Stöttltörl 45 Min.
Anforderungen: Anstrengende Tour.
Hangrichtung: Vorwiegend Ost, Südwest, West und Nord.
Orientierung: Bei guter Sicht verhältnismäßig einfach, vor allem zum Hölltörl und zur Grünsteinscharte meist viele Spuren.
Lawinengefährdung: Mitunter lawinengefährdet, auf stabile Schneeverhältnisse achten.
Günstige Zeit: Februar bis Juni.
Stützpunkt: Lehnberghaus, 1554 m (privat, während der Rodelzeit bew., Di Ruhetag, 20 Schlafplätze, Übernachtung nur bei Voranmeldung, Tel. +43 660 5212520, lehnberghaus.com).

Vom **Lehnberghaus** auf dem Fahrweg zum Talschluss und kurz in ein weitläufiges Becken (**»Hölle«**) aufsteigen. Von hier nach links durch eine prachtvolle Mulde zum **Hölltörl**, 2126 m, und in wenigen Minuten zum **Höllkopf**. Abfahrt zurück in die Hölle und über die Höllreise Richtung Norden in die **Grünsteinscharte**, 2272 m. Wieder Abfahrt in die Hölle (oder zur Zeitersparnis etwas höher queren) und über die Westflanke ins **Stöttltörl**, 2036 m. Dann dritte und letzte Abfahrt in die Hölle und zurück zum **Lehnberghaus** und weiter zum Parkplatz beim **Gasthof Arzkasten**.

39 Muttekopf, 2774 m

1000 Hm
3.30 Std.

Eindrucksvolles Tourenerlebnis oberhalb von Imst

Diese abwechslungsreiche Skitour wird erfahrene Skibergsteiger begeistern. Anspruchsvoll sind sowohl die Schlüsselstelle, eine kurze Klettersteigpassage, als auch der steile Aufstieg in die Muttekopfscharte. Die Abfahrt ist nicht nur sehr lang, sondern begeistert auch durch das Gelände.

Talort: Imst, 827 m. Von der Ausfahrt »Imst-Pitztal« der Inntal-Autobahn nach Imst. Bahnstation (in einiger Entfernung), Bushaltestelle.
Ausgangspunkt: Bergstation Alpjoch, 2030 m. Von Imst zur Talstation der Imster Bergbahnen in Hoch-Imst. Mit der Bergbahn zum Ausgangspunkt. Großer Parkplatz »Hoch-Imst« direkt bei der Talstation, Infos zum Bahnbetrieb: imster-bergbahnen.at.
Aufstiegszeiten: Bergstation Alpjoch – Einsattelung nach dem Hinteren Alpjoch 1.30 Std., Kessel (Seebrig) – Muttekopfscharte 1.30 Std., Muttekopfscharte – Muttekopf 30 Min.
Anforderungen: Schwierige Skitour für erfahrene Skibergsteiger.
Hangrichtung: Vorwiegend Südwest bis Südost.
Orientierung: Nur bei guter Sicht einfach!
Lawinengefährdung: Häufig lawinengefährdet, nur bei stabilen Schneeverhältnissen.
Günstige Zeit: Februar bis April.

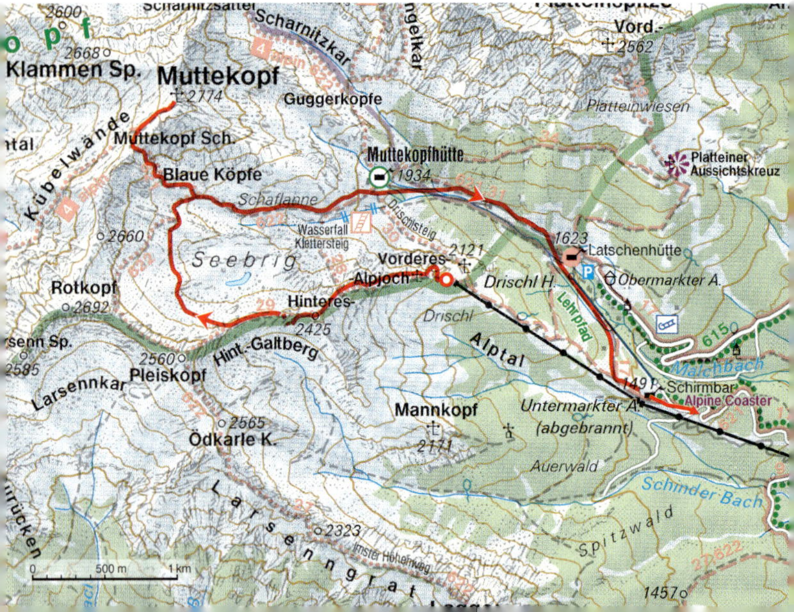

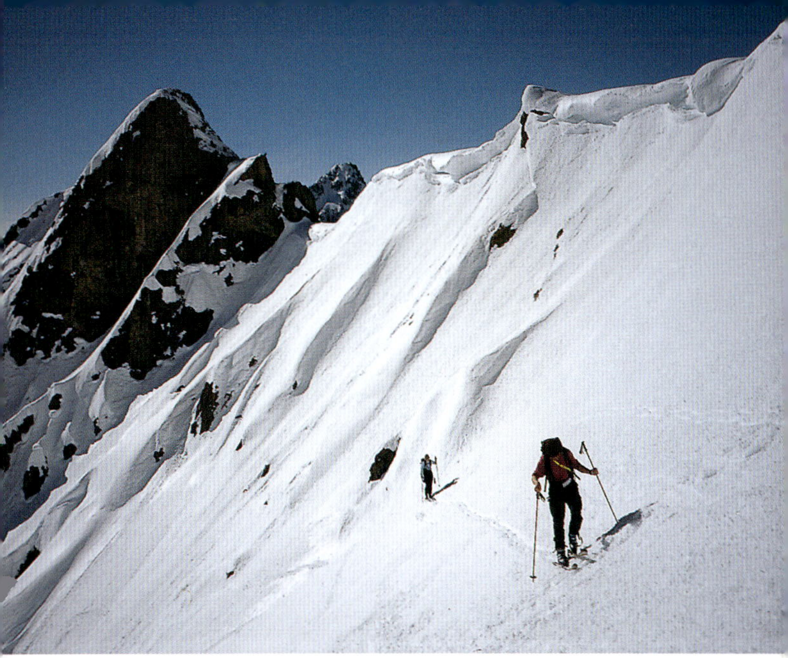

Im steilen Anstieg zum Nordrücken des Muttekopfs, im Hintergrund der Große Schlenker.

Von der **Bergstation Alpjoch** zwischen den Lawinenverbauungen hindurch zum Gratrücken westlich des Vorderen Alpjochs. Über oder neben dem Grat hinauf zum felsigen Gipfelaufbau des **Hinteren Alpjochs**, 2425 m. Dann queren wir leicht abwärts zum Beginn von Seilversicherungen und zu zwei Eisenleitern. Es folgt eine Zwischenabfahrt in eine **Einsattelung**, 2402 m. Über einen schönen Nordhang geht es weiter in einen weiten **Kessel (Seebrig)**, 2240 m. Hier fellen wir an und queren durch Mulden und Kuppen zu einem Felsriegel, 2344 m.

Kurz in das große Kar hinunter, durch das man links empor – zuletzt sehr steil – die **Muttekopfscharte**, 2630 m, erreicht. Über den Südwestrücken steigen wir hinauf zum großen Gipfelkreuz des **Muttekopfs**.

Abfahrt zunächst auf dem Anstiegsweg, dann bereits vor der Scharte nach links in das steile Kar einfahren. Anschließend durch ein Tälchen (rechts oft noch Pulver, links bereits Firn) zur **Muttekopfhütte**, 1934 m.

Entlang des Baches talauswärts, oberhalb der Latschenhütte, 1623 m, zur Piste queren. Über die **Untermarkter Alm**, 1491 m (Mittelstation der Bergbahn) zurück zur Talstation in **Hoch-Imst**.

40 Glanderspitze, 2512 m

400 Hm
1.30 Std.

Kurzer Aufstieg, lange Abfahrt

Der Venet ist ein gegen das Inntal vorgeschobener Bergkamm, sein höchster Punkt der Glanderspitze (auch Venetberg), ein herrlicher Aussichtspunkt. Die Venetbahn nimmt uns den größten Teil des sonst sehr langen Aufstiegs ab. Die Rückkehr auf dem Anstiegsweg ist wenig interessant, die Abfahrt über die Meranzalpe den Nordhang hinab nach Grist dagegen lohnend. Etwas umständlich ist leider der Rückweg von dort zur Talstation in Zams.

Talort: Zams, 775 m. Von der Abzweigung »Zams« der Inntal-Autobahn in wenigen Minuten in den Ort.
Ausgangspunkt: Krahberg, 2202 m, direkt bei der Gipfelstation der Venetbahn. In Zams zur Venetbahn (Parkplätze) und mit der Kabinenbahn zur Bergstation. Oder mit dem Skibus oder PKW auf einer Bergstraße von Zams zur Talstation der Rifenalbahn, ebenfalls Parkmöglichkeiten. Mit zwei Sesselliften (Rifenalbahn, nach kurzer Zwischenabfahrt vorbei an Zammer Alm weiter mit Weinbergbahn) ebenfalls auf den Krahberg.
Aufstiegszeiten: Krahberg – Abzweigung Meranzalpe 30 Min., Abzweigung – Glanderspitze 1 Std.
Anforderungen: Mittelschwere Skitour, am Gipfelaufbau etwas ausgesetzt. Durch die Aufstiegshilfen wenig anstrengend.
Hangrichtung: Aufstieg West, Abfahrt vorwiegend Nord.
Orientierung: Aufstieg problemlos über den Gratrücken oder in seiner Nähe, Gipfel von Anfang an sichtbar. Abfahrt nach Grist nur bei guter Sicht zu empfehlen.
Lawinengefährdung: Mitunter lawinengefährdet, stabile Schneeverhältnisse erforderlich.
Günstige Zeit: Januar bis April.

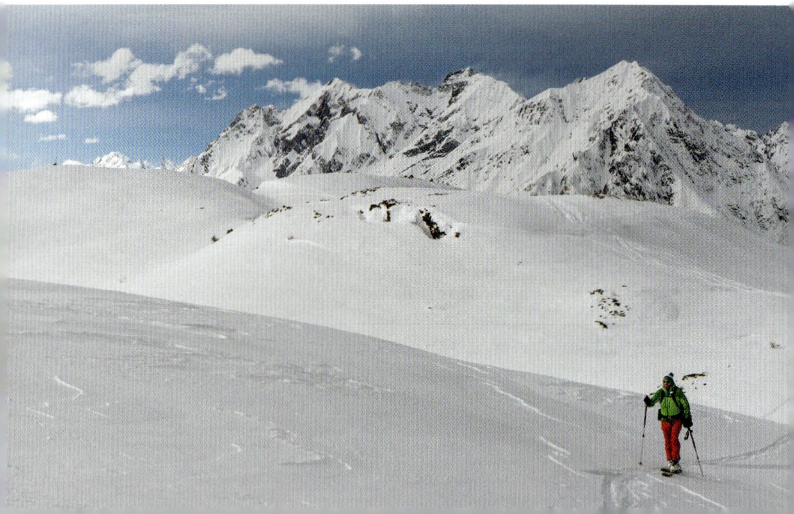

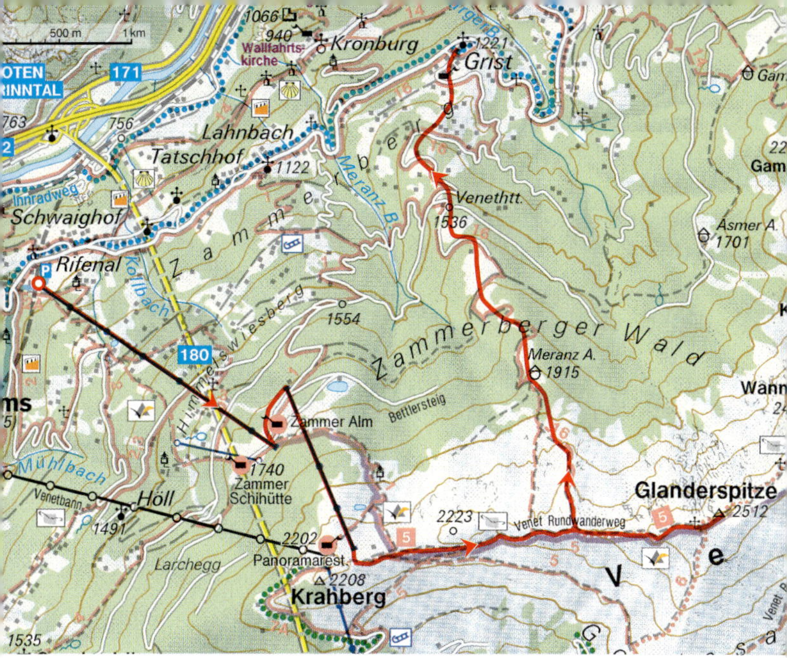

Vom **Krahberg** kurz in eine Senke abfahren und anfellen. Teils in der sonnseitigen Südflanke, teils auf dem Gratrücken mit etwas Auf und Ab zu einer Wegtafel, ca. 2250 m. Weiter auf dem Gratrücken oder in der Flanke, zuletzt etwas ausgesetzt über den Grat zum Gipfelkreuz der **Glanderspitze** mit herrlicher Aussicht und eindrucksvollem Tiefblick ins Oberinntal.

Abfahrt unmittelbar über die steile Flanke und zurück zur Wegverzweigung mit der Wegtafel. Hier nach rechts abbiegen. Zunächst über schönes und freies Almgelände hinab und dann kurz durch ein Waldstück zur **Meranzalpe**, 1915 m. Weiter Richtung Norden über meist sanft geneigte Lichtungen oder auf dem Fahrweg zur **Venethütte**, 1536 m. Weiter über Lichtungen und durch lichten Wald über den Zammer Berg. Zuletzt erreichen wir leicht rechtshaltend (Nordost) über Bauernwiesen den Weiler **Grist**, 1221 m. Mit einem Taxi (z. B. taxi-landeck.at oder oberland-taxi-landeck.at oder zu Fuß in etwa 1 Std.) zurück zur Talstation in **Zams**. Will man sich diese etwas umständliche Rückkehr sparen, kann man natürlich auch vom Gipfel auf bekanntem Weg zum Krahberg zurückkehren und z. B. direkt zur Talstation der Rifenalbahn über Pisten abfahren.

Links: Aussichtsreich geht es vom Krahberg in Richtung Glanderspitze.

41 Peischelkopf, 2412 m

N W O S

850 Hm

2.30 Std.

Die »St.-Christopher-Speisekarte«

Was hat es mit der Speisekarte auf sich? Ein Wirt serviert uns deftige Kost: Beuschel (Ragout aus Innereien) mit Knödel. Der Wirt, 2339 m, ist ein herrlicher Skitourengipfel, und Peischelkopf, 2412 m, und Knödelkopf, 2400 m, stehen ihm in nichts nach. Die Anstiege sind kurz und können zu einer schönen Rundtour verbunden werden – mit Skigenuss in Pulver und Firn. Zusätzlich genießt man den Blick auf die reichlich bevölkerten Pisten rund um die Valluga unmittelbar gegenüber von unseren Gipfeln. Die Rundtour ist auch in umgekehrter Richtung lohnend, in diesem Fall hat man die steileren Abfahrten zum Abschluss.

Talort: St. Anton am Arlberg, 1286 m. Über die Inntal-Autobahn nach Landeck und weiter nach St. Anton. Bahnstation, Bushaltestelle.
Ausgangspunkt: St. Christoph am Arlberg, 1765 m. Von St. Anton etwa 7 km nach St. Christoph. Noch vor dem Ort direkt nach der Galerie »Heinrich Findelkind« links ab von der Hauptstraße beschildert zum Parkplatz »St. Christoph am Arlberg« (am südl. Ortsrand), Bushaltestelle im Ort.
Aufstiegszeiten: St. Christoph – Wirt 1.30 Std., Wirt – Peischelkopf 30 Min., Peischelkopf – Knödelkopf 30 Min.
Anforderungen: Teilweise steile Hänge, Gipfel mit Ski erreichbar.
Hangrichtung: Alle Hangrichtungen.
Orientierung: Bei guter Sicht einfach.
Lawinengefährdung: Insbesondere in den schattseitigen Steilhängen mitunter lawinengefährdet.
Günstige Zeit: Januar bis April.

Vom Parkplatz in **St. Christoph** Richtung Südwesten (unter Hochspannungskabel hindurch) mit gutem Höhengewinn über die steile Nordostflanke auf eine **Einsattelung** im Rücken zu, der vom Wirt herabzieht. Hier öffnet sich plötzlich der Blick zum eindrucksvollen Patteriol und zum berühmten Skigipfel Kaltenberg mit seinem prachtvollen Gletscherhang. Von der Scharte mit geringem Höhenverlust auf die Sonnseite und durch eine Südostmulde auf den **Wirt**. Es folgt eine kurze Abfahrt, die man bei guten Verhältnissen auch Richtung Süden verlängern kann, dann steigt man rechts von einer

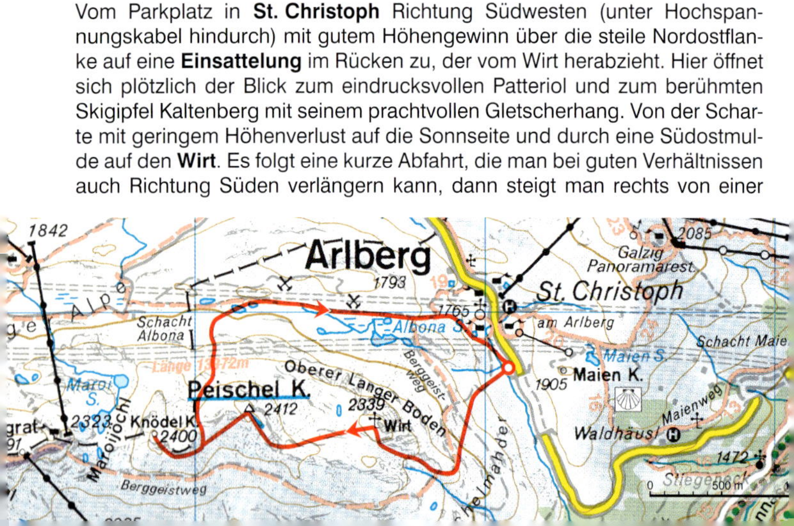

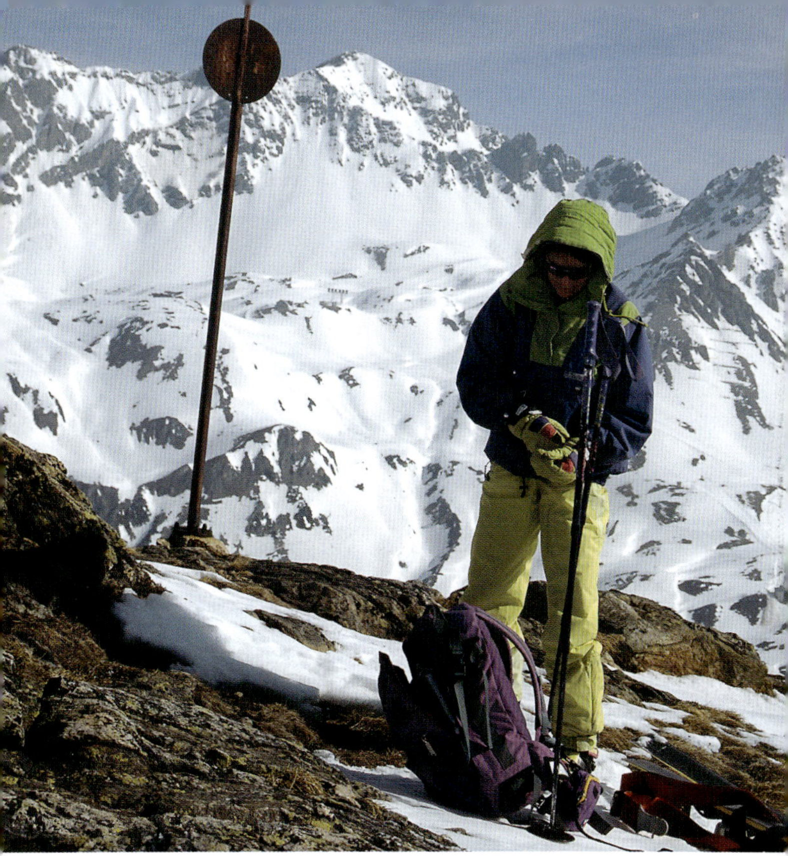

Auf dem Peischelkopf, im Hintergrund die Valluga.

Südmulde zum **Peischelkopf** auf. Die Abfahrt durch die erwähnte Südmulde bis auf ca. 2300 m kann nach Lust und Laune verlängert werden. Nun wieder im Anstieg in die Einsattelung zwischen Peischel- und Knödelkopf und weiter mit Ski auf den Gipfel des **Knödelkopfs**. Die Hauptabfahrt führt in die Einsattelung zurück, dann durch eine sanfte schattseitige Mulde hinab Richtung Norden und zuletzt über einen steilen Nordhang in eine weitläufige flache Mulde. Durch diese, rechts an den Brunnenköpfen vorbei und zuletzt noch einmal mit ordentlichem Gefälle hinab nach **St. Christoph** und rechtshaltend zurück zum Parkplatz.

42 Gamsbergspitze, 2839 m

1050 Hm
3.30 Std.

Jeder zieht hier seine eigene Spur

Das würde man sich z. B. in den überlaufenen Kitzbüheler Alpen häufig wünschen: eine Abfahrt über herrlichstes Skigelände, bei der man noch genügend Platz für eine eigene Spur im Pulverschnee findet. Damit kann man bei der Abfahrt von der Gamsbergspitze häufig rechnen. An Wochentagen wird man sogar oft ganz allein unterwegs sein. Durch die Gondelbahn, die uns auf 1800 m bringt, wird die Gamsbergspitze mit etwa 1000 Hm Aufstieg zur angenehmen Tagestour. Die meisten Skitourengeher begnügen sich mit dem sogenannten Wintergipfel, etwa 2620 m, der Gamsbergspitze. Der eigentliche Hauptgipfel, etwas östlich vom Wintergipfel, wird wegen seiner Schwierigkeit nur sehr selten bestiegen.

Talort: See, 1056 m. Von der Inntal-Autobahn zur Abzweigung ins Paznauntal bei Pians und nach See.
Ausgangspunkt: Bergstation Medrigalm, 1787 m. Talstation in der Ortsmitte von See. Parkplätze in der Nähe der Talstation, Bushaltestelle »See Dorf/Bergbahn«, Infos zum Bahnbetrieb: see.at.
Aufstiegszeiten: Bergstation – Versingalpe 45 Min., Versingalpe – Gamsbergspitze 2.45 Std.
Anforderungen: Mittelsteile Hänge, zum Gipfel zu Fuß über unschwierige Blöcke.
Hangrichtung: Vorwiegend West, Südwest.
Orientierung: Bei guter Sicht für erfahrene Tourengeher unschwierig. Bei schlechter Sicht Orientierung problematisch.
Lawinengefährdung: Mitunter lawinengefährdet, insbesondere nach stärkeren Schneefällen mit Windverfrachtung.
Günstige Zeit: Januar bis April.
Hinweis: Wer den Anstieg noch weiter verkürzen möchte, kann von der Bergstation mit der Zeinis-Sesselbahn noch zum Medriggrat hinauffahren. Von hier Abfahrt auf der Piste zur Talstation der Versingbahn. Oder man fährt vom Medriggrat Richtung Ascherhütte ab und quert dann unterhalb der Hütte zur eigentlichen Aufstiegsspur.

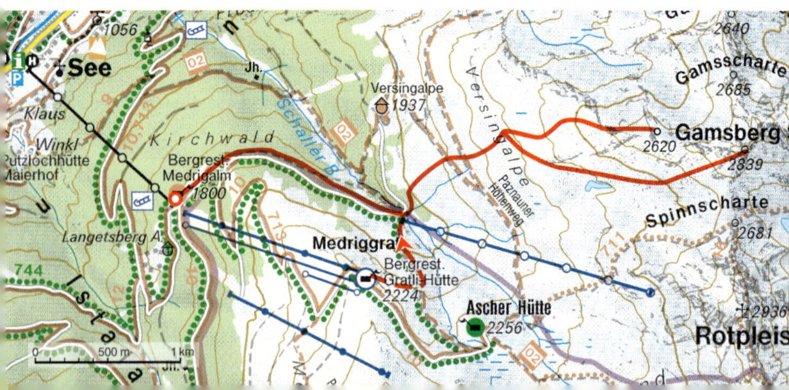

Der einzige Schönheitsfehler dieser Skitour ist ihr Beginn: Von der **Bergstation Medrigalm** zunächst Richtung Nordosten entlang der Piste, dann in einem weiten Rechtsbogen nur flach ansteigend weiter entlang der Piste zur Talstation der Versingbahn. Von hier linkshaltend kurz hinab zur Brücke über den Schallerbach und auf dem Winterwanderweg in Richtung Versingalpe. Man geht jedoch nicht bis zur Almhütte, sondern zweigt vorher – bevor es bei einer Anhöhe wieder bergab geht – rechts ab. Nach einem kurzen Waldstück erreicht man die freien Weideflächen der **Versingalpe**. Über kupiertes Gelände steigt man weiter Richtung Osten auf. Vor einer Mulde, etwa 2300 m, links hinüber zu einem gut erkennbaren Rücken. Etwas links von diesem Rücken, der rechts steil abbricht, steigt man weiter auf zum Vorgipfel bzw. Wintergipfel der **Gamsbergspitze**, etwa 2620 m. Zum Hauptgipfel der Gamsbergspitze (selten bestiegen) schon deutlich vorher nach rechts und unterhalb des felsigen Grats queren, bis man über die Gipfelflanke aufsteigen kann, zunächst mit Ski und zuletzt zu Fuß.
Die Abfahrt folgt dem Anstiegsweg. Ab der Bergstation dann Piste hinab zur Talstation in See.

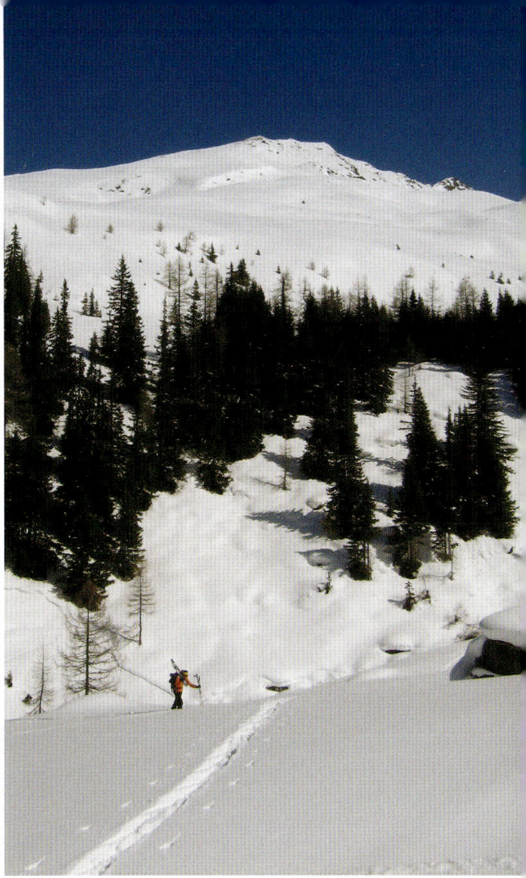

Rückblick zur Gamsbergspitze vom kurzen Gegenanstieg zur Piste am Ende der Tour.

43 Hohe Köpfe (Westgipfel), 2608 m

1100 Hm

3.30 Std.

Dieser Felsen soll ein Skitourengipfel sein?

Die Hohen Köpfe werden vor allem von Einheimischen erstiegen, allenfalls verirrt sich an schönen Wochenenden ein Innsbrucker hierher. An Wochentagen wird man in der Regel allein unterwegs sein, und das in einer wirklich großartigen alpinen Umgebung mit prächtigem Blick zu den Gipfeln der Silvretta auf der anderen Talseite.

Talort: Mathon, 1454 m. Von der Inntal-Autobahn zur Abzweigung ins Paznauntal bei Pians und über Ischgl nach Mathon. Bushaltestelle.
Ausgangspunkt: Parkplatz wenige Meter rechts (nördlich) oberhalb der Talstraße, 1540 m (nach Valzur, vor einer Brücke über den Bachtelbach, Hinweisschild »Friedrichshafener Hütte« an der Abzweigung zum Parkplatz). Bei hoher Schneelage Auffahrt schwierig, dann in Valzur parken (nicht ganz einfach) und auf dem Paznauntaler Wanderweg zum Anstieg queren.
Aufstiegszeiten: Parkplatz – Friedrichshafener Hütte 2 Std., Friedrichshafener Hütte – Hohe Köpfe 1.30 Std.
Anforderungen: Im Wald Wirtschaftsweg oder abkürzend auf dem Sommerweg, dann mäßig steile Hänge.
Hangrichtung: Vorwiegend Ost, Südost.
Orientierung: Nur bei guter Sicht einfach, sonst ab Friedrichshafener Hütte problematisch.
Lawinengefährdung: Bei vernünftiger Wahl der Aufstiegs- und Abfahrtsspur kaum lawinengefährdet.
Günstige Zeit: Januar bis April.

Vom **Parkplatz** aus folgen wir dem breiten Wirtschaftsweg Richtung Nordosten in den Bergwald. Über mehrere Kehren führt dieser Weg den Südosthang empor. Die weiten Kehren können auch auf dem Fußweg abgekürzt werden. Dadurch wird der Anstieg kürzer, aber auch steiler. Schließlich verlässt man den Bergwald und steigt in einem Linksbogen Richtung Westen empor zur **Friedrichshafener Hütte**, 2151 m. Die Hütte besteht aus zwei Gebäuden, ist

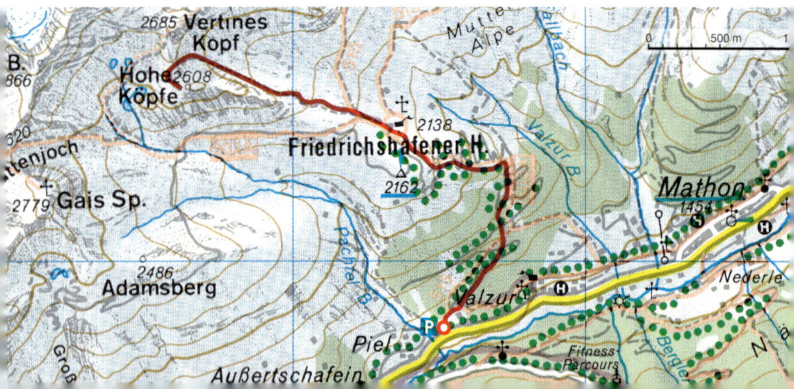

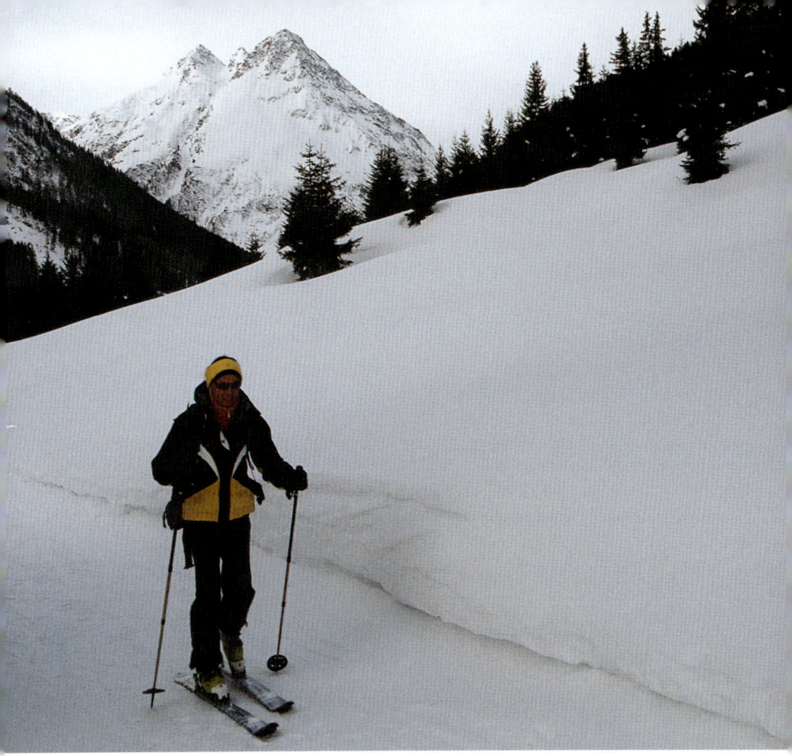

Am Beginn des Aufstiegs, im Hintergrund die Gorfenspitze am Eingang zum Jamtal.

ausschließlich im Sommer bewirtschaftet und liegt aussichtsreich auf einer Kuppe. Der Gipfel sieht von hier recht felsig und damit unzugänglich aus. Der Aufstieg entpuppt sich dann jedoch als überraschend einfach. Von der Hütte auf einem deutlichen Rücken nach Nordwesten, dann über etwas steilere Hänge in die flache Karmulde zwischen den Hohen Köpfen und dem Grat, der vom Vertines- zum Vertinespleiskopf führt. Etwas steiler in eine Einsattelung, aus der man (links vom Grat) von Norden her zum Westgipfel der **Hohen Köpfe** aufsteigt, bei ausreichender Schneelage mit Ski.
Die Abfahrt folgt dem Anstiegsweg. Oder (heikler, nur bei sicheren Schneeverhältnissen) über den schönen Nordhang zwischen den Hohen Köpfen (Ostgipfel mit Steinmann, Westgipfel mit Kreuz). Unterhalb der Hütte können gute Skifahrer bei hoher Schneelage statt auf dem Wirtschaftsweg durch lichten Wald und über Lichtungen abfahren (wesentlich schwieriger).

44 Piz Tasna, 3179 m

1850 Hm

8.30 Std.

Berühmter Gipfel mit prächtiger Aussicht

Ausgangspunkt für den Piz Tasna und viele andere herrliche und lohnende Skitourenziele ist die Heidelberger Hütte des Deutschen Alpenvereins. Die Hütte liegt im Fimbertal, der Grenze zwischen der Samnaungruppe im Osten und der Silvrettagruppe im Westen. Sie steht auf Schweizer Boden, gehört einer deutschen Sektion und wird von einem österreichischen Pärchen bewirtschaftet – ein multinationales Kuriosum! Das Skitourengebiet der Heidelberger Hütte lässt übrigens keine Wünsche offen. Es umfasst etwa 20 Skitourengipfel, die zum größten Teil in der Silvretta liegen. Das Spektrum reicht von kurzen und leichten Touren (z. B. Lareinferner Spitze oder Breite Krone) bis hin zu langen und sehr anspruchsvollen Gipfelanstiegen. Der Piz Tasna mit seinen 3179 m liegt im mittleren Schwierigkeitsbereich. Skitechnisch ist er als einfach einzustufen, aber die Länge der Tour und der Aufstieg über den Ostgrat bei nicht optimalen Bedingungen darf nicht unterschätzt werden. Der Zustieg ohne viel Höhengewinn durch das Fimbertal bis zum Talschluss zieht sich. Erst beim Anstieg zur Fuorcla da Tasna hat man einen ordentlichen Höhengewinn, ebenso beim Weiterweg zum Skidepot. Die prachtvolle Aussicht entschädigt allerdings für den langen Anstieg. Richtung Süden sind sogar Piz Palü und Piz Bernina gut erkennbar. Bei »schnellem Schnee« läuft es dann sogar verblüffend gut im flachen Tal zur Hütte hinaus.

Über den Rücken (Licht-Schatten-Grenze) führt der Anstieg zum Gipfel des Piz Tasna.

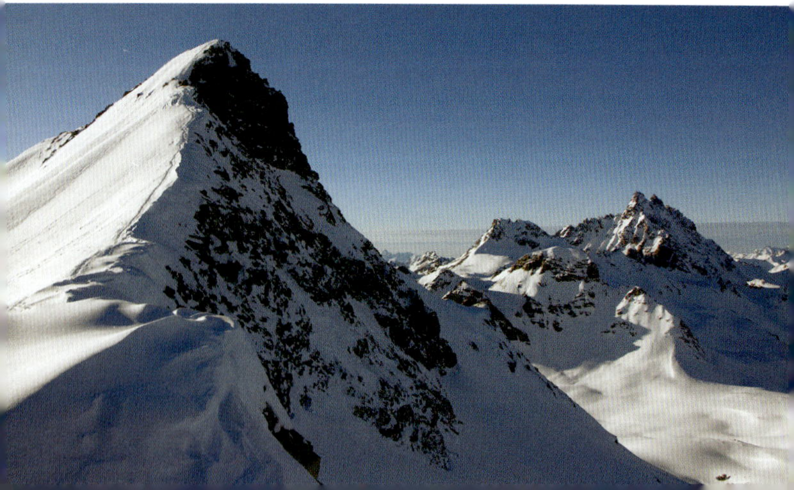

Talort/Ausgangspunkt: Ischgl, 1355 m. Von der Inntal-Autobahn zur Abzweigung ins Paznauntal bei Pians und nach Ischgl. Bushaltestelle »Silvrettabahn«. Parkgarage Silvretta direkt bei der Talstation (teuer). Infos zu Parkmöglichkeiten für Hüttengäste beim Hüttenteam einholen, etwa 12 Euro pro Tag.
Aufstiegszeiten: Ischgl – Bodenalp 2 Std., Bodenalp – Heidelberger Hütte 2 Std., Heidelberger Hütte – Fuorcla da Tasna 2.15 Std., Fuorcla da Tasna – Skidepot 1 Std., Skidepot – Piz Tasna 45 Min.
Anforderungen: Skitechnisch einfach. Gletscher spaltenarm. Ab Skidepot über Firn und Blockwerk, bei Vereisung gefährlich, Steigeisen und eventuell Pickel können hilfreich sein.
Hangrichtung: Vorwiegend Nord.
Orientierung: Bei guter Sicht einfach.
Lawinengefährdung: Mitunter lawinengefährdet.
Günstige Zeit: Februar bis Mai.
Stützpunkt: Heidelberger Hütte, 2264 m (DAV, bew. Weihnachten bis Ende April, etwa 130 Schlafplätze, Tel. +43 664 4253070, heidelberger-huette.at).

Für den Weg vom Skiort **Ischgl** zur **Heidelberger Hütte** gibt es mehrere Möglichkeiten:
a) In etwa 4 Std. kann man von Ischgl durch das lange und flache Fimbatal zur Hütte wandern und dabei gerade mal 880 Hm, dafür aber knapp 13 km bewältigen. Dieser Anstieg ist zwar wirklich lang, doch hat er auch einen Vorteil: Orientierungsschwierigkeiten gibt es selbst bei dichtem Nebel nicht.

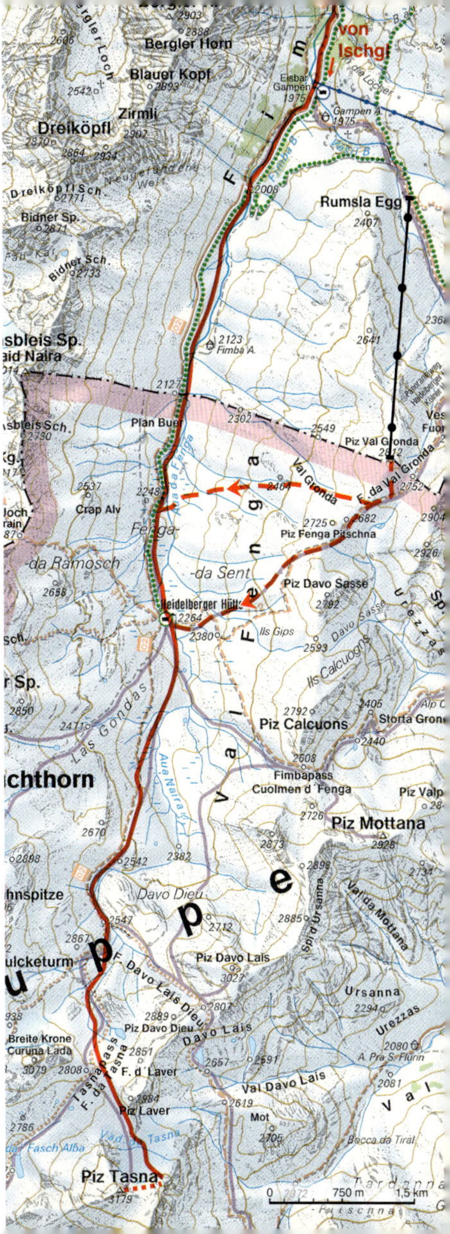

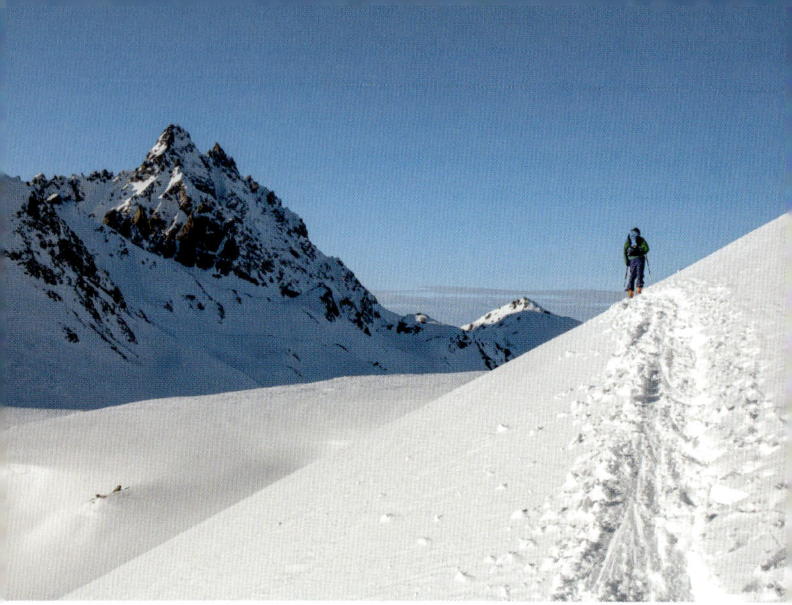

Bei der Abfahrt sind immer wieder kurze Gegenanstiege zu bewältigen.

b) Der Anstieg lässt sich deutlich verkürzen, indem man die Aufstiegshilfen des Skigebiets benutzt. Am einfachsten und schnellsten ist die Hütte von der **Bergstation Piz Val Gronda**, 2812 m, erreichbar (Auffahrt mit Silvrettabahn zur Idalpe, Abfahrt in Höllboden, Auffahrt mit Höllkarbahn, Abfahrt zur Palinkopfbahn, Auffahrt mit Palinkopfbahn, Abfahrt zur Piz Val Gronda Bahn, Auffahrt mit Grondabahn zum Piz Val Gronda). Von der Bergstation gibt es mehrere Abfahrtsvarianten zur Hütte. Will man keinen Gegenanstieg bewältigen, so quert man zunächst in südwestliche Richtung bis auf den Westrücken des **Piz Davo Sasse**. Von hier fährt man schräg abwärts direkt zur Hütte. Diese Abfahrt ist in der Regel mit Stangen markiert. Will man das lange Queren vermeiden und eine deutlich attraktivere Abfahrt über etwa 600 Hm genießen, dann fährt man ebenfalls Richtung Südwesten ab über einen Rücken in einen Sattel. Hier hält man sich dann rechts (Westen) in die weitläufige Westflanke. Über kupiertes und schönes Skigelände geht es direkt hinab ins Fimbatal. Im Talgrund fellt man auf, überquert den Bach und nimmt auf der anderen Bachseite den Fahrweg zur Hütte (etwa 30 Min.).
Von der **Heidelberger Hütte** wandert man Richtung Süden rechts an einem Hügel vorbei (links in der Nähe des Bachs ebenfalls möglich) ohne besonderen Höhengewinn durch das breite **Fimbatal** taleinwärts. Auf einer Höhe

von gut 2500 m erreicht man einen Hügel, der gefühlt das Tal versperrt. Man hält sich rechts und umgeht den Hügel auf der Westseite (identisch mit dem Bachverlauf und dem Sommerweg). Kurz geht es bergab in eine breite Mulde, 2547 m, danach teilt sich in der Regel die Aufstiegsspur. Links ginge es zum Piz Davo Lais. Etwas später rechts ab führt die Spur auf die Breite Krone. Für den Piz Tasna geht man weiterhin geradeaus Richtung Süden und erreicht über kupiertes Gelände die **Fuorcla da Tasna**, 2808 m.
An der Scharte geht man weiter geradeaus und gelangt in einem Linksbogen unterhalb des Piz Laver (mit kurzem Bergabstück) zum kleinen **Tasnagletscher** (Vadret da Tasna). Man steuert den Nordhang an und quert schließlich links hinaus auf eine breite Schulter. Hier wird in der Regel das Skidepot eingerichtet. Man steigt am Rücken aufwärts und schließlich geht es meist über Firn, teilweise ausgesetzt und am Ende ziemlich steil empor zum Gipfel des **Piz Tasna**.
Die Abfahrt folgt dem Anstiegsweg, wobei das weite Gelände bei entsprechender Lawinensituation zahlreiche Varianten bietet.

Über den Oströmcken geht es zurück zum Skidepot.

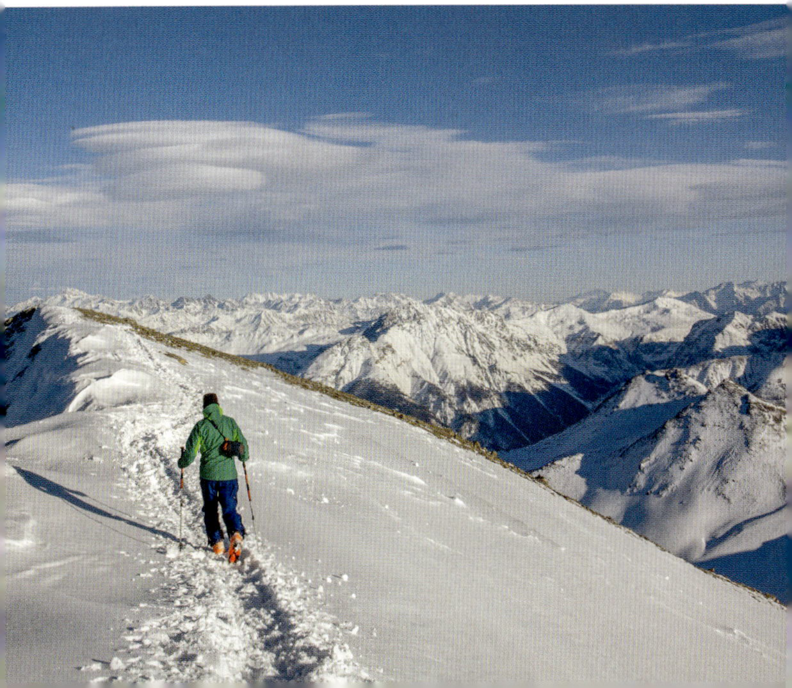

45 Piz Mottana, 2928 m

1300 Hm

4.00 Std.

Dreimal Hochgenuss im Pulverschnee

Beim Piz Tasna stehen die Bedeutung des Gipfels und der Landschaftsgenuss im Vordergrund, gute Skifahrer werden (mit Ausnahme des Tasnagletschers) vom flachen Gelände bei der Abfahrt eher enttäuscht sein. Sozusagen als Kontrastprogramm stellen wir hier drei kurze Anstiege auf unbedeutende Gipfel vor, die hohen Skigenuss bieten. Dass bei dieser Unternehmung außer dem erforderlichen Abfahrtskönnen auch die Verhältnisse passen müssen, versteht sich von selbst, denn außer vom Mittelgipfel des Spi d'Ursanna sind die Abfahrten durchwegs steil.

Talort: Ischgl, 1355 m. Von der Inntal-Autobahn zur Abzweigung ins Paznauntal bei Pians und nach Ischgl. Bushaltestelle »Silvrettabahn«. Parkgarage Silvretta direkt bei der Talstation (teuer). Infos zu Parkmöglichkeiten für Hüttengäste beim Hüttenteam einholen, etwa 12 Euro pro Tag.

Ausgangspunkt: Heidelberger Hütte, 2264 m.

Aufstiegszeiten: Heidelberger Hütte – Fimberpass 1 Std., Fimberpass – Piz Mottana 1 Std.; Fimberpass – Mittelgipfel 1 Std.; Mulde unter dem Fimberpass – Nordgipfel Spi d'Ursanna 1 Std.

Anforderungen: Steile Hänge erfordern gutes Abfahrtskönnen, mitunter auch Trittsicherheit beim Gipfelanstieg.

Hangrichtung: Vorwiegend Nord und Nordwest.

Orientierung: Bei guter Sicht für erfahrene Tourengeher einfach.

Lawinengefährdung: Häufig lawinengefährdet, insbesondere nach stärkeren Schneefällen mit Windverfrachtung.

Günstige Zeit: Februar bis Mai.

Stützpunkt: Heidelberger Hütte, 2264 m (DAV, bew. Weihnachten bis Ende April, etwa 130 Schlafplätze, Tel. +43 664 4253070, heidelberger-huette.at).

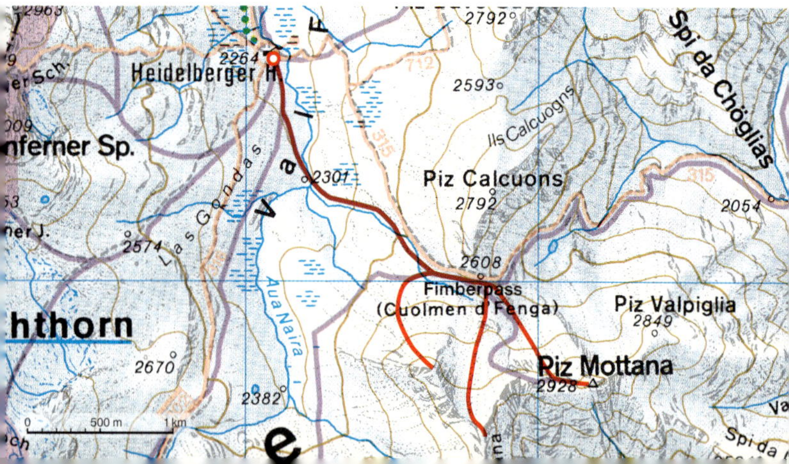

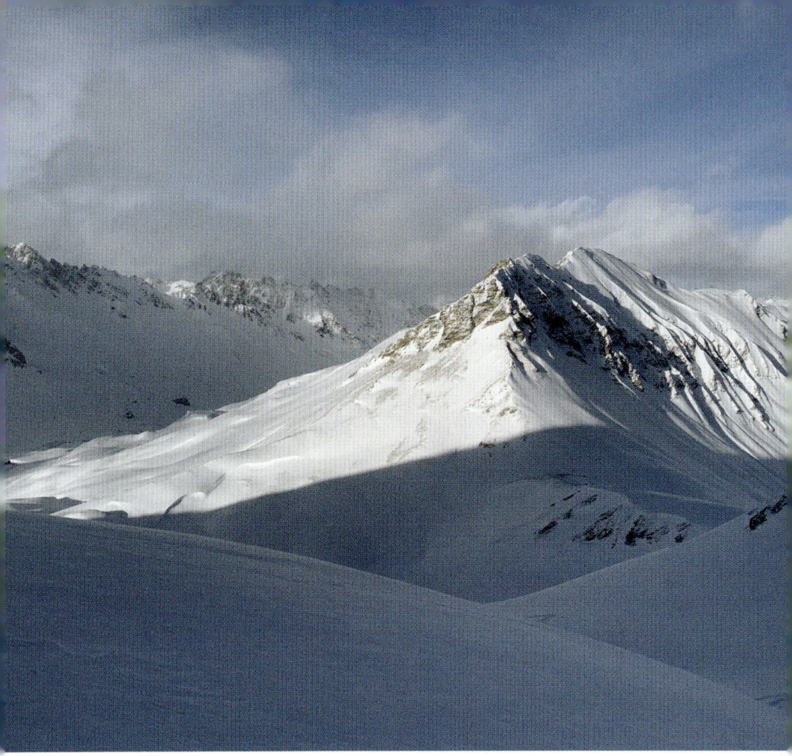

Blick beim Aufstieg zum Gipfel des Spi d'Ursanna hinab zum Fimberpass (im Schatten etwas rechts von der Bildmitte) unterhalb des Piz Calcuons.

Von der **Heidelberger Hütte** zunächst Richtung Süden im Talboden ca. 20 Min. taleinwärts. Dann hält man sich links und steigt in wechselnder Steilheit zum **Fimberpass**, 2608 m, auf. Durch eine schöne, nach Nordwest gerichtete Mulde, zuletzt ziemlich steil, zum Westgrat des Gipfels und zu Fuß über den meist abgeblasenen Gratrücken zum **Piz Mottana**.
Abfahrt auf dem Anstiegsweg zum **Fimberpass**. Mit etwas Höhenverlust in die nächste Mulde queren und Richtung Süd durch herrliches Skigelände, erst zuletzt steil, zum **Mittelgipfel**, 2898 m, des **Spi d'Ursanna**. Abfahrt wie Anstieg, dann aber nicht Richtung Fimberpass, sondern nach links in ein flaches **Becken**, P. 2564 der AV-Karte. In zunehmender Steilheit (die letzten 200 Hm extrem steil) zum **Nordgipfel**, 2873 m. Abfahrt wie Aufstieg und weiter zurück zur Hütte.

46 Heidelberger Spitze, 2963 m

750 Hm
2.30 Std.

Anspruchsvoll auf einen Fast-Dreitausender

Nach einigen anstrengenden Touren, von denen es im Tourengebiet der Heidelberger Hütte einige gibt (z. B. Piz Tasna, Breite Krone, Schnapfenspitze), schätzt man vielleicht einen kurzen Anstieg. In diesem Fall bietet sich die formschöne Heidelberger Spitze mit weniger als 800 Hm an. Dem Hüttengipfel bzw. Hausberg fehlen nur wenige Meter zum magischen Dreitausender. Der Aufstieg vom Skidepot zum Gipfel ist allerdings nicht ganz leicht. Er setzt Trittsicherheit und Bergerfahrung voraus, vor allem bei Schnee oder Eis. Das sind wohl die Gründe, warum die Heidelberger Spitze weniger überlaufen ist als Gipfel, die sich gehörig ziehen wie die erwähnten »großen« Touren. Leider ist nicht nur der Anstieg kurz, sondern zwangsläufig auch die schöne Abfahrt von der Heidelberger Scharte zurück zur Hütte. Die Aussicht vom Gipfel ist beeindruckend und man kann von dort die nächsten Skitourenideen rund um die Hütte auschecken.

Talort: Ischgl, 1355 m. Von der Inntal-Autobahn zur Abzweigung ins Paznauntal bei Pians und nach Ischgl. Bushaltestelle »Silvrettabahn«. Parkgarage Silvretta direkt bei der Talstation (teuer). Infos zu Parkmöglichkeiten für Hüttengäste beim Hüttenteam einholen, etwa 12 Euro pro Tag.

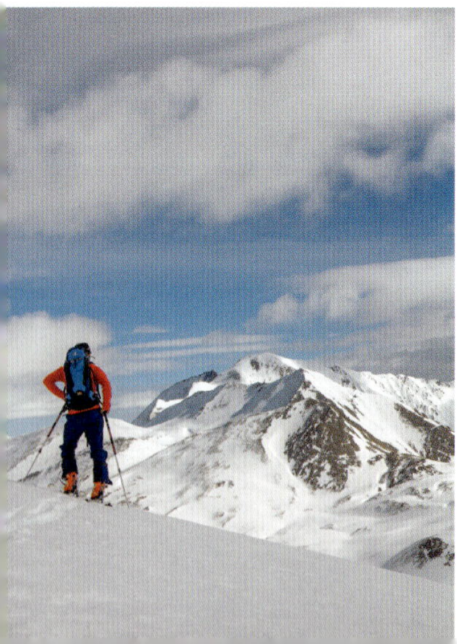

Ausgangspunkt: Heidelberger Hütte, 2264 m.

Aufstiegszeiten: Heidelberger Hütte – Heidelberger Scharte 1.45 Std., Scharte – Heidelberger Spitze 45 Min.

Anforderungen: Kurze Steilhänge erfordern eine gute Technik beim Aufstieg und der Abfahrt. Von der Scharte zum Gipfel bei aperen Verhältnissen leichte Blockkletterei, bei Schnee oder Eis deutlich schwieriger und heikler (Steigeisen sinnvoll).

Hangrichtung: Vorwiegend Ost.

Orientierung: Für erfahrene Tourengeher einfach.

Lawinengefährdung: Häufig lawinengefährdet, insbesondere nach stärkeren Schneefällen mit Windverfrachtung.

Günstige Zeit: Februar bis Mai.

Stützpunkt: Heidelberger Hütte, 2264 m (DAV, bew. Weihnachten bis Ende April, etwa 130 Schlafplätze, Tel. +43 664 4253070, heidelberger-huette.at).

Blick hinüber auf die andere Talseite.

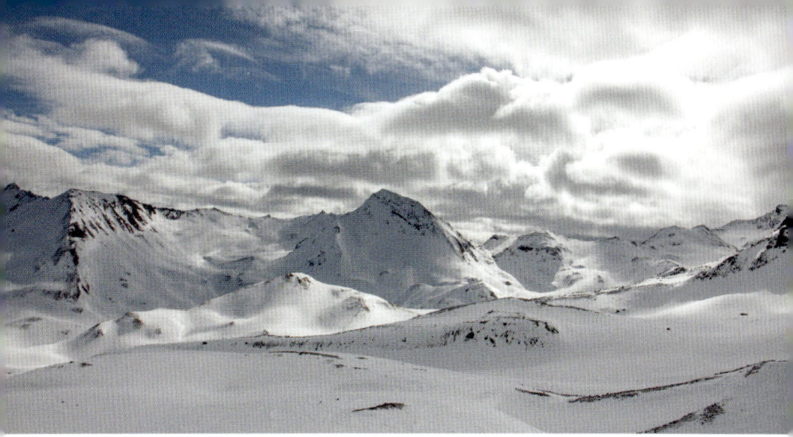

Beim Aufstieg zur Heidelberger Spitze haben wir einen umfassenden Blick Richtung Südosten und können uns einen Überblick über die Tourenmöglichkeiten von der Hütte verschaffen.

Von der **Heidelberger Hütte** wandert man Richtung Westen kurz durch den flachen Talboden. Dann geht es über kupiertes Gelände auf eine Felsformation zu, an der man rechts vorbeigeht. Danach gelangt man in ein weites Becken und über einen etwas steileren Hang in die Mulde, die bereits unterhalb der Heidelberger Scharte liegt. Man steigt in Richtung **Heidelberger Scharte**, 2819 m, auf und richtet sich hier das Skidepot ein. Über den verblockten Südgrat erreicht man in leichter Kletterei den Gipfel der **Heidelberger Spitze**. Je nach Verhältnissen, kann man mit Ski auch deutlich weiter aufsteigen. Dazu hält man sich etwas unterhalb der Scharte nach rechts und steigt über einen steileren Hang empor zu einer Schulter mit einem markanten Felsen. Dann links weiter in eine Einsattlung am Südgrat. Von hier über den Grat zum Gipfel. Die Abfahrt folgt dem Anstiegsweg. Bei sicheren Schneeverhältnissen nimmt man die Ski auf den Gipfel mit. Von dort einige Meter zu Fuß zurück und direkt in die Mulde unterhalb der Scharte hinab. Weiter auf dem Anstiegsweg zur Hütte.

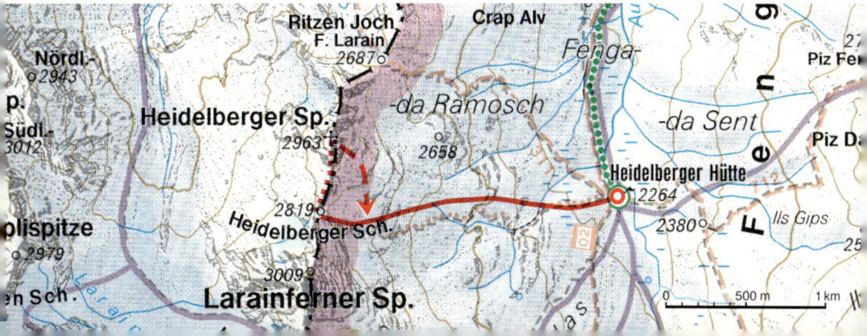

TOP **47**

Lareinferner Spitze, 3009 m

N W O S

750 Hm

2.30 Std.

Traumabfahrt als Abschluss eines Aufenthalts auf der Heidelberger Hütte

Die Lareinferner Spitze ist ein Dreitausender, der leicht zu besteigen ist. Der Gipfel hat einen weiteren Vorteil: Von der Heidelberger Hütte durch das flache und endlos lange Fimbertal abzufahren, das ist nicht besonders reizvoll. Da bietet das parallel verlaufende Lareintal eine großartige Alternative. Insbesondere der obere Teil der Abfahrt über den Lareinferner ist, günstige Verhältnisse vorausgesetzt, ein abfahrtstechnischer Höhepunkt.

Talort: Ischgl, 1355 m. Von der Inntal-Autobahn zur Abzweigung ins Paznauntal bei Pians und nach Ischgl. Bushaltestelle »Silvrettabahn«. Parkgarage Silvretta direkt bei der Talstation (teuer). Infos zu Parkmöglichkeiten für Hüttengäste beim Hüttenteam einholen, etwa 12 Euro pro Tag.
Ausgangspunkt: Heidelberger Hütte, 2264 m.
Aufstiegszeiten: Heidelberger Hütte – Lareinferner Joch 2 Std., Lareinferner Joch – Lareinferner Spitze 30 Min.
Anforderungen: Gipfelanstieg zuletzt über unschwieriges Blockwerk. Abfahrt durchs Lareintal über spaltenarmen Gletscher.
Hangrichtung: Aufstieg vorwiegend Ost, Abfahrt vorwiegend Nordwest, Nord.
Orientierung: Bei guter Sicht für erfahrene Skibergsteiger problemlos. Bei schlechter Sicht kann es schwierig sein, das Lareinferner Joch zu finden. Im Lareintal Orientierung problemlos.
Lawinengefährdung: Mitunter lawinengefährdet, insbesondere unterhalb des Lareinferner Jochs.
Günstige Zeit: Februar bis April.
Stützpunkt: Heidelberger Hütte, 2264 m (DAV, bew. Weihnachten bis Ende April, etwa 130 Schlafplätze, Tel. +43 664 4253070, heidelberger-huette.at).
Variante: Schnapfenspitze, 3219 m: steil und anspruchsvoll (schwarze Tour), vom Lareinferner 1.30 Std.

Morgenstimmung beim Aufstieg zum Lareinferner Joch.

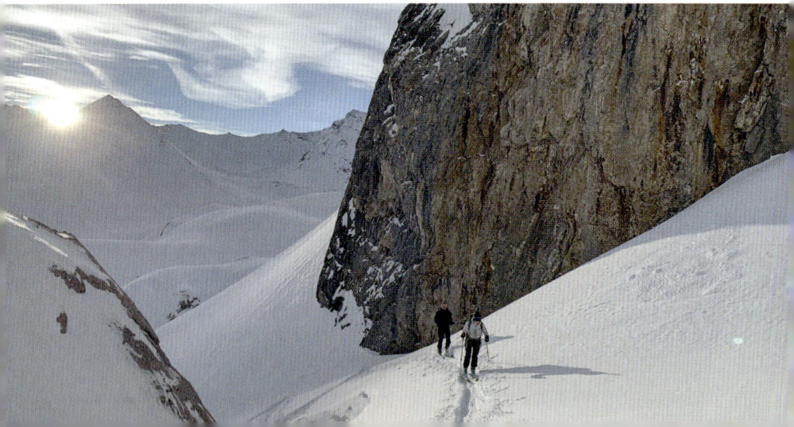

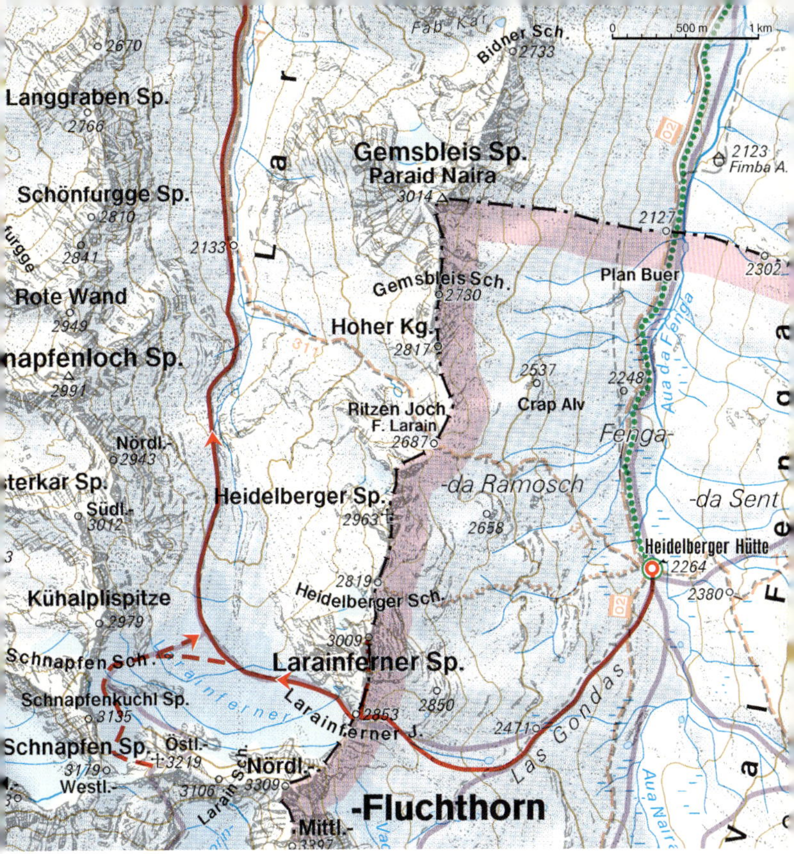

Von der **Heidelberger Hütte** hält man auf die Felszacken der Fluchthörner zu und steigt Richtung Südwesten auf. In einer Höhe von ca. 2600 m biegt man nach rechts ab und erreicht das **Lareinferner Joch**, 2853 m. Über den Südrücken der **Lareinferner Spitze** möglichst weit mit Ski, dann zu Fuß über unschwieriges Blockwerk zum Gipfel.

Zurück zum Joch und auf der anderen Seite (Westseite) hinunter zum Lareinferner, den man abfahrend quert. Im linken (westlichen) Teil des Gletschers fährt man zum Talschluss ab. Durchs Lareintal zur **Äußeren Lareinalm**, 1860 m, auf einer Forststraße durch den Wald und im weiten Linksbogen in die Ortschaft Tschafein. Bushaltestelle direkt an der Silvrettastraße und mit dem Bus zurück nach Ischgl.

48 Hintere Jamspitze, 3156 m

N W O S

1600 Hm
6.30 Std.

Blickfang beim Hüttenanstieg

Die Jamtalhütte der Sektion Schwaben des Deutschen Alpenvereins ist der wichtigste und bekannteste Stützpunkt in der Silvretta. Die Hütte wird seit Generationen von der Familie Lorenz bewirtschaftet, die hervorragende Bergführer hervorgebracht hat und in der Erschließungsgeschichte der Silvretta eine besondere Rolle spielt. Einer breiten Öffentlichkeit bekannt geworden ist die Hütte aus einem traurigen Anlass. Sie wurde am 22. Februar 1999 durch zwei Staublawinen stark beschädigt. Einen Tag später ereignete sich die schreckliche Lawinenkatastrophe, die 31 Opfer (Einheimische und Gäste) forderte. Die schweren Schäden an der Hütte merkt man heute nicht mehr, und die Hütte ist wie vor der Katastrophe häufig völlig ausgebucht. Das ist nicht erstaunlich, denn das Skitourenangebot dieser Hütte ist ebenso vielfältig wie das der Heidelberger Hütte, alpin jedoch deutlich anspruchsvoller. Das gilt für die Gletscher, die zwar nicht besonders spaltenreich und gefährlich sind, aber doch ein höheres Maß an Aufmerksamkeit und Erfahrung verlangen. Auch die Gipfel sind zumeist schwieriger und erfordern, z. B. bei der Dreiländerspitze, etwas Kletterfertigkeit. Unser Ziel, die Hintere Jamspitze, ist bereits beim Hüttenanstieg ganz hinten im Tal gut erkennbar. Sie zählt sicher zu den beliebtesten Skitourenziele in der Silvretta. Gründe dafür sind die eher geringen Anforderungen und zugleich die herrlichen Nordhänge des Jamtalferners, die häufig bei der Abfahrt für ein Pulververgnügen sorgen. Die benachbarte Vordere Jamspitze ist zwar nur ein paar Meter höher, aber der Gipfelanstieg ist deutlich anspruchsvoller. Der Gipfel wird zu Fuß über den ausgesetzten Gipfelgrat erreicht. Bei der Hinteren Jamspitze geht es mit den Ski unproblematisch direkt zum Gipfel.

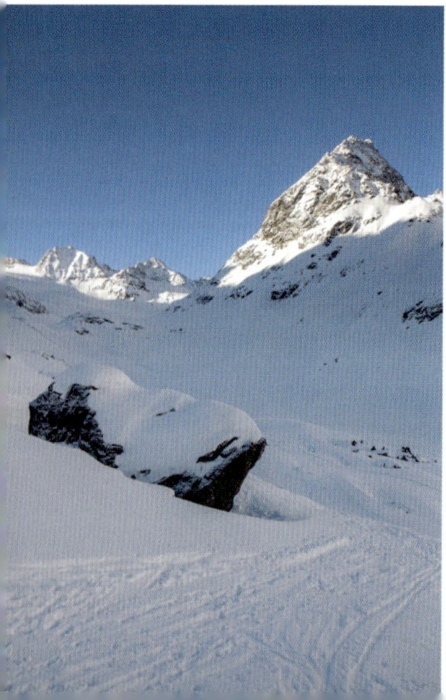

Blick von der Jamtalhütte in Richtung Jamtalferner. Ganz hinten links die Hintere Jamspitze, rechts davon die Vordere Jamspitze.

Talort/Ausgangspunkt: Galtür, 1584 m. Von der Inntal-Autobahn zur Abzweigung ins Paznauntal bei Pians und nach Galtür. Bushaltestelle. Parken nahe des Ortszentrums z. B. Parkplatz »Galtür Zentrum« direkt bei der Brücke über den Jambach oder vor der Brücke links wenige Meter bergan, eingeschränkte Parkmöglichkeiten am südl. Ortsende. Im Frühjahr bei wenig Schnee kann man bis zum »Menta Alm Parkplatz«, 1657 m, ins Jamtal hineinfahren (Parkmöglichkeit), Aufstieg dann um etwa 30 Min. kürzer.

Aufstiegszeiten: : Galtür – Menta Alm 30 Min., Menta Alm – Scheibenalm 1 Std., Scheibenalm – Jamtalhütte 1.30 Std., Jamtalhütte – Jamtalferner 1.30 Std., Jamtalferner – Jamjoch 1.30 Std., Jamjoch – Hintere Jamspitze 30 Min.

Anforderungen: Einige Steilstufen. Spaltengefahr auf dem Jamtalferner.

Hangrichtung: Vorwiegend Nordost, Nord.

Orientierung: Bei guter Sicht für erfahrene Tourengeher einfach, bei schlechter Sicht abzuraten.

Lawinengefährdung: Mitunter lawinengefährdet, insbesondere beim Einqueren von der Hütte in den Talboden und unterhalb des Jamjochs.

Günstige Zeit: Februar bis Mai.

Stützpunkt: Jamtalhütte, 2165 m (DAV, bew. Mitte Feb. bis Mitte Mai, etwa 200 Schlafplätze, Tel. +43 5443 8408, jamtalhuette.at, Gepäcktransport ab Galtür); Hüttenanstieg mitunter lawinengefährdet!

Varianten: 1) Vordere Jamspitze, 3178 m: vom Jamjoch Richtung Gipfel, Skidepot, steil empor zum Ostgrat und in leichter Kletterei zum Gipfel, etwa 30 Min.

2) Gemspitze, 3114 m: vom Jamtalferner nach Südosten und im Rechtsbogen zum Gipfel.

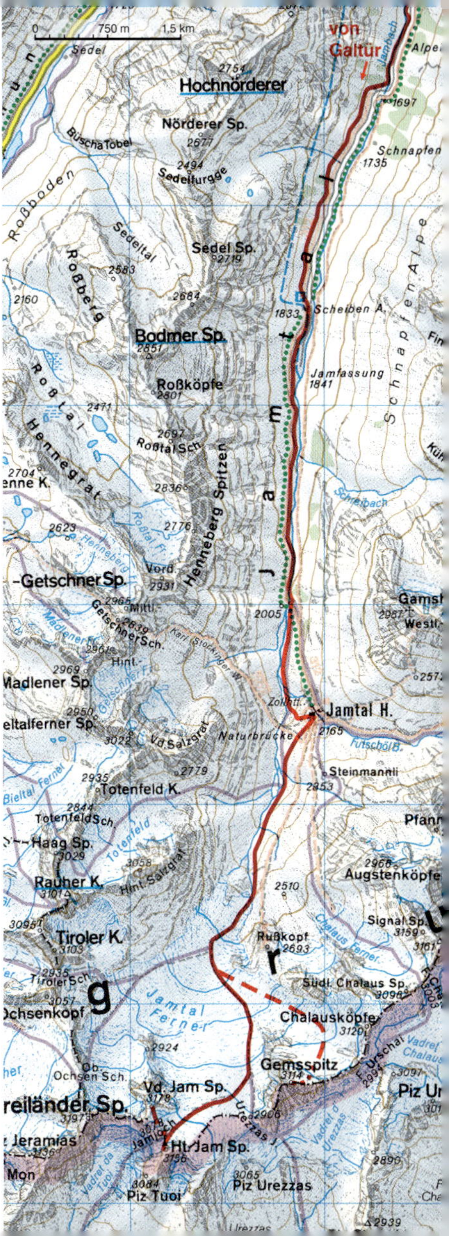

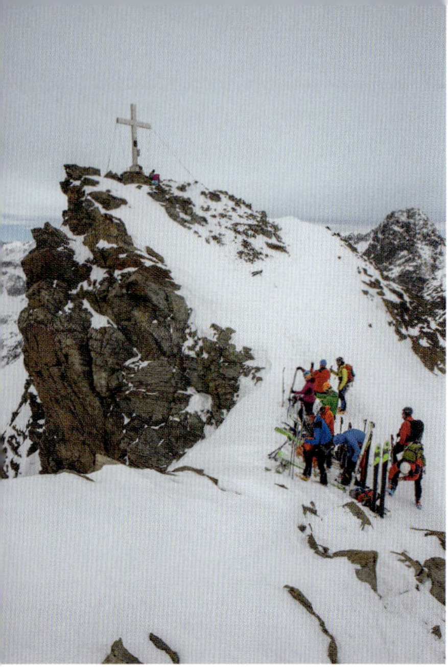

Skidepot wenige Meter unterhalb des Gipfels der Hinteren Jamspitze.

Von **Galtür** zunächst nach Süden hinauf zu den letzten Häusern des Ortes am Eingang zum Jamtal. Knapp 10 km sind es von hier bis zur Hütte. Auf dem breiten Weg auf der linken (östlichen) Talseite taleinwärts zur Menta Alm. Das Tal wird etwas enger und über eine Brücke geht es hinüber auf die andere Bachseite. Bei der **Scheibenalm**, 1833 m, wechselt man erneut die Bachseite. Es geht vorbei an der Jamfassung, 1841 m, und der Hüttenzustieg wird etwas steiler. Man wechselt erneut die Bachseite und steigt schließlich die letzten Meter links hinauf zur Jamtalhütte. Im Frühjahr, wenn die Fahrstraße durchs Tal größtenteils schneefrei ist, ist der Zugang auch mit dem Mountainbike möglich.

Von der **Jamtalhütte** fährt man zunächst die Flanke querend in den Talboden Richtung Südwesten ab. Dann folgt man dem Talboden Richtung Süden. Eine Steilstufe wird rechts umgangen und man kommt zum Beginn des **Jamtalferners**. Man hält sich zunächst leicht rechts (Südwest), überwindet zwei Steilstufen, bis sich der Jamtalferner in einen mächtigen linken und rechten Teil aufspaltet. Man hält sich links (Süd) und steigt in angenehmer Steigung in Richtung Urezzasjoch auf. Bereits etwas unterhalb des Jochs hält man sich rechts (West) und steigt über eine Steilstufe (etwas mehr als 35°) empor in das **Jamjoch**, 3078 m, ein kleines Plateau zwischen Vorderer und Hinterer Jamspitze. Im Joch hält man sich links und steigt mit Ski den nach Norden ausgerichteten Gipfelhang empor. Bei üblichen Verhältnissen erreicht man mit den Ski direkt den Gipfel der **Hinteren Jamspitze**.

Die Abfahrt folgt dem Anstiegsweg und im weitläufigen Gletschergebiet findet man meist noch unverspurten Schnee. Geübte Skifahrer halten sich im oberen Bereich eher links bei der Abfahrt und wählen so den Steilhang unterhalb der Vorderen Jamspitze. Der Steilhang kann beim Aufstieg hervorragend bezüglich Lawinen- und Spaltensituation inspiziert werden.

1040 Hm
4.00 Std.

Dreiländerspitze, 3197 m

Felszacken an der Grenze von Tirol, Vorarlberg und Graubünden

Die Dreiländerspitze ist sicher eins der begehrtesten Skitourenziele von der Jamtalhütte aus. Skitechnisch ist die Tour nicht sonderlich anspruchsvoll. Aber die Schwierigkeiten steigern sich kontinuierlich während des Anstiegs. Spätestens am felsigen und exponierten Gipfelgrat fühlen sich wirklich nur noch die Alpinisten wirklich wohl. Und eine der Schlüsselstellen der gesamten Tour ist der ausgesetzte Übergang vom Vor- zum Hauptgipfel. Das Gipfelkreuz auf dem markanten Felszacken steht sozusagen genau an der Grenze von Tirol, Vorarlberg und Graubünden. Abgeschlossen wird die Tour mit einer grandiosen und hoffentlich pulvrigen Abfahrt über den Jamtalferner.

Talort: Galtür, 1584 m. Von der Inntal-Autobahn zur Abzweigung ins Paznauntal bei Pians und nach Galtür. Bushaltestelle. Parken nahe des Ortszentrums z. B. Parkplatz »Galtür Zentrum« direkt bei der Brücke über den Jambach oder vor der Brücke links wenige Meter bergan, eingeschränkte Parkmöglichkeiten am südl. Ortsende. Im Frühjahr bei wenig Schnee kann man bis zum »Menta Alm Parkplatz«, 1657 m, ins Jamtal hineinfahren (Parkmöglichkeit), Aufstieg dann um etwa 30 Min. kürzer.
Ausgangspunkt: Jamtalhütte, 2165 m.
Aufstiegszeiten: Jamtalhütte – Jamtalferner 1.30 Std., Jamtalferner – Obere Ochsenscharte 1.30 Std., Obere Ochsenscharte – Skidept 30 Min., Skidepot – Dreiländerspitze 30 Min.
Anforderungen: Aufstieg bis zur Oberen Ochsenscharte skitechnisch einfach. Auf dem Jamtalferner bei guter Spuranlage geringe Spaltengefahr. Zum Skidepot steiler Hang, etwa 35°. Kletterei zum Gipfel meist I (bis II) und ausgesetzt, Steigeisen sinnvoll bzw. notwendig.
Hangrichtung: Nord und Nordost.
Orientierung: Bei guter Sicht für erfahrene Tourengeher einfach, bei schlechter Sicht schwierig.
Lawinengefährdung: Von der Hütte bis zur Oberen Ochsenscharte nur bei sehr ungünstigen Verhältnissen lawinengefährdet. Für den steilen Gipfelhang sind unbedingt sichere Verhältnisse notwendig.
Günstige Zeit: Februar bis Mai.
Stützpunkt: Jamtalhütte, 2165 m (DAV, bew. Mitte Feb. bis Mitte Mai, etwa 200 Schlafplätze, Tel. +43 5443 8408, jamtalhuette.at, Gepäcktransport ab Galtür); Hüttenanstieg mitunter lawinengefährdet!

Aufstieg über den Jamtalferner.

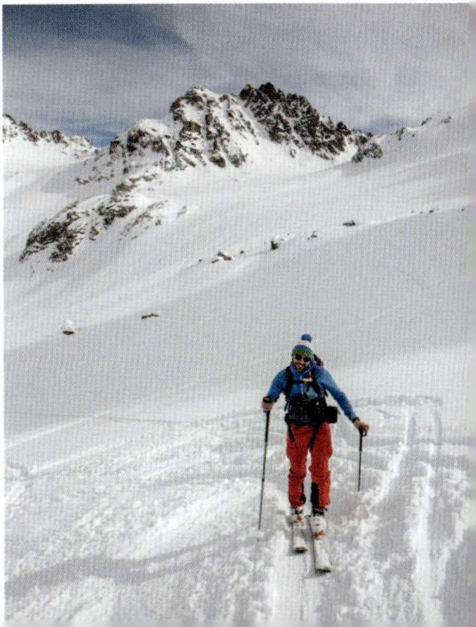

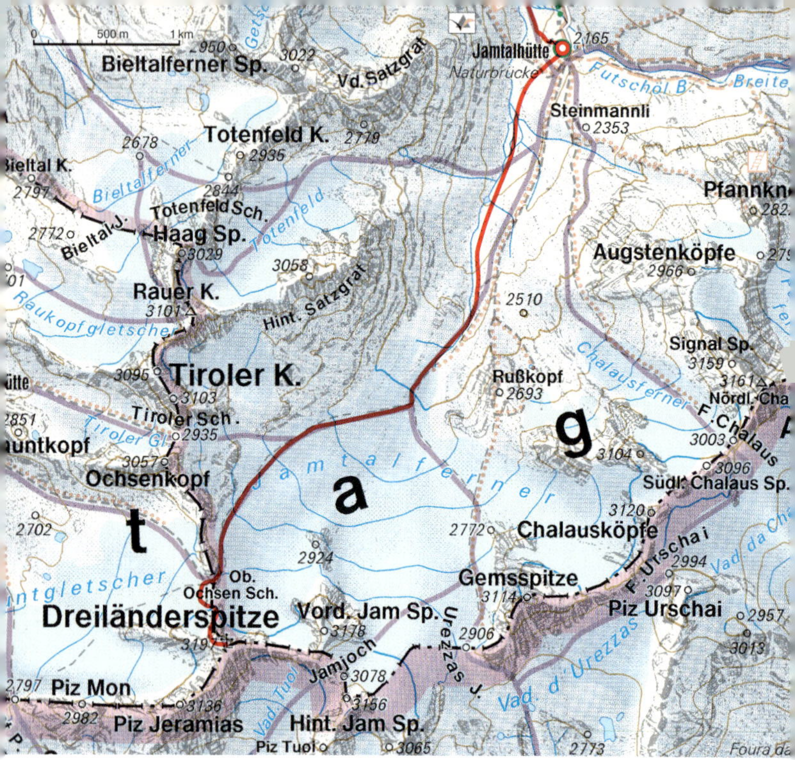

Von der **Jamtalhütte** fährt man zunächst die Flanke querend in den Talboden Richtung Südwesten ab. Dann folgt man dem Talboden Richtung Süden. Eine Steilstufe wird rechts umgangen und man kommt zum Beginn des **Jamtalferners**. Man hält sich zunächst leicht rechts (Südwest), überwindet zwei Steilstufen, bis sich der Jamtalferner in einen mächtigen linken und rechten Teil aufspaltet. Man hält sich rechts, orientiert sich am rechten Gletscherrand

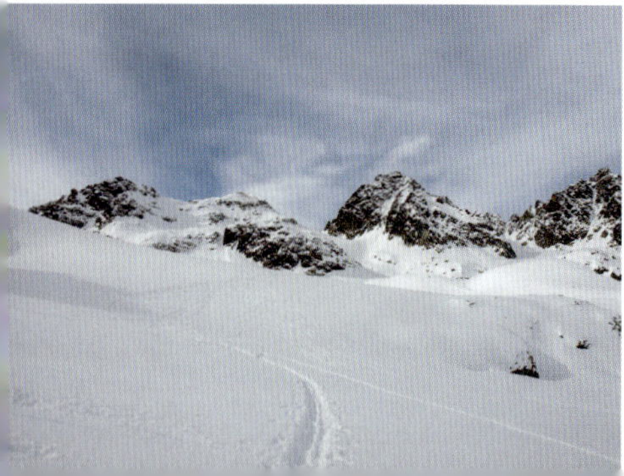

Blick vom Jamtalferner zur Tiroler Scharte (Bildmitte).

und steigt so in einem Bogen hinauf zu den Felsen an der Ochsenscharte. Die Steilheit nimmt zu und man steigt Richtung Süden empor zur **Oberen Ochsenscharte**, 2955 m. Die Scharte stellt den Übergang hinüber Richtung Westen ins Ochsental (Wiesbadener Hütte) dar. Von der Scharte quert man Richtung Südwesten und gelangt so an den Gipfelhang. Man steigt über den stets steiler werdenden Nordwesthang empor, quert am Ende sehr steil hinüber zum Beginn des Westgrates und richtet dort das Skidepot ein.
Für den Weiterweg sind häufig Steigeisen sinnvoll. Über zunächst einfaches Blockgelände klettert man den Grat hinauf. Anschließend geht es auf der linken Seite des Grates (Bohrhaken) auf einem Band weiter und man erreicht den Vorgipfel. Von hier entweder direkt auf dem Grat oder etwas rechts unterhalb hinüber zum Gipfelkreuz der **Dreiländerspitze**.
Die Abfahrt folgt dem Anstiegsweg, im weitläufigen Gletschergebiet findet man meist noch unverspurten Schnee.

Ausgesetzt sind die letzten Meter am Grat zur Dreiländerspitze.

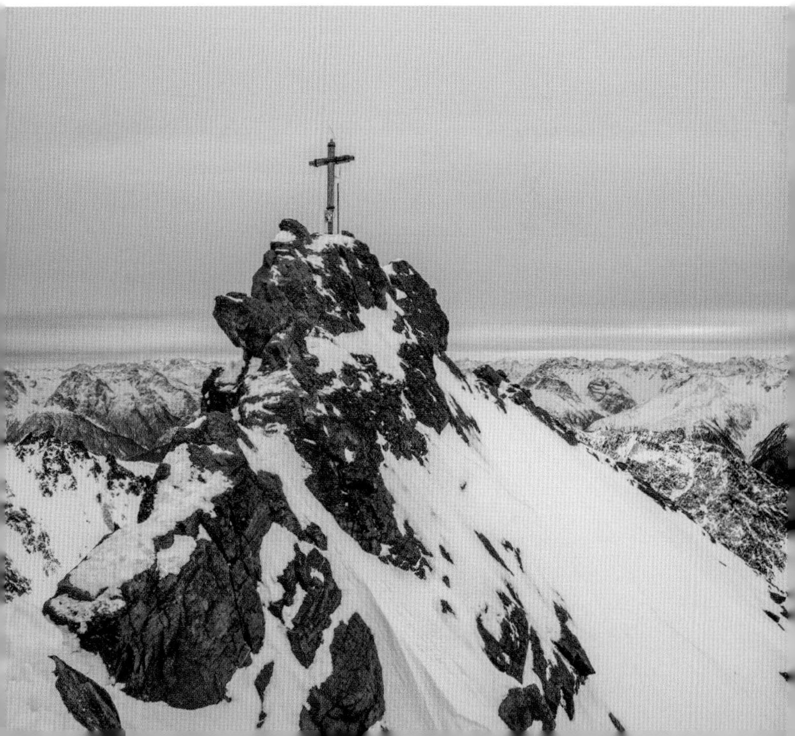

TOP **50**

Augstenberg, 3228 m und 3225 m

N W O S

1200 Hm

3.45 Std.

Schönster Skigipfel der Silvretta?

Die Bezeichnung »Augstenberg« für den berühmten Skitourengipfel hat sich eingebürgert, obwohl man unter diesem Namen eigentlich das gesamte Massiv zwischen der Fuorcla Chalaus und dem Futschölpass versteht. In den Anfängen des Skibergsteigens spielte die Silvretta eine bedeutende Rolle. In dieser Zeit wurde der Gipfel als »schönster Skigipfel der Silvretta« bezeichnet. Heute vergeben viele Skitourengeher diesen Ehrentitel an die Schnapfenspitze, wohl auch deshalb, weil das Abfahrtskönnen stark zugenommen hat. Die beiden Augstenbergspitzen (südliche und nördliche) bleiben aber ein absolutes Skitourenhighlight von der Jamtalhütte aus. Die Abfahrt über den Vadret da Chalaus und den Chalausferner sind unvergesslich.

Talort: Galtür, 1584 m. Von der Inntal-Autobahn zur Abzweigung ins Paznauntal bei Pians und nach Galtür. Bushaltestelle. Parken nahe des Ortszentrums z. B. Parkplatz »Galtür Zentrum« direkt bei der Brücke über den Jambach oder vor der Brücke links wenige Meter bergan, eingeschränkte Parkmöglichkeiten am südl. Ortsende. Im Frühjahr bei wenig Schnee kann man bis zum »Menta Alm Parkplatz«, 1657 m, ins Jamtal hineinfahren (Parkmöglichkeit), Aufstieg dann um etwa 30 Min. kürzer.

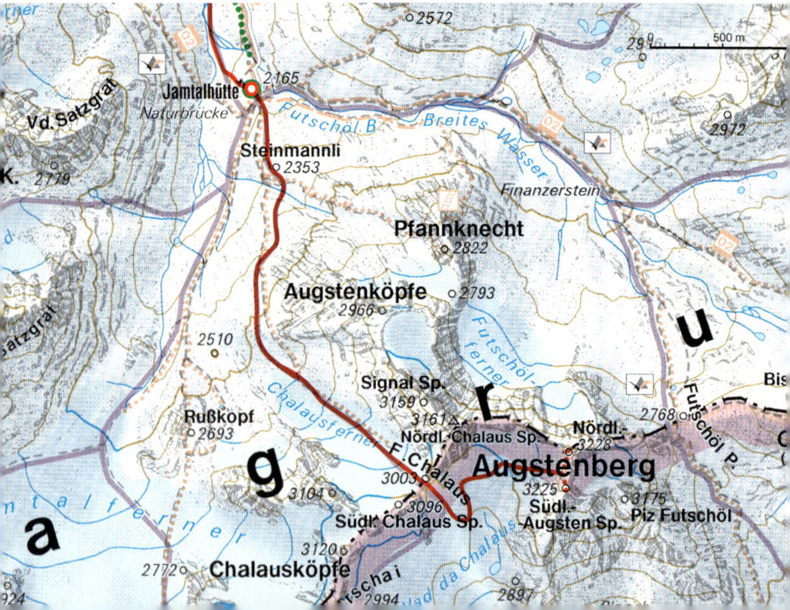

Ausgangspunkt: Jamtalhütte, 2165 m.
Aufstiegszeiten: Jamtalhütte – Steinmannli 30 Min., Steinmannli – Chalausferner 45 Min., Chalausferner – Fuorcla Chalaus 1.30 Std., Fuorcla Chalaus – Augstenberg 1 Std.
Anforderungen: Steiler Gipfelhang. Spaltengefahr auf dem Chalausgletscher, Gletscherausrüstung.
Hangrichtung: Vorwiegend Südwest, Nordwest.
Orientierung: Nicht ganz einfach, bei schlechter Sicht sind schon mehrmals Unfälle passiert (Fuorcla Chalaus bei der Rückkehr nicht gefunden). Spuren können sehr rasch zugeweht werden!
Lawinengefährdung: Mitunter lawinengefährdet, insbesondere Schneebrettgefahr nach stärkeren Schneefällen mit Windverfrachtung.
Günstige Zeit: Februar bis Mai.
Stützpunkt: Jamtalhütte, 2165 m (DAV, bew. Mitte Feb. bis Mitte Mai, etwa 200 Schlafplätze, Tel. +43 5443 8408, jamtalhuette.at, Gepäcktransport ab Galtür); Hüttenanstieg mitunter lawinengefährdet!

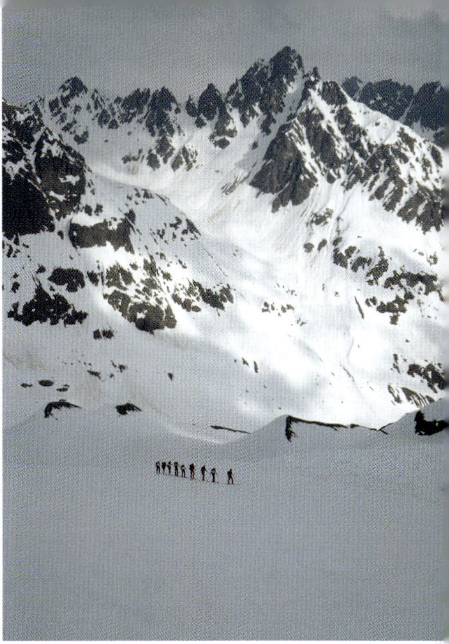

Im Aufstieg zum Augstenberg, im Hintergrund Haagspitze und Totenfeldkopf.

Von der **Jamtalhütte** über den breiten Rücken Richtung Süden zum Steinmannli. Ein kleines Tal wird gequert und dann weiter Richtung Süden, bis man nach links zum **Chalausferner** einbiegen kann. Zunächst in bequemer Steigung über den Ferner (Spaltengefahr) Richtung Südosten, dann sehr steil empor in die **Fuorcla Chalaus**, 3003 m. Häufig sind die letzten Meter zur Scharte abgeblasen und so muss diese Passage im Fels zu Fuß überwunden werden.
Aus der Scharte mit etwas Höhenverlust schräg hinab zum Gletscher, der gleichfalls Chalausgletscher (Vadret da Chalaus) heißt und bereits auf Schweizer Boden (Graubünden) liegt. Beim Abstieg muss ein eigenartiger Windkolk überwunden werden.
Nun folgt prachtvolles Skigelände. Man steigt zunächst Richtung Nordosten auf und biegt dann rechts ab und steigt steil empor (oft zu Fuß) in die Einsattelung zwischen den beiden Gipfeln. In der Einsattlung rechts zur **Südlichen Augstenspitze**. Die etwas anspruchsvollere **Nördliche Augstenspitze** kann ebenfalls von der Einsattelung erreicht werden.
Die Abfahrt folgt dem Anstiegsweg.

51 Haagspitze, 3029 m

950 Hm
3.00 Std.

Skitour in gruseliger Umgebung

Die anspruchsvolle Skitour zur Haagspitze führt tatsächlich durch eine unheimliche Umgebung – es wimmelt nur so von »Toten«. Über das Totenfeld steigen wir auf, an den Totennadeln gehen wir vorbei, und wenn wir auf dem Gipfel rasten, haben wir den Totenfeldkopf als Nachbarn, und unter ihm liegt die Totenfeldscharte. Gute Skifahrer werden aber quicklebendig, wenn sie nach der zunächst gemütlichen Abfahrt über das Totenfeld (Gletscher) zur steilen Ostflanke kommen, die in den Talboden hinunterführt. Hier ist höchster Skigenuss garantiert! Im Frühjahr ist allerdings für Sicherheit und Skigenuss eine rechtzeitige Abfahrt wichtig. Am frühen Morgen sind bei diesen Verhältnissen für den Aufstieg Harscheisen nützlich.

Talort: Galtür, 1584 m. Von der Inntal-Autobahn zur Abzweigung ins Paznauntal bei Pians und nach Galtür. Bushaltestelle. Parken nahe des Ortszentrums z. B. Parkplatz »Galtür Zentrum« direkt bei der Brücke über den Jambach oder vor der Brücke links wenige Meter bergan, eingeschränkte Parkmöglichkeiten am südl. Ortsende. Im Frühjahr bei wenig Schnee kann man bis zum »Menta Alm Parkplatz«, 1657 m, ins Jamtal hineinfahren (Parkmöglichkeit), Aufstieg dann um etwa 30 Min. kürzer.
Ausgangspunkt: Jamtalhütte, 2165 m.
Aufstiegszeiten: Jamtalhütte – Totenfeld 1.30 Std., Totenfeld – Haagspitze 1.30 Std.
Anforderungen: Teils sehr steiles Gelände. Gletscher spaltenarm. Vom Skidepot unschwieriges Blockwerk zum Gipfel.
Hangrichtung: Vorwiegend Ost.
Orientierung: Bei guter Sicht einfach.
Lawinengefährdung: Häufig lawinengefährdet, auch noch im Frühjahr Gefahr von Nassschneelawinen.
Günstige Zeit: Februar bis Mai.
Stützpunkt: Jamtalhütte, 2165 m (DAV, bew. Mitte Feb. bis Mitte Mai, etwa 200 Schlafplätze, Tel. +43 5443 8408, jamtalhuette.at, Gepäcktransport ab Galtür); Hüttenanstieg mitunter lawinengefährdet!

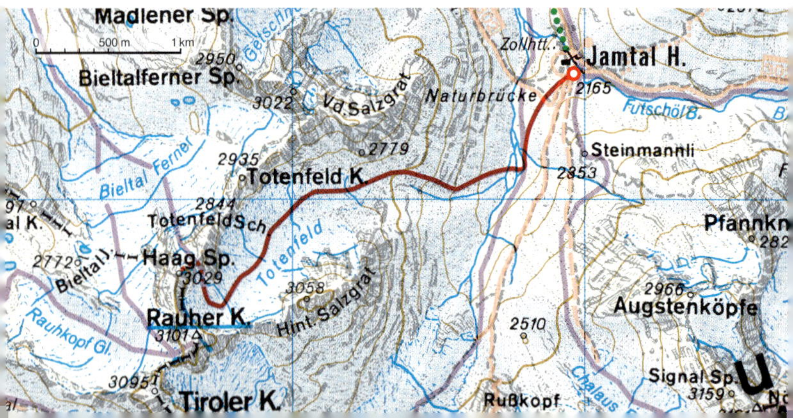

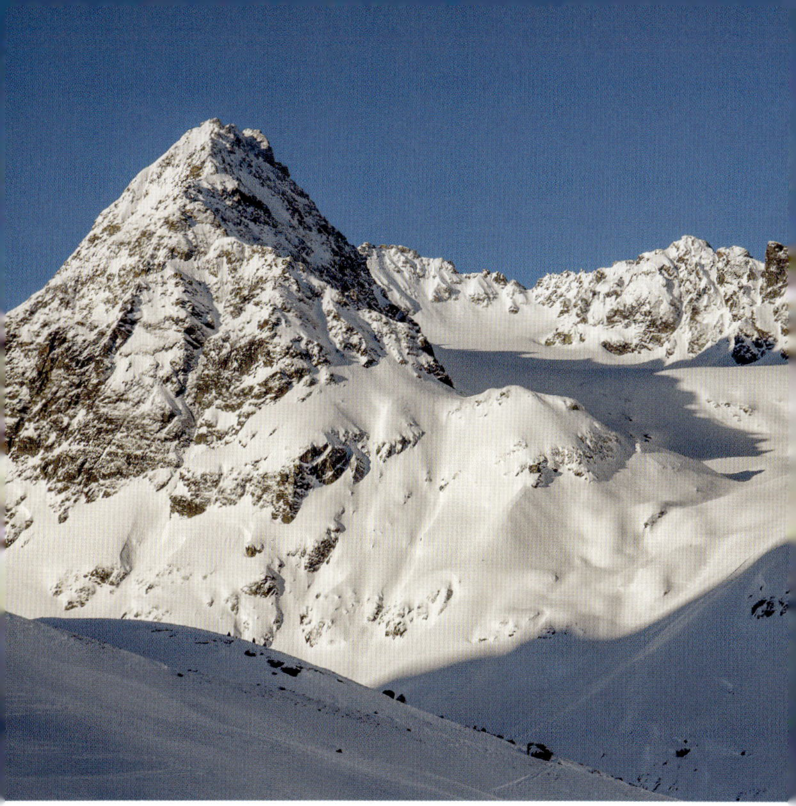

Blick von Osten hinüber zum »Totenfeld«, unterhalb die steile Ostflanke.

Von der **Jamtalhütte** fährt man zunächst die Flanke querend in den Talboden Richtung Südwesten ab. Nur kurz taleinwärts, dann nach rechts abzweigen und über die steile Ostflanke empor zum **Totenfeld**, einem kleinen Gletscher. Im Anstiegssinn am rechten Rand des Gletschers weiter, dann in einem Rechtsbogen in die **Obere Totenfeldscharte**, 3004 m (in den Karten weder kotiert noch bezeichnet). Der letzte Teil des Aufstiegs zur Scharte ist sehr steil und muss häufig zu Fuß zurückgelegt werden. Aus der Scharte über unschwierige Blöcke in wenigen Minuten zum Gipfel der **Haagspitze**.
Die Abfahrt folgt dem Anstiegsweg. Etwas unangenehm ist der kurze Gegenanstieg am Ende der Tour aus dem Talboden zur Hütte.

52 Schnapfenspitze, 3179 m und 3219 m

N W O S

1100 Hm

3.15 Std.

Großartiger Skitourengipfel für Könner

Der höchste Gipfel der Silvretta ist der Piz Linard, der berühmteste der Piz Buin. Die »Schnapfen«, wie wie unser Tourenziel zur Westlichen und Östlichen Schnapfenspitze liebevoll genannt wird, ist nach der Meinung vieler Skitourengeher der großartigste Skigipfel der Silvretta. Das gilt sowohl für unsere sonnseitige Abfahrt wie auch für die nordseitige Abfahrt über den Lareinferner. Unsere südseitige Abfahrt hat gegenüber der nordseitigen den Vorteil, dass es bis zum Futschölbach kein Flachstück gibt, sondern nur den Wechsel zwischen steil und sehr steil.

Talort: Galtür, 1584 m. Von der Inntal-Autobahn zur Abzweigung ins Paznauntal bei Pians und nach Galtür. Bushaltestelle. Parken nahe des Ortszentrums z. B. Parkplatz »Galtür Zentrum« direkt bei der Brücke über den Jambach oder vor der Brücke links wenige Meter bergan, eingeschränkte Parkmöglichkeiten am südl. Ortsende. Im Frühjahr bei wenig Schnee kann man bis zum »Menta Alm Parkplatz«, 1657 m, ins Jamtal hineinfahren (Parkmöglichkeit), Aufstieg dann um etwa 30 Min. kürzer.
Ausgangspunkt: Jamtalhütte, 2165 m.
Aufstiegszeiten: Jamtalhütte – Abzweigung aus dem Bachtal 30 Min., Abzweigung – Fluchthornferner 1.30 Std., Fluchthornferner – Schnapfenspitze 1.15 Std.

Anforderungen: Sehr steile Hänge, Gipfelanstiege unschwierig.
Hangrichtung: Vorwiegend Südwest, West.
Orientierung: Nicht ganz einfach, nur bei guter Sicht empfehlenswert.
Lawinengefährdung: Häufig lawinengefährdet, insbesondere nach stärkeren Schneefällen mit Windverfrachtung, wegen der sonnseitigen Lage auch nach starker Erwärmung. Mäßige Spaltengefahr auf dem Fluchthornferner.
Günstige Zeit: Februar bis Mai.
Stützpunkt: Jamtalhütte, 2165 m (DAV, bew. Mitte Feb. bis Mitte Mai, etwa 200 Schlafplätze, Tel. +43 5443 8408, jamtalhuette.at, Gepäcktransport ab Galtür); Hüttenanstieg mitunter lawinengefährdet!

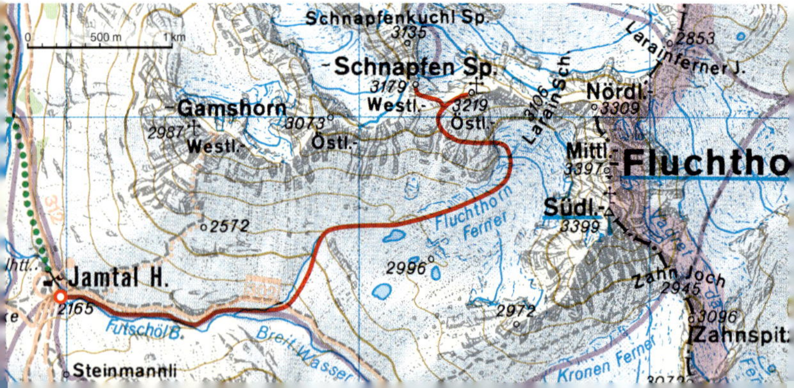

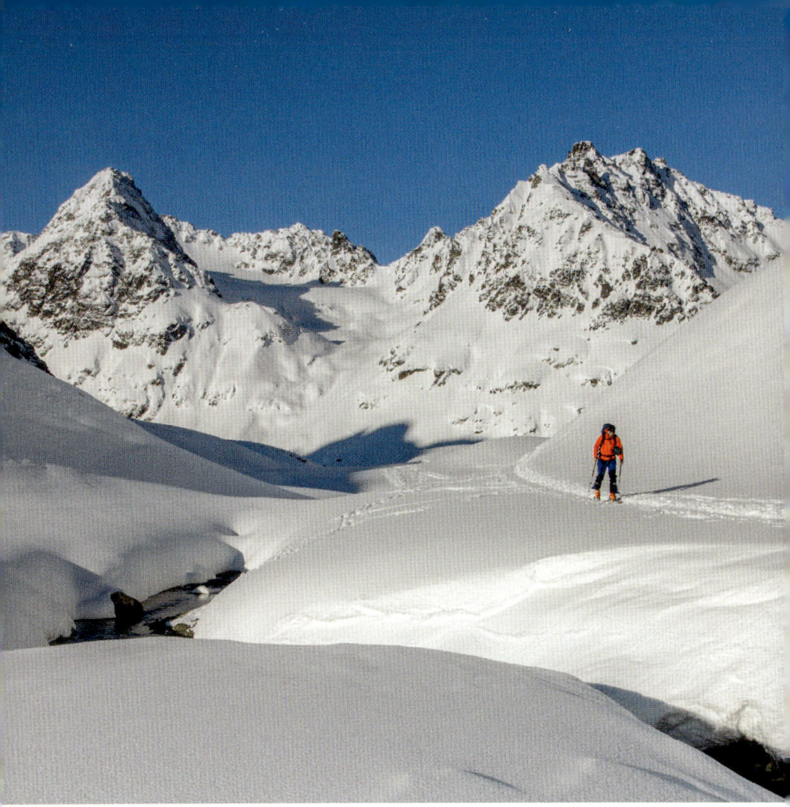

Am Anfang verläuft der Anstieg parallel zu einem Bachlauf.

Von der **Jamtalhütte** Richtung Osten zum Futschölbach hinunter und an ihm entlang zum **Breiten Wasser**. Nach links abzweigen, in einer Bachmulde recht steil zu einer Hochebene hinauf und Richtung Osten kurz durch diese Ebene zum **Fluchthornferner**. Über den Gletscher bis in eine Höhe von ca. 2900 m, dann hält man sich links und quert ansteigend einen sehr steilen Hang (schwierigster Teil des Aufstiegs). Anschließend wird das Gelände wieder leichter, bleibt aber steil bis in die **Einsattelung** zwischen den beiden Gipfeln. Von hier steigt man problemlos nach links zur **Westlichen** und nach rechts zur höheren **Östlichen Schnapfenspitze** auf.
Die Abfahrt folgt dem Anstiegsweg. Bei günstigen Verhältnissen kann man u. U. unmittelbar vom Gipfel abfahren.

Stichwortverzeichnis

Umschlagbild:
Aufstieg zum Glockturm im Kaunertal durch das Krummgampental
(Tour 32, Foto: Siegrun und Rudolf Weiss).

Bild im Innentitel:
Aufstieg von der Jamtalhütte entlang des Futschölbachs Richtung Osten.

Alle Fotos von Stephan Baur, außer die Bilder auf S. 22, 23, 24, 26, 28, 29, 31, 33, 43, 44, 45, 51, 52, 53, 54, 55, 75, 86, 87, 89, 91, 92, 94, 95, 96, 99, 102, 105, 107, 109, 113, 117, 119, 121, 139 (Siegrun und Rudolf Weiss); S. 85 (Cristina de la Rua Lope); S. 127, 130 (Laura Honig).

Kartografie:
52 Tourenkärtchen im Maßstab 1:50.000 und 1:75.000 sowie
zwei Übersichtskarten im Maßstab 1:500.000 und 1:800.000

Werk-Nr.: 5917

4., aktualisierte Auflage 2024

ISBN 978-3-7633-5935-6

FSC www.fsc.org
MIX
Papier | Fördert gute Waldnutzung
FSC® C147178

Wir freuen uns über jeden Korrekturhinweis zu diesem Skitourenführer!
Bitte per E-Mail an: leserzuschrift@rother.de

ROTHER BERGVERLAG · München
D-82041 Oberhaching · Keltenring 17 · Tel. +49 89 608669-0 · rother.de

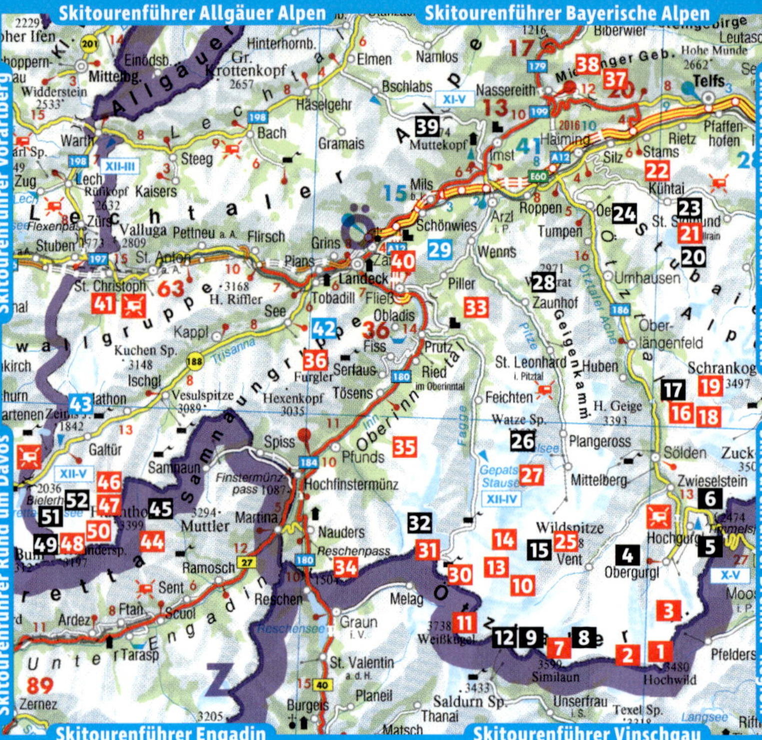

52 Skitouren zwischen Innsbruck und Bielerhöhe – in den westlichen Stubaier Alpen, den Ötztaler Alpen, der Samnaungruppe und in der Silvretta.

- ausführliche, zuverlässige Tourenbeschreibungen
- detaillierte Tourenkarten im Maßstab 1:50.000 und 1:75.000
- Expositionssymbole – Hangrichtung auf einen Blick
- zahlreiche Tipps zu Varianten

ISBN 978-3-7633-5935-6

€ 16,90 [D]
€ 17,40 [A]

ROTHER.DE

Gerhard Heimler

Taubertal

Zwischen Frankenhöhe, Hohenlohe, Odenwald und Spessart

50 Touren mit GPS-Tracks

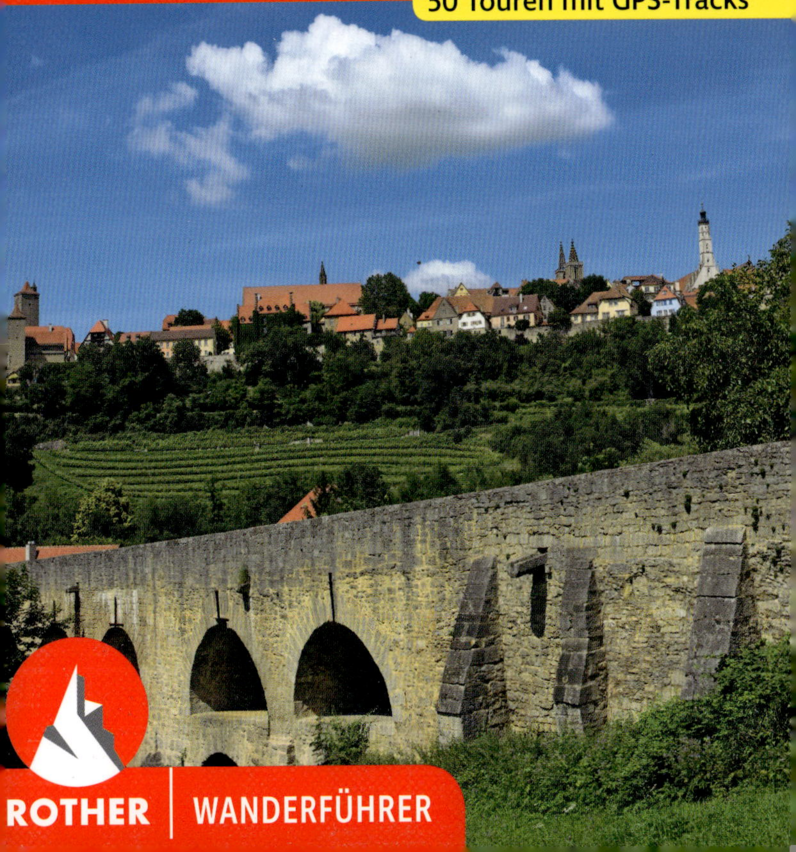

ROTHER | WANDERFÜHRER

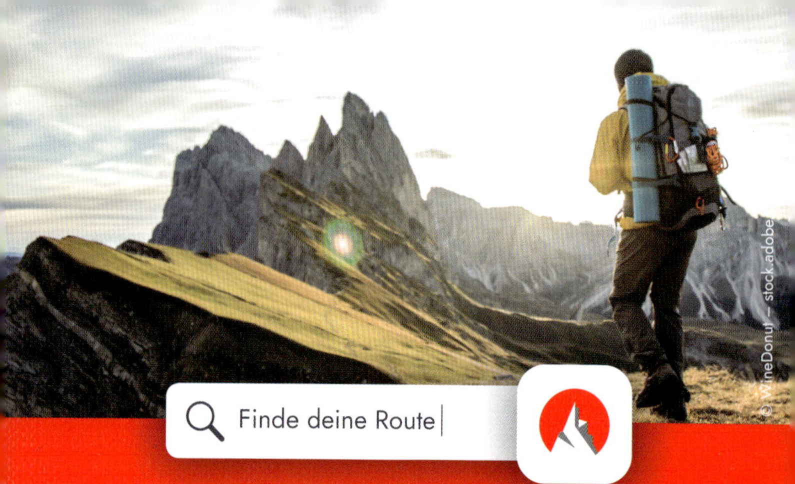
Finde deine Route
© WineDonut – stock.adobe

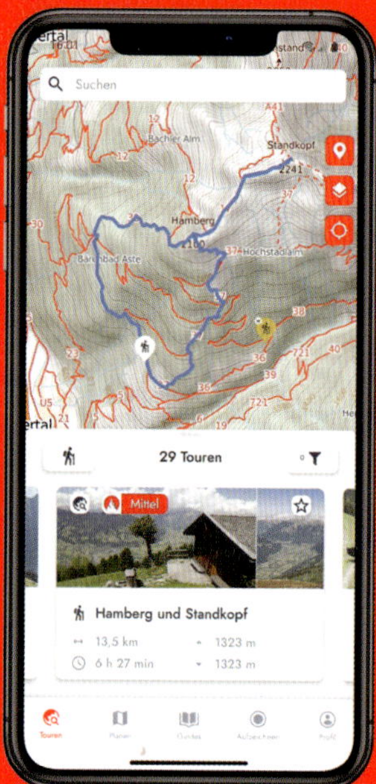
Suchen
Standkopf
2241
Hamberg
Hochstadlalm
29 Touren
Mittel
Hamberg und Standkopf
13,5 km
1323 m
6 h 27 min
1323 m